Inhalt

Victor Gruen
gewidmet

Vorwort

Was an der Ersten Republik historisch und politisch von Bedeutung war, ist schon international von den Zeitgenossen beachtet worden. Das gilt nicht nur für die sozialen Leistungen und Innovationen des »Roten Wien«, sondern auch für die politischen und ökonomischen Bestrebungen und Kämpfe der sozialdemokratischen Arbeiterschaft der Ersten Republik. Sie werden in der Zweiten Republik durchaus auch von nichtsozialistischer Seite als ein Teil jener Entwicklungsphase anerkannt und gewürdigt, aus welcher die Basis des heutigen Österreich hervorgegangen ist.

In zunehmendem Maße erweckt aber auch das kulturelle Leben und Planen der Arbeiterschaft in der Ersten Republik das Interesse der Historiker und der Öffentlichkeit als ein unabdingbares Teilphänomen dieser Zeit. Zu diesem Kulturleben gehört – und durchaus nicht nur am Rande – auch das Politische Kabarett der Wiener Sozialistischen Veranstaltungsgruppe, das weit über die österreichische Sozialdemokratie hinaus bekannt war. Seine Tätigkeit fällt in die Jahre von 1926 bis 1933. Es ist von höchstem Interesse vor allem durch seinen zeitgeschichtlichen Aussagewert. Charakteristisch ist für dieses Genre die Verknüpfung populärer Songs, »Schlager« von damals, mit politischen Aktualitäten und die Verwendung und Umwandlung alter Wiener Lieder, deren sozialer Gehalt lange Zeit nicht ausreichend erkannt worden war. Typisch als künstlerisches Element ist auch die ständige Verwendung von »Wiener Prototypen« in der Darstellung des politischen Gegners. Eine Reihe junger sozialistischer Autoren hat dabei mitgewirkt, deren Namen heute als international bedeutende Persönlichkeiten bekannt sind. Die treffsichere, ätzende Schärfe der Songs machte das Politische Kabarett zu einer intellektuell-pointierten Waffe des politischen Kampfes.

Die Aufgabe, die hier gestellt wurde, war die Sammlung der fast der Vergessenheit anheimgefallenen Texte und Lieder des Politischen Kabaretts in aller Welt. Diese nicht einfache

Aufgabe wurde von Friedrich Scheu dankenswerterweise übernommen; er schien dafür besonders geeignet, denn er hat diese Zeit sowohl als Beobachter (er war damals Wiener Korrespondent der Londoner Tageszeitung *Daily Herald)* wie auch als aktiver sozialdemokratischer Teilnehmer miterlebt. Seine Tätigkeit in der Londoner sozialistischen Emigration von 1938 bis 1945 und sein publizistisches Wirken im Wien der Zweiten Republik als Redakteur der *Arbeiter-Zeitung* hat ihm die Möglichkeit gegeben, die Kommentare und Vergleiche mit der heutigen Zeit auszuarbeiten, die zum historischen Verständnis und auch zur Gewinnung der nötigen Distanz unerläßlich sind.

Der Erfolg der Bemühungen war eine fast lückenlose Rekonstruktion der Tätigkeit des Sozialistischen Kabaretts von seinen Anfängen bis zum Ende. Die vorliegende Darstellung wirft nicht nur in neuer Art Licht auf die politischen Auseinandersetzungen der Ersten Republik, sondern stellt auch ein Kapitel der Geschichte des damaligen Wiener Kulturlebens dar.

Der Hinweis sei erlaubt auf die Tatsache, in welch hohem Maße der kabarettistische Geist der jungen Sozialisten – gerade wenn er sich in Opposition gegen die herrschenden Zustände auflehnt – immer wieder den Einfluß der großen Geister Wiens von Raimund und Nestroy bis zu Karl Kraus aufweist. Damit zeigt sich dieses Politische Kabarett als ein fester und bedeutungsvoller Bestandteil der Wiener literarischen Tradition im besten Sinn.

Hertha Firnberg

Einleitung

Der Erfolg des Politischen Kabaretts der Sozialistischen Veranstaltungsgruppe Wien illustriert und beleuchtet die Geschichte Österreichs in den letzten sechs Jahren der Ersten Republik. Die politische Satire gedeiht gewöhnlich in Zeiten der Unterdrückung. Da wird in humoristischer Form gesagt, was man geradeheraus nicht sagen kann oder nicht sagen darf. Nun ist es auf den ersten Blick erstaunlich, daß dieses Kabarett in den Jahren 1927 bis 1932, also in der zweiten Hälfte der demokratischen Regierungszeit, florierte. Darin spiegelt sich das Gefühl der dauernden Opposition gegen die konservative Regierung, verbunden mit einer gewissen Enttäuschung und, wie wir heute sagen würden, Frustration: so nahe und doch nie erreichbar schien das Ziel der sozialdemokratischen Mehrheit. Dann, von 1927 an, bildet die wachsende faschistische Gefahr den Hintergrund für die kämpferische und oft geistreiche Phantasiewelt des Kabaretts. Dramatische Höhepunkte wie die Regierung Vaugoin-Starhemberg und der Pfrimer-Putsch wechseln mit der ruhigen, fast euphorischen Stimmung der Regierungen Streeruwitz und Ender.
Die dreizehn Programme des Politischen Kabaretts von seinem Anfang im Dezember 1926 bis zum letzten Programm im Februar 1933 zeigen eine dauernde Weiterentwicklung, aber doch auch eine gewisse Gemeinsamkeit. Manche Phantasiefiguren tauchen in mehreren Programmen auf, und man wird das Gefühl nicht los, daß hier nicht die Stimme des blinden Hasses spricht, sondern daß die Autoren des Kabaretts sich in manchen Fällen in ihre eigenen Figuren oder auch in ihre Karikaturen wirklicher historischer Personen beinahe verliebt haben. Trotzdem spricht durch den Text und in den Schlagerliedern immer wieder die Stimme der scharfen Ironie, die den Zuschauer über den wahren Charakter der Szene nicht im Zweifel läßt. Die historische Entwicklung hat ja dann auch den Warnungen in vielen Dingen recht gegeben.
Nachdem 1918 am Ende des Ersten Weltkriegs die österreichisch-ungarische Monarchie zusammengebrochen war, wurde die Republik Deutschösterreich gegründet, wobei die

Sozialdemokratische Partei zunächst die führende Rolle übernahm. Die beiden anderen Parlamentsparteien, die Christlichsozialen und die Deutschnationalen, waren anfangs ihre Partner. Der ursprüngliche gemeinsame Plan, durch den Anschluß an das demokratische Deutschland wieder Verbindung mit einem großen Wirtschafts- und Staatsgebiet zu gewinnen, scheiterte am Verbot der Westmächte im Friedensvertrag von Saint-Germain.

Wirtschaftliche Not und galoppierende Inflation prägten die ersten Jahre des neuen Staates, der jetzt wieder Österreich hieß.

1920 einigte man sich auf eine neue Verfassung. Österreich wurde ein Bundesstaat, bestehend aus neun Bundesländern. Wien wurde von Niederösterreich getrennt und war von diesem Augenblick an ein eigenes Bundesland, in dem die Sozialdemokraten eine starke Mehrheit hatten. Bei den Wahlen im Oktober 1920 wurden die konservativen Christlichsozialen zur stärksten Partei des österreichischen Parlaments. Von diesem Zeitpunkt an regierten die Christlichsozialen in Österreich, allein oder mit Unterstützung einer oder mehrerer der kleinen bürgerlichen (antisozialistischen) Parteien. Die Sozialdemokraten konzentrierten sich auf Wien, das ihnen als selbständiges Bundesland die Möglichkeit zu weitgehenden gesetzlichen Sozialreformen gab. So entstand das »Rote Wien«, auf das die Sozialdemokraten mit Recht stolz waren und das durch seine Wohnhausbauten und sozialen Einrichtungen weltberühmt wurde. Das geistige Leben in Österreich in der Ersten Republik erreichte eine Höhe, die zu der materiellen Notlage des Landes in bemerkenswertem Kontrast stand.

Die »Sanierung« (wirtschaftliche Wiederherstellung) Österreichs durch die Genfer Protokolle im Jahr 1922 beendete zwar die Finanzkrise, führte aber in Österreich selbst zum Abbau einer großen Zahl von Beamten, zu Arbeitslosigkeit und finanzieller Beschränkung. Die Regierung stand von 1922 bis 1924 und dann neuerlich von Oktober 1926 an unter der Leitung des Bundeskanzlers Dr. Ignaz Seipel, eines katholischen Prälaten, der das Priestertum mit der Leitung der Christlichsozialen Partei vereinigte. Diese Verbindung und die konservative Einstellung der regierenden Christlichsozialen Partei verstärkten die antiklerikale, kirchenfeindliche Haltung der Sozialdemokratie. Dieser Zustand charakterisiert den Unterschied zur Zweiten Republik (von 1945 an), in der mehr als zwanzig Jahre (bis 1966) eine Koalitionsregierung zwischen der Österreichischen Volkspartei (der Nachfolgerin der Christlichsozialen) und den Sozialisten bestand und in der sich die katholische Kirche aus den politischen Kämpfen heraushielt.

Ein weiterer dominierender Faktor in der politischen Lage Österreichs war der Mieterschutz, der die Erhöhung der Mietzinse und die Kündigung der Mieter durch die Hausherren verhinderte. Der Mieterschutz war schon im Ersten Weltkrieg eingeführt worden, um den im Kriegsdienst einberufenen Soldaten ihre Wohnungen zu sichern, doch verhinderten die Sozialdemokraten seine Abschaffung. Der Bestand des Mieterschutzes war vor allem für die städtische Bevölkerung von solcher Bedeutung, daß auch die von Christlichsozialen geführte Regierung es nicht wagte, ihn zu beseitigen, obwohl sie von den Vertretern der Hausherren immer wieder dazu gedrängt wurde. Der Mieterschutz war stets die wirksamste Wahlparole der Sozialdemokraten.

Von Bedeutung in der österreichischen Politik war auch die Beteiligung österreichischer oder in Österreich ansässiger Finanzleute an der internationalen Währungsspekulation. Das dauerte bis 1924. In diesem Jahr blieb der von den internationalen Spekulanten erwartete Kurssturz des französischen Franken aus. Das brachte die Spekulanten in plötzliche Schwierigkeiten. Manche unter diesen Spekulanten waren Juden; trotzdem waren auch sie eng verquickt mit Politikern und Bankleuten, die der antisemitischen Christlichsozialen Partei nahestanden. Diese unnatürliche Verbindung war immer wieder eine Zielscheibe für sozialistischen Spott.

Bei den parlamentarischen Neuwahlen im Jahr 1923 erhielten die Christlichsozialen 82 Mandate (gegenüber 79 bei den Wahlen von 1920), die Sozialdemokraten 68 (gegenüber 62 bei den vorhergehenden Wahlen), die Großdeutschen zehn (gegenüber 18), der Landbund (eine kleine Bauernpartei) fünf (gegenüber sieben für die kleineren Parteien bei den Wahlen von 1920). Die Christlichsozialen erlangten nicht die von Seipel erhoffte absolute Majorität. Die Tatsache, daß die

Sozialdemokraten Stimmen gewonnen hatten, veranlaßte den geistigen Führer der Sozialdemokratischen Partei, Dr. Otto Bauer, zu dem Hinweis, daß ein weiterer Zuwachs von nur 300.000 Stimmen zur absoluten Mehrheit der Sozialdemokraten in Österreich genügen würde.
Diese von Otto Bauer ausgegebene Parole, man müsse nur 300.000 Stimmen gewinnen, um Österreich regieren zu können, wurde so populär, daß sie in Kreisen der sozialistischen Jugend, vor allem auch bei den sozialistischen Studenten, Stoff zu parodistischen Darstellungen gab. Auch eine andere Parole Otto Bauers, in der er die Überzeugung aussprach, die junge Generation werde das von seiner eigenen Generation begonnene Werk, die Schaffung der sozialistischen Gesellschaftsordnung, vollenden, gab Anlaß zu parodistischen Liedern, in der sich die sozialistische Jugend als die »Jugend der Vollendung« darstellte.
Für die geistige Lage der österreichischen Sozialdemokratie wesentlich ist auch die Tatsache, daß sie den Verlockungen widerstand, nach dem Muster der russischen Revolution von 1917 ihre Ideen mittels einer Diktatur, einer »Räterepublik«, zu verwirklichen. Derartige Versuche im Jahr 1919 in den Nachbarländern Ungarn und Bayern scheiterten.
Die österreichische Sozialdemokratie spielte eine führende Rolle bei der Wiederherstellung der sozialdemokratischen Internationale nach dem Ersten Weltkrieg. Im »Austromarxismus« schuf sie sich ihre eigene politische Philosophie. Sie beschloß im Jahr 1926 das »Linzer Programm«, das die Anwendung von Gewalt nur für den Fall vorsah, daß der Gegner mit der Gewaltanwendung anfing.

Das Kabarett als sozialkritische Kunstform

Damit ist die Ausgangslage für den Herbst 1926 gegeben, den Zeitpunkt, in dem das Politische Kabarett der Wiener Sozialisten seine Tätigkeit begann. Um den Geist dieser Unternehmung richtig zu verstehen, soll die Rolle geschildert werden, die das Kabarett als sozialkritische, aber keineswegs sozialdemokratische Kunstform bis dahin gespielt hatte.
Spottlieder revolutionären Inhalts hat es schon immer gegeben. Auch Karikaturen, die sich gegen die Mächtigen

richten, gab es, seitdem die Kunst der Buchdruckerei und damit auch die Technik des Flugblattes eingeführt worden war. Theaterstücke mit satirischem Inhalt hat schon im alten Griechenland der Komödiendichter Aristophanes geschrieben.
Aber die Kleinkunstbühne des modernen Typs mit sozialkritischer Tendenz ist viel jüngeren Datums. Ihr Herkunftsort und ihr Geburtsdatum sind sehr genau festzustellen. Der Begriff »Kabarett« stammt aus Paris, wo am 18. November 1881 im Künstlerviertel Montmartre ein gewisser Rodolphe Salis, ein Maler, eine Künstlerkneipe eröffnete. Dieses Etablissement wurde nach einer Horrorgeschichte des amerikanischen Schriftstellers Edgar Allan Poe »Le Chat Noir« (Schwarzer Kater) getauft.
Eine Vorstufe zu dieser Einrichtung waren die Pariser »Caveaux« (Keller). Das waren, wie Heinz Greul, der Historiker des Kabaretts, berichtet, Literatenklubs, meist Geheimgesellschaften, die in der Regel in den Kellern irgendwelcher Lokalitäten tagten. Der erste solche »Keller« dürfte um 1730 entstanden sein. Im »Caveau Moderne«, 1805 von Pierre Capelle gegründet, wurden die bei den Zusammenkünften vorgetragenen »Chansons« (Lieder) auch gedruckt herausgegeben.
Eine Eigentümlichkeit war nun, daß die Chansons, die aus den »Kellern« hervorgingen, fast ausnahmslos auf bekannte Melodien geschrieben und gesungen wurden. Das förderte die Verbreitung. In einem eigens erschienenen »Clef du Caveau« (Schlüssel des Kellers), dessen erste Auflage 1813 erschien, waren die ausgewählten Melodien zusammengestellt. Dem Volk waren sie in Kürze so geläufig, daß es bald genügte, auf dem Flugblatt nur anzugeben: »Clef du Caveau Nummer Soundsoviel«, und jedermann fand sich zurecht.
Soweit der Bericht in Heinz Greuls Buch *Bretter, die die Zeit bedeuten*. Der Name »Cabaret« stammt, wie Rudolf Weys in seinem liebenswürdigen Werk *Cabaret und Kabarett in Wien* mitteilt, von der Servierplatte, auf der man in den kleinen Kneipen des Montmartre die Speisen und Getränke hereinbrachte – also was man heute ein hölzernes Tablett nennen würde. Der entsprechende deutsche Ausdruck »Brettl« für Kleinkunstbühne hat wohl mit Schillers Bezeichnung für das

Theater: »Bretter, die die Welt bedeuten« zu tun. Das »Brettl« war ein Theater im Kleinformat.

In dem erwähnten Lokal auf dem Montmartre trugen Schriftsteller ihre Lieder vor, Schauspielerinnen sangen oder sprachen gewagte Texte, und die Mischung von Mahlzeit und frivoler Literatur fand beim Publikum Anklang. Bald gab es Nachahmer. Die berühmteste Sängerin auf dem Montmartre war die attraktive Schauspielerin Yvette Guilbert, die erste moderne »Diseuse«. Mit ihrer »scharf-heiseren Stimme« und ihrem »hysterisch-leidenschaftlichem Akzent«, wie Erich Klossowski sie beschreibt, machte sie auf ihre Zuhörer tiefen Eindruck.

Yvette Guilbert, geboren 1866 in Paris, gestorben 1944 in Südfrankreich, feierte bei ihrer ersten Tournee in Deutschland und Österreich im Jahr 1902 große Erfolge. Sie war mit einem Deutsch-Rumänen, Dr. Schiller, verheiratet. 1924 kam Yvette Guilbert, immer noch eine interessante und attraktive Frau, zu Besuch nach Wien. Sie trug sich damals mit dem Gedanken, in Wien eine Schauspielschule zu eröffnen. Yvette Guilbert war keine Sozialistin, aber sie trat sehr bewußt für den Friedensgedanken ein. Eine ihrer letzten Rollen war übrigens die der Frau Peachum in der französischen Fassung von Brechts *Dreigroschenoper.*

Der Funke der Kabarett-Idee sprang schon um die Jahrhundertwende nach Deutschland über, wo der Dichter Frank Wedekind zusammen mit anderen Literaten in München das Kabarett »Die elf Scharfrichter« bildete. Seine berühmte Diseuse war die junge Marya Delvard, eine Schülerin Yvette Guilberts. Der Ausdruck »Brettl« wurde allgemein gebräuchlich. In Berlin gründete Ernst von Wolzogen ein Etablissement, das er ein wenig anspruchsvoll als »Überbrettl« bezeichnete. Das Münchener Kabarett stand in enger Verbindung mit dem Literatenkreis der satirischen illustrierten Zeitschrift *Simplizissimus.* Daher rührt der Name eines in München eröffneten Kabaretts und dann auch der Name eines 1912 in Wien eröffneten Kabarettlokals, der allmählich zu »Simpl« verkürzt wurde.

Das erste Wiener Kabarett wurde schon 1901 von Felix Salten als »Jung-Wiener Theater zum lieben Augustin« gegründet. Das 1906 eröffnete Etablissement »Nachtlicht« in der Ballgasse in der Wiener Innenstadt hatte als Stars die von den »Elf Scharfrichtern« in München zugewanderte Marya Delvard als Diseuse und ihren Freund Marc Henry als Liedersänger und die Szenen verbindenden Erzähler (Conférencier). Dieses Kabarett und das später (1907) gegründete Etablissement »Fledermaus« brachten Werke der berühmtesten Wiener Literaten wie Roda Roda, Peter Altenberg und Hermann Bahr. Unter den Mitwirkenden waren die Maler Gustav Klimt und Oskar Kokoschka, der Kulturphilosoph Egon Friedell und andere.

Nach dem Ersten Weltkrieg erlebte das Wiener Kabarett eine hohe Blüte, wobei im »Simpl« Karl Farkas und Fritz Grünbaum die »Doppelconférence« erfanden – das manchmal wirklich, manchmal nur scheinbar aus der Laune des Augenblicks geborene Zwiegespräch zweier Komiker. Das Wiener Publikum bevorzugte gegenüber dem Kabarett mit seinen getrennten Szenen die »Revue«, bei der sich wenigstens ein dünner Handlungsfaden durch die ganze Aufführung zog.

Alle diese Kabaretts, sowohl in Wien als auch anderswo, waren sozialkritisch. Das heißt, sie verspotteten und geißelten die Verlogenheit der bürgerlichen Moral und zeigten immer wieder den Gegensatz zwischen reich und arm. Allerdings war schon durch ihre Verbindung mit einer – oft teuren – Eßgelegenheit das Publikum dieser Nachtlokale ein bürgerliches, meistens aus den oberen Klassen. Ähnlich wie die Franzosen vor der Großen Revolution liebte es dieses Publikum, in einen kritischen Spiegel zu schauen, ohne dadurch zu irgendwelchen Aktionen veranlaßt zu werden. Es gehörte zum Stil dieser Kabaretts, »den Bürger zu schockieren«. Die immer wiederkehrenden Themen sind Lieder von zum Tode verurteilten Männern und Lieder von Kokotten.

Bei den sozialistischen Arbeitern war die ganze Idee des »Nachtlokals« der Inbegriff der Verworfenheit. Das galt für die sozialistische Jugend um so mehr, als die Ideen der deutschen Jugendbewegung andere Vorstellungen von Natürlichkeit, sozialer Gerechtigkeit und der Beziehung der Geschlechter in der jungen Generation verbreitet hatten. Natürlich gab es unter den revolutionären Liedern, die von der Jugend gesungen wurden, viele, die Parodien auf bürgerliche Lieder waren und nach deren Melodie gesungen wurden.

Es war eine Reihe von ganz besonderen Umständen, die einen Kreis innerhalb der Wiener sozialistischen Studenten im Jahr 1926 auf den Gedanken brachte, die Kunstform des Kabaretts in den Dienst der sozialistischen Propaganda zu stellen. Zum Teil waren die Formen der Jugendbewegung selbst schon ein bißchen veraltet. Ein Wunsch nach mehr Humor, nach mehr städtischen Umgangsformen war zu spüren. Vielleicht spielte auch der Zufall mit: Viktor Grünbaum, der Initiator des Politischen Kabaretts, war in der Riemergasse aufgewachsen, unmittelbar neben den »Pan-Spielen«, einer Kleinkunstbühne. Allerdings unterschied sich das Politische Kabarett von den herkömmlichen Etablissements durch eine ganze Reihe von Dingen, nicht nur dadurch, daß dort keine Speisen und Getränke serviert wurden.

Der Weg zum Politischen Kabarett

Das Politische Kabarett, von dem hier die Rede ist, hatte seinen Ursprung in der sozialistischen Mittelschülerbewegung. Es ist daher notwendig, zum Verständnis des Charakters dieses Kabaretts etwas über die Geschichte und die Eigentümlichkeiten der österreichischen sozialistischen Mittelschülerbewegung nach dem Ersten Weltkrieg zu sagen.

Nach bescheidenen Anfängen in der Vorkriegszeit und politischen Auseinandersetzungen während des Krieges gab es im Jahr 1919 die Freie Vereinigung sozialistischer Mittelschüler, die weit links stand, zeitweise von Kommunisten gelenkt wurde und dann, unter Ludwig Wagner und Paul Lazarsfeld, stark von den kulturpolitischen und lebensreformerischen Ideen der deutschen Jugendbewegung beeinflußt war. Dabei spielte als Vermittlungsperson zur bürgerlich-intellektuellen Jugend die Direktorin einer modernen Wiener Mädchenschule, Frau Dr. Genia Schwarzwald, eine wichtige Rolle. In den Ferienheimen und »Sommerkolonien« der Frau Dr. Schwarzwald wurde die Form der Veranstaltungen geprägt, die später in der österreichischen sozialistischen Jugend gebräuchlich waren.

Ein Teil der sozialistischen Mittelschüler ging gänzlich zu den Kommunisten über. Ein Führer dieses Teils war Willy Schlamm, der später in Amerika und Deutschland ein Publizist der extremen Rechten wurde. Eine Restgruppe blieb übrig, die auf den Rat des Arbeiterjugend-Funktionärs Alfred Magaziner, um sie überhaupt am Leben zu erhalten, der Wiener Sozialistischen Arbeiterjugend als zweiundzwanzigste Bezirksgruppe angegliedert wurde. (Es gab damals in Wien einundzwanzig Gemeindebezirke.) Im Jahr 1924 unternahmen es Ludwig Wagner und Paul Lazarsfeld, die Mittelschülerbewegung neu zu beleben und mit »jugendbewegtem« Geist zu erfüllen. Die Mittelschülerorganisation wurde wieder selbständig. Die Sommerkolonie in Lind bei Villach im Jahr 1924 war ein Anfang. Im Laufe der Zeit bildete sich der teils politische, teils satirische und lebensreformerische Charakter

der Feiern und Veranstaltungen der sozialistischen Mittelschüler heraus.
Bei den Kolonie-Veranstaltungen wurden manchmal die führenden Personen der Vereinigung sozialistischer Mittelschüler, von denen viele, wie Ludwig Wagner, Paul Lazarsfeld, Alex Weißberg und die Geschwister Edi und Mitzi Jahoda, selbst längst keine Mittelschüler mehr waren, »verulkt« und liebenswürdig karikiert. Dann gab es auch ernste Veranstaltungen – Musikfeiern wie die »Stunde der Befreiung« unter dem Dirigenten Erwin Leuchter, »Nie wieder Krieg«-Feiern um den 1. August, das Erinnerungsdatum des Ausbruchs des Ersten Weltkriegs, oder Feiern zu Ehren der russischen Revolution. Die Verbindung der Mittelschüler zur Sozialistischen Arbeiterjugend riß nie gänzlich ab. Zum Beispiel war Alfred Magaziner der Redner bei einer Revolutionsfeier in der VSM-Kolonie im steirischen Knittelfeld im Sommer 1926.
Zu den beiden Wurzeln der Theatertätigkeit der Mittelschüler, den lustigen Kolonieveranstaltungen und den ernsten politischen Festen, kam als dritter Ansatz des Theaterlebens der VSM noch die »Spielgemeinde« hinzu, die im Sommer 1923 auf dem Harthof, dem Gut Frau Doktor Schwarzwalds bei Gloggnitz, entstand und hauptsächlich Spiele des mittelalterlichen Dichters Hans Sachs aufführte. Diese Gruppe wurde von Karl Buresch, einem Lehrer der Schwarzwald-Schule, von Charly Pferschy und Fritz Jahnel geführt und unternahm in den Jahren 1924 und 1925 »Spielfahrten« in die Obersteiermark und andere Arbeitergebiete Österreichs. Zum Teil durch Oskar Fischl, einen Aktivsten der Sozialistischen Arbeiterjugend, nahm die »Spielgemeinde« immer mehr den Charakter eines sozialistischen Wandertheaters an.
Im Jahr 1926 gab die dreihundertste Wiederkehr des Jubiläums des oberösterreichischen Bauernkriegs die Gelegenheit zu historischen Festspielen der sozialistischen Jugend, die zum Teil in einem Steinbruch im »Gspöttgraben«, nahe dem Wiener Vorort Sievering, stattfanden. An diesen und ähnlichen Aufführungen, die als »Stegreiftheater« gespielt wurden, das heißt ohne festen Text, nur mit allgemeinen Anweisungen an die Spieler der einzelnen Rollen, nahmen öfter offizielle Vertreter der Sozialdemokratischen Partei als Festredner teil. Am 26. Juni 1927 fand zum Beispiel im Steinbruch Gspött-

graben eine »Nie wieder Krieg«-Feier statt, bei der Otto Bauer der Festredner war. Die Mehrzahl dieser Veranstaltungen wurde von der Sozialistischen Arbeiterjugend durchgeführt, manchmal in Zusammenarbeit mit den sozialistischen Mittelschülern. Die Erinnerung an die Bauernkriege und an heroisch-revolutionäre Kämpfe früherer Zeiten diente dazu, in dramatischer Form das Gedenken an Freiheitskämpfe der Vergangenheit wachzuhalten.
Die Ferienkolonie der sozialistischen Mittelschüler in Knittelfeld im Sommer 1926 brachte eine besonders große Anzahl origineller und künstlerisch-literarisch veranlagter junger Leute zusammen. Zur Dramatisierung der inneren politischen Situation trug die Tatsache bei, daß kurz vorher eine Gruppe von Funktionären und Mitgliedern wegen einer (getarnt) kommunistischen Aktion aus der Vereinigung ausgeschlossen worden war. Außerdem gab es einen Richtungskonflikt zwischen einer »linken« Gruppe von sozialistischen Mittelschülern, die für die »Autonomie« ihrer Organisation eintraten, und einer »rechten« Gruppe. Letztere stand in enger Verbindung mit der herrschenden Richtung des Verbandes sozialistischer Studenten, die sich als »Arbeiterstudenten» bezeichnete. Diese Richtung wurde nach ihrem Vereinsheim »die d'Orsaygasse« genannt. All das gab Anlaß genug für Diskussionen, aber auch für Lieder bei Kolonieveranstaltungen, die sich darauf bezogen. Von diesen Liedern hat Theo Neumann, der selbst in dieser Kolonie war, Textfragmente in seiner Sammlung festgehalten.
Es war also nicht ungewöhnlich, daß eine Anzahl von ehemaligen Knittelfelder Kolonieteilnehmern im Herbst 1926 beschlossen, in Wien eine »Akademie«, eine Aufführung, zu veranstalten, in der einige der Talente der Vereinigung ihr literarisches Können vorzeigten. Von einer »Wiedersehensfeier« kann man nicht sprechen, weil keineswegs nur ehemalige Kolonie-Teilnehmer eingeladen waren. Im Gegenteil: unter den Gästen waren führende Personen der Sozialdemokratischen Partei. Unter ihnen war der Parteivorsitzende, Bürgermeister Karl Seitz, sowie der intellektuelle Lenker der Partei, Dr. Otto Bauer, und seine womöglich noch intellektuellere Gattin Helene Bauer. Es kam auch der Obmann des Republikanischen Schutzbundes, der frühere Heeresminister

Julius Deutsch. Das Fest fand im Czartoryski-Schlössel statt, einem kleinen Schloß am Rande des Bezirks Pötzleinsdorf, fast schon im Wienerwald. Das Gebäude existiert heute nicht mehr.

Das »Urkabarett«

Über den Verlauf dieser Veranstaltung, die deswegen, weil sie die Keimzelle des späteren Politischen Kabaretts war, im Rückblick als das »Urkabarett« bezeichnet wurde, gibt es verschiedene Berichte. Es können auch Legenden darunter sein. Die Organisatioren und Hauptpersonen waren Ludwig Wagner und Paul Lazarsfeld, die ja die Neuschöpfer der sozialistischen Mittelschülerbewegung waren. Wie Viktor Grünbaum in die Sache hineingekommen ist, weiß er selbst nicht mehr genau. Gretl Prucha (später verehelichte Kammerer), die manche Einzelheiten berichtet, wurde von Gustl Deutsch, dem Sohn des Schutzbundführers, zu der Veranstaltung mitgenommen. Georg Jenner, der selbst nicht dabei war, erinnert sich aus Berichten anderer an mehrere Lieder, die dort gesungen wurden.

Dieses »Urkabarett« wird manchmal auch als »internes« oder »inneres« Kabarett bezeichnet, weil sich im Gegensatz zu den späteren Programmen die Spottlieder und Witze gegen die eigene Mittelschüler- und Studentenorganisation sowie gegen die eigene Partei richteten. So wurde Otto Bauers berühmte Parole, in der er die Jugendlichen als die »Jugend der Vollendung« bezeichnet hatte, in einer Parodie gesungen, deren Refrain lautete:

> Tscha-hi, Tscha-ho, Tscha-hia-hia-ho,
> Die Jugend der Vollendung is schon do!

Ein anderes Lied, dessen Text von Georg Jenner aufbewahrt wurde, verspottet die Neigung der Sozialdemokratischen Partei, bei wichtigen Entschlüssen auf die Entscheidung ihres geistigen Führers Otto Bauer zu warten. Da wurde gesungen:

> Warum spricht er denn nicht?
> Warum sitzt er denn dort?
> Warum sagt er denn nicht
> Das erlösende Wort?

Otto Bauer saß auf seinem Platz im Zuschauerraum und zuckte nicht mit der Wimper.
Ein ganzes Epos mit dem Titel »Walpurgisnacht« bildete einen Teil der Veranstaltung. Der Text wurde später von Robert Lammer an Viktor Grünbaum übergeben. Das Werk ist sichtlich von Goethes *Faust* inspiriert und von einem Goethe-Kenner geschrieben. Es behandelt in Versform die Fraktionskämpfe der sozialistischen Mittelschüler und Studenten, wobei weder ihre politische Haltung noch ihr Privatleben geschont werden. Die Tendenz verrät Sympathie für die »jugendbewegte« Linie Ludwig Wagners und Abneigung gegen die »d'Orsaygasse«-Fraktion. Auf dem Höhepunkt zieht Ludwig Wagner seine langen Hosen aus und erscheint in kurzen kniefreien Hosen – die Zeit der Jugendbewegung ist gekommen!
Der Conférencier, der zwischen den einzelnen Szenen sprach, war nicht zufriedenstellend und erweckte – wie Teilnehmer erzählten – durch einen fatalen Kleidungsfehler beim Publikum Gelächter. Als Helene Bauer die Organisatoren des Kabaretts darauf aufmerksam machte, wurde der Conférencier ersetzt. Der neue Conférencier war Viktor Grünbaum. Dies war sein erstes Auftreten. Es sollte für die Geschichte des Politischen Kabaretts ein »historischer Augenblick« werden.
Politisch war der Höhepunkt dieses »Urkabaretts« jedenfalls eine Szene, in der parodistisch geschildert wurde, was geschehen würde, wenn Otto Bauers Programm, die Erringung der fehlenden 3000.000 Stimmen, eines Tages wirklich Tatsache werden sollte. Da singt der Darsteller, der den Bürgermeister Seitz verkörpert:

Und wenn wir die Mehrheit glücklich erreichten
So lass' ma das Rathaus festlich beleuchten,
Und wenn sich alle recht wienerisch fühlen,
So wer'n wir den Donauwalzer spielen.

Eine Festbeleuchtung des Wiener Rathauses war die traditionelle Form, in der die sozialistische Gemeinde Wien erfreuliche Gelegenheiten feierte. Das »Wiener Gefühl« und das Spielen von Johann-Strauß-Musik, das in späteren Zeiten

(zum Beispiel bei den »Wiener Festwochen«) von Sozialisten einwandfrei positiv beurteilt worden wäre, war in der Ersten Republik für die sozialistische Jugend noch ein legitimer Gegenstand des Spottes.
Von Hans Zeisel habe ich eine noch respektlosere Fassung des gleichen Liedes erfahren:

Und wenn wir das Ziel erreichten,
Was mach'n mer dann, ja was mach'n mer dann?
Dann lass' ma das Rathaus beleuchten
Und fangen von vorn wieder an.

In einer dritten Version, an die sich Bruno Kreisky erinnert, heißt es:

Und was tan ma jetzt, ja was tan ma jetzt?
Dann wird halt ein bisserl ausgesetzt.

Es ist möglich, daß diese Fassungen als Strophen eines einzigen Liedes gesungen wurden. Sie zeigen jedenfalls eine gewisse Distanzierung gegenüber der Idee des »Millenniums«, des Tages der Einführung des Sozialismus, an dem alle Probleme gelöst sein sollten.
Daß die Parteigrößen diese Verspottung mit besonderer Begeisterung aufgenommen hätten, wird nicht behauptet. Immerhin waren sie auch nicht beleidigt, was für ihre Toleranz und für ihren Humor spricht. Von seiten der Parteiführung wurde den Organisatoren der Veranstaltung der Vorschlag gemacht, demnächst ein ähnliches Kabarett zu veranstalten, das sich allerdings nicht »intern« gegen die Partei richten sollte, sondern gegen die politischen Gegner. Und damit war der Gedanke des sozialistischen Politischen Kabaretts geboren, dessen Durchführung gegen Ende des gleichen Jahres 1926 von Viktor Grünbaum, Ludwig Wagner und einigen anderen jungen Leuten in Angriff genommen wurde.

Das Autoren-Team

Das Politische Kabarett wurde während der ganzen Zeit seiner Tätigkeit von einer Dichtergruppe geleitet, die wir das

»Autoren-Team« nennen wollen, obwohl es sich selbst damals als das »Autoren-Kollektiv« bezeichnete. Aber das Wort »Kollektiv« hat durch seine Benützung seitens der Kommunisten einen solchen Bedeutungswandel erfahren, daß sein Gebrauch in diesem Zusammenhang zu Mißdeutungen führen würde.

Das Autoren-Team traf sich ein paar Wochen lang vor jeder Neuaufführung im Café Stadtpark an der Ringstraße. Das war nicht weit von den Pan-Spielen in der Riemergasse, wo gewöhnlich die Erstaufführungen stattfanden. Die Mitglieder des Teams waren Viktor Grünbaum, Robert Ehrenzweig (der sich später in England Robert Lucas nannte), ferner anfangs Ludwig Wagner, dann seit 1927 Karl Bittman, seit 1929 Jura Soyfer und etwa von derselben Zeit an als Regisseur und später als Leiter der »Roten Spieler« Edmund Reismann.

Die Texte und Lieder wurden vor jeder einzelnen Aufführung von den Autoren unzählige Male durchbesprochen, ausgefeilt und geändert, so daß es in den meisten Fällen gar nicht möglich ist, zu sagen, von welchem Autor ein bestimmter Schlager oder ein bestimmter Text stammt. Nur der Stil Jura Soyfers ist an vielen Stellen, schon wegen der dichterischen Ausdrucksform, unverkennbar.

Es gehörte zu den Hauptbeschäftigungen des Autoren-Teams, existierende Wortwitze oder Anekdoten in gemeinsamer Arbeit so lange umzumodeln, bis sie eine politische Pointe hatten. Es war Ehrensache, daß kein Witz verwendet werden durfte, bei dem es keine politische Pointe gab.

Vielleicht ist hier der Ort, darauf hinzuweisen, daß alle Arbeit des Politischen Kabaretts, die der Autoren, der Schauspieler, der Musiker und der technischen Mitarbeiter, aus politischem Idealismus geleistet wurde und unbezahlt war. Es wurden auch nie Berufsschauspieler verwendet; das heißt, kein Berufsschauspieler trat dem Politischen Kabarett bei, wenn auch manche spätere guten Berufsschauspieler aus dem Politischen Kabarett hervorgegangen sind.

Die Finanzierung (das heißt die Beschaffung des nötigen Materials, die Mieten und so weiter) wurde in der Weise besorgt, daß der Buchhändler Dr. Josef Suschitzky, ein idealistischer Sozialist, der seine Buchhandlung in der Erlachgasse im Wiener Arbeiterbezirk Favoriten hatte, dem Kabarett jeweils einen Betrag von 100 Schilling vorstreckte. Soviel kostete damals die Vorbereitung einer Erstaufführung. Nachher wurde ihm das Geld aus dem Erlös der Aufführungen zurückgezahlt. Der Reingewinn kam dem einen oder anderen sozialistischen Zweck zu. Wenn etwa 300 Schilling beisammen waren, begann man gewöhnlich mit den Vorbereitungen für die nächste Aufführung. (Die Schilderung der Finanzierung stammt von Edmund Reismann.)

Der Geist und die Seele des Politischen Kabaretts war Viktor Grünbaum. Die Namensgleichheit mit dem damals sehr bekannten Wiener Kabarettisten Fritz Grünbaum (der dann in der Nazizeit im Konzentrationslager ums Leben kam) hat Viktor weder genützt noch geschadet. Dazu waren die Arbeitsgebiete der beiden Männer zu verschieden voneinander. Vielleicht half es Viktor ein wenig in dem Sinne, daß es in Wien für einen Kabarettisten natürlich schien, Grünbaum zu heißen.

Viktor Grünbaum war der Sohn eines Rechtsanwalts, der seine Kanzlei und Wohnung in der Riemergasse hatte, neben dem Handelsgericht und neben den Pan-Spielen. Viktor hat also das Theater schon in der Kindheit von der Nähe kennengelernt. Nach dem frühen Tod seines Vaters wurde Viktor Grünbaum Architekt, weil das der Beruf seines Vormunds, des Stadtbaumeisters Melcher, war. Schon in der Mittelschule kam Viktor durch seinen Schulkollegen Eduard Jahoda zu den Pfadfindern. Als die Pfadfindergruppe Jahoda auf dem Weg über den Sozialistischen Wanderbund zu den sozialistischen Mittelschülern und Studenten gelangte, kam Viktor Grünbaum ebenfalls in den Kreis der jungen sozialistischen Intellektuellen. Sein erster Vortrag bei den Mittelschülern war über Architektur. Zur Zeit seiner Tätigkeit als Leiter des Politischen Kabaretts baute er sich eine Existenz als Architekt auf, vor allem durch den Umbau von Wohnungen und Portalen von Geschäftsläden in der Wiener Innenstadt.

Eine charakteristische Eigenschaft Viktor Grünbaums war seine Fähigkeit, einmal gefaßte Pläne in die Praxis umzusetzen. Das kam ihm nicht nur beim Kabarett zugute, es half ihm auch später in der Emigration in Amerika. Dort war er unter seinem neuen Namen Victor Gruen als Architekt bahnbrechend bei der Errichtung der großen Einkaufszentren in den

Vororten der amerikanischen Städte. Er leistete in späteren Jahren viel in der internationalen Städteplanung, im Kampf gegen die Vorherrschaft des Autos und für das »menschliche Maß« im Städtebau. Bei all diesen Tätigkeiten half ihm seine Begabung, mit anderen Menschen zusammenzuarbeiten. Was immer für Rollen er im Kabarett darstellte, im Leben spielte er nicht den Diktator. Seine Anpassungsfähigkeit bewirkte es, daß er der Versuchung widerstand, als Komiker ein Architekt und als Architekt ein Komiker sein zu wollen.

Seine große Tour im Politischen Kabarett war sein Auftreten als Conférencier. Das heißt, er war der verbindende Sprecher (und, bis zu einem gewissen Grad, Sänger) zwischen den Szenen. Wenn ihm während der Aufführung neue Witze einfielen, unterhielten sich seine Mitarbeiter hinter dem Vorhang oft genauso gut wie seine Zuhörer im Publikum. Er machte aus jeder Schwäche einen Erfolg. Wenn er einen neuen Text vor sich hatte und aus dem Manuskript lesen mußte, entschuldigte er sich damit, das er »lesen müsse, weil er heiser sei«. Nach Bekanntwerden der Nachricht, daß die Behörden im faschistischen Ungarn gefälschte französische Franken in den Verkehr gesetzt hätten, bat er um Entschuldigung für sein Singen: »Der Klavierspieler ist nämlich ein Ungar, er fälscht die Noten!«

Der lange Ludwig Wagner mit seiner fliegenden Haarmähne soll hier nur kurz erwähnt werden. Er war ohne Zweifel eine der faszinierendsten Persönlichkeiten seiner Generation, aber seine Hauptbedeutung war die eines politischen Jugendführers, nicht eines Kabarettisten. Er nahm an der Tätigkeit des Politischen Kabaretts nur in den ersten Stadien aktiven Anteil. Nach der Gründung der Tageszeitung *Das Kleine Blatt,* des populären »kleineren« Organs der Sozialdemokratie, wurde er dort Redakteur und war in den Abendstunden vollauf beschäftigt.

Dagegen war Robert Ehrenzweig von steigender Bedeutung für das Kabarett. Er war es auch, der später während des Zweiten Weltkrieges als Sprecher und Autor satirischer Stücke in den Radiosendungen der englischen Rundfunkgesellschaft BBC Figuren und Ideen des Wiener Politischen Kabaretts weiterbildete und für den Kampf gegen Hitlerdeutschland nutzbar machte.

Robert Ehrenzweig studierte Chemie, interessierte sich aber schon in seinen Studienjahren für den Journalismus. Er wurde Mitarbeiter im *Kleinen Blatt*, nahm bald an der Autorentätigkeit für das Kabarett teil und gab seine literarischen Interessen auch nicht auf, als er 1928 eine Zeitlang beruflich in Deutschland weilte. Er benützte seinen Berliner Aufenthalt zu Studien in den Theatern und Kleinkunstbühnen der deutschen Reichshauptstadt und ließ sich von Piscator und anderen inspirieren. Nach Wien zurückgekehrt, wurde er einer der leitenden Köpfe des Politischen Kabaretts. Er blieb seiner schriftstellerischen Tätigkeit auch nach dem Krieg in England treu, war einer der Leiter des deutschen Programms der BBC und schrieb erfolgreiche Bücher, zum Beispiel eine Biographie Frieda von Richthofens, der Gattin des englischen Autors D. H. Lawrence.
Von Karl Bittman, der zuerst als Schauspieler, dann als Autor im Kabarett arbeitete, soll später die Rede sein, ebenso von Jura Soyfer, dem jungen Dichter, der für die Programme des Kabaretts von 1929 an einige der dichterisch wertvollsten Beiträge schrieb.

Schauspieler, Mitarbeiter und Girls

Das Politische Kabarett wäre nie das geworden, was es war, wenn es nicht eine Anzahl von Schauspielern gehabt hätte, die, ohne besonders politisch begabt oder interessiert zu sein, aus reiner Leidenschaft für das Theaterspielen ihr Bestes für das Kabarett hergaben.
Der charakteristische Vertreter dieser Kategorie von Darstellern war Alois Wagner, der von seinem älteren Bruder Ludwig Wagner als Schauspieler in das Politische Kabarett gebracht worden war. Im Gegensatz zu seinem langen und etwas lethargischen Bruder Ludwig war Alois Wagner klein, stämmig und vierschrötig. Immer wieder hatte er die sogenannten »breiten« Rollen zu spielen, den grimmigen Hausherrn, den österreichischen Spießer »Hirnschal«, manchmal auch den massiven Heeresminister Vaugoin. Daß er die Komik seiner Rollen gerne übertrieb, daß er oft komisch sein wollte, auch wenn damit keine politische Pointe zu erzielen war, wurde ihm von den Intellektuellen in der Leitung des

Kabaretts manchmal übelgenommen. Aber Alois Wagner lebte in seinen komischen Rollen. Daß er die Eignung für das Theater besaß, hat er nach dem Zweiten Weltkrieg als leitender Direktor eines der größten Wiener Schauspielhäuser, des Volkstheaters, neuerlich bewiesen. In dieser Funktion starb Alois Wagner einige Jahre nach Kriegsende in Wien.
Sein Gegenstück, schon vom Rollenfach her, war Fritz Steiner. Er war blond, liebenswürdig und schlank. Deswegen konnte man ihm, obwohl er jüdischer Herkunft war, Rollen wie die des »Fürsten« Starhemberg oder des »Mannes von Welt« in »Hallo, hier Klassenharmonie« übertragen. Bei seiner Parodie auf »Wenn der weiße Flieder wieder blüht«, schlugen die Mädchenherzen höher. Er war überhaupt ideal für Rollen des jugendlichen Liebhabers, nur kamen Rollen für einen jugendlichen Liebhaber im Politischen Kabarett nicht oft genug vor. Fritz Steiner ging im Jahr 1938 in die Emigration und lebte am Anfang des Zweiten Weltkriegs in England. Die letzte Nachricht erhielten seine Freunde von ihm aus der israelischen Armee zur Zeit des ersten Krieges zwischen Israel und den Arabern (1948).
Einige der markantesten Schauspieler des Kabaretts waren gleichzeitig auch auf der technischen Seite tätig. Das gilt besonders für Arnold Meiselmann und Walter Harnisch, die als Firma »Meiselmann & Harnisch« gewissermaßen das gesamte Dekorationswesen betreuten. Dieses Dekorationswesen bestand, da das Kabarett nie Geld hatte und alle Arbeiten auf freiwilliger Grundlage gemacht wurden, hauptsächlich aus Pappe. Immer wieder tauchen in den Regieanweisungen Würfel aus Pappe auf – manchmal auch, um den darin verborgenen Kopf eines Politikers unkenntlich zu machen und auf diese Art polizeiliche Verfolgung zu vermeiden. Immer wieder gibt es Wände aus Pappendeckel mit viereckigen Löchern als »Fenster«, aus denen je nach der gegebenen Situation die verschiedensten Figuren herausschauen.
Ein anderer technischer Trick, der immer wiederkehrt (auch im politischen Jargon jener Zeit), ist die »Entlarvung«. Da wird eine Wand weggezogen, und hinter den reputabel aussehenden Vordergrundfiguren erscheint »die Wahrheit« – die Gewalt, der Unternehmer, der Faschist –, und dann wird manchmal auch noch diese zweite Wand weggezogen, und erst

jetzt sieht der Beschauer, wer »wirklich dahintersteht«. Das ist in solchen Szenen gewöhnlich »das Kapital«.
Die beiden Künstler Meiselmann und Harnisch waren im Temperament grundverschieden. Arnold Meiselmann war hochgewachsen, dunkelhaarig, elegant und sah aus wie der jüdische Wohlstand persönlich. Das heißt, er machte im Auftreten eine gute Figur, aber er konnte, wenn er wollte, alle jene Gesten und Formen des Sprechtons nachahmen, die für den verhaßten »jüdischen Kapitalismus« charakteristisch waren. Daß eine solche für den Antisemitismus geschaffene Figur – der glatte »Westjude«, nicht der zerlumpte »Ostjude« – für das Politische Kabarett in jener Zeit erforderlich war, beleuchtet ebenfalls den Charakter der Epoche. Es hat keinen Sinn, zu leugnen, daß es eben auch einen sozialistischen, ja sogar einen jüdischen Antisemitismus gab. Nur richtete sich dieser nicht, wie der Antisemitismus der Christlichsozialen, gegen die Juden als Religionsgemeinschaft oder, wie der der Nationalsozialisten, gegen die Juden als Rasse. Er richtete sich gegen gewisse Eigenschaften und unerfreuliche Lebensformen, die ein Teil der Juden unter dem Druck der staatlichen Beschränkungen, die ihnen nur den Handel als Betätigung übriggelassen hatten, angenommen hatte. Die Sozialisten hätten auch nicht gerne zugegeben, daß die Darstellung des jüdischen Finanzmannes »Goldschieber« eine Äußerung von Antisemitismus war. Um so mehr freuten sie sich, wenn sie ihren politischen Gegnern, die sich zum Antisemitismus bekannten, enge Finanzbeziehungen zu jüdischen Finanzleuten – etwa zum großen Bosel oder zu dem viel kleineren Jesaias Aberbach – nachweisen konnten.
Jedenfalls spielte Arnold Meiselmann den jüdischen Finanzmann Goldschieber mit Verve und Temperament. Es ist erfreulich, mitteilen zu können, daß Arnold Meiselmann, der im Jahr 1938 als Jude Österreich verlassen mußte, in Israel eine neue Heimat fand. Dort lebte er in einer schönen Villa oberhalb von Tel Aviv, wo ihn manche seiner alten Freunde besuchten und wo er später starb.
Sein Kollege Walter Harnisch war ein lebhafter »extroverter« Charakter, der das Malen und das Verfertigen von Dekorationen ebenso liebte wie die Schauspielerei und für jede Rolle, sei es auch für den aufbegehrenden »Peifendeckel« (Offiziers-

diener) oder auch für den arroganten Admiral Horthy, gleich gut zu brauchen war. Walter Harnisch, dessen Bruder Harry ebenfalls an den organisatorischen Arbeiten des Kabaretts beteiligt war, blieb nach 1938 in Wien und diente im Kriege als unwilliges Mitglied der deutschen Abwehr in Frankreich. Er konnte noch von Glück sagen, daß er nicht wie viele seiner Vorgesetzten in der »Organisation Canaris« nach dem 20. Juli 1944 von den Nazis liquidiert wurde. In der Zweiten Republik war Walter Harnisch vor allem im Wiener Austellungswesen hervorragend tätig. Ihm ist zu verdanken, daß ein Teil der Regiebücher des Politischen Kabaretts den Krieg und die Nazizeit überdauert hat und somit der Theatergeschichte erhalten geblieben ist.
Die Verquickung von Schauspielerei und technischer Tätigkeit für das Politische Kabarett zeigt sich noch mehr bei Fritz Halpern. Dieser emsige Organisator leitete nicht nur zeitweise die Büroarbeit des Karbaretts – Einladungen zu den Proben, Saalbestellungen und dergleichen –, sondern spielte auch eine Anzahl von Rollen, mit besonderer Vorliebe den »bösen« Journalisten Alexander Weisz. Würde man versuchen, zwischen Fritz Halpern und seinem damaligen Rollenfach eine Verbindung herzustellen, so käme man vielleicht auf »Geschäftigkeit«, die aber bei ihm, außerhalb seiner Rolle, nie in »jüdische Hast« ausartete. Er war Reisender und kam viel in der Welt herum. Das hörte auch nicht auf, als er 1938 mit Frau und Kind in die Emigration ging. Die Halperns verlebten den ersten Teil des Zweiten Weltkriegs auf Zypern, die späteren Jahre in Ostafrika. Nach dem Krieg siedelte sich Fritz Halpern mit seiner Familie in einer kleinen Stadt in der Umgebung von London an und hat dreißig Jahre seine Adresse nicht mehr gewechselt.
Lise Halpern, seine Frau, war von jenem hochgewachsenen und zielbewußten Typ, der nur ein wenig selbstgewollte Karikatur braucht, um als der Oberlehrerinnen-Hexentyp zu erscheinen. Lise Halpern spielte im Kabarett meistens die sittenfromme Jungfer oder die »komische Alte«. Sie war die furchterregende Zimmervermieterin »Frau Dracherl« oder ein ähnlicher Typ, Lise konnte gefallen, auch wenn sie Schrecken einflößte.
Für die derberen Formen der »komischen Alten«, beispiels-

weise für die »Frau Zinsgeier« bei ihrer Auseinandersetzung mit dem idealistischen Architekten, wurde oft eine der beiden Schwestern Kaiser eingesetzt, Klara oder Trude. Die beiden Schwestern, die man die »Kaiserinnen« nannte, kamen aus der Sozialistischen Arbeiterjugend der Gruppe Innere Stadt, die unter der Leitung Alfred Magaziners immer eine Art Zwischenstellung zwischen Mittelschüler-Vereinigung und SAJ (Arbeiterjugend) einnahm. Die beiden Schwestern gaben auch eigene Abende, bei denen sie in Arbeitersektionen »Lieder aus dem Politischen Kabarett« sangen. Die »Kaiserinnen« bildeten, wie ein Doppeladler, die Kennmarke der SAJ-Organisation Innere Stadt. In der Hitlerzeit wanderten die beiden Schwestern aus. Trude kam in Jugoslawien während der Flucht über einen Fluß ums Leben. Die andere Schwester, Klara, gelangte bis nach Australien, ging von dort nach Südafrika und heiratete einen protestantischen Geistlichen, mit dem sie nach dem Krieg in Großbritannien lebte.
Eine eigentliche »jugendliche Naive« hatte im Politischen Kabarett keinen richtigen Platz. Das deutsche Dornröschen der Nachkriegszeit wurde erst von Peter Ustinov in seinem Stück »Die Liebe der vier Obersten« entdeckt. In einem Politischen Kabarett der gleichen Art in der Zweiten Republik hätte es vielleicht eine »Miß Austria« gegeben, die vor politischen Bösewichtern geschützt werden mußte. Im Politischen Kabarett der Ersten Republik gab es statt der schönen jungen Heldin die berühmten Girls. Und diese füllten ihre Funktion zur vollen Zufriedenheit des Publikums aus.
Die Girls wurden überall eingesetzt, wo es unter irgendeinem Vorwand möglich war, ein halbes Dutzend hübscher junger Mädchen in eine fesche und originelle Uniform zu stecken. Variation in der Aufmachung war Trumpf. In einer Kaffeehaus-Szene traten sie als »Pikkolo-Girls« auf, in der nächsten Szene, die in einem Schnellzug spielte, schon wieder als »Eisenbahnergirls«. Sie hatten öfter das »böse« als das »gute« Prinzip zu vertreten. Da mußten sie zum Beispiel als »Wäschermädel« den schwarzen Antimarxismus reinwaschen oder als reizende kleine Engerl an der Himmelstür den heiligen Petrus in Versuchung führen. Oft lag ihre Aufgabe darin, das Böse oder die Moralheuchelei lächerlich zu machen.

In welcher Gestalt die Girls auch auftraten, immer hatten sie ein paar Schritte zu marschieren, ein paar Takte zu tanzen, den Refrain eines Liedes zu singen. Sie waren dafür gut trainiert. Berühmte Berufstänzerinnen nahmen sich die Mühe, die Girltruppen des Politischen Kabaretts auszubilden. Und die Girls machten das ausgezeichnet. Sie sollten schockierend wirken, mit ihren kurzen (das heißt kniefreien) Röcken und ihren (als »Bubiköpfen«) kurzgeschnittenen Haaren. Sie markierten die »Sündhaftigkeit«. Aber lustig war dabei, daß sie diese schockierende Wirkung gar nicht so sehr auf die politischen Gegener ausübten, die ohnedies nicht zu den Veranstaltungen des sozialdemokratischen Politischen Kabaretts kamen. Nein, die »Sündhaftigkeit« hatte ihren Effekt in Wirklichkeit auf die braven sozialdemokratischen Parteimitglieder im Zuschauerraum, für die der Begriff eines »Girls« schon von vornherein einen kapitalistischen, also unmoralischen Klang hatte. Um so mehr waren die Zuschauer gleichzeitig von diesen Girls amüsiert und bezaubert. Die Girls waren das leichte Gegenstück zur ernsten politischen Satire.
Im Privatleben waren die Girls natürlich so ordentlich, wie es guterzogene sozialistische Mädchen in Wien damals nur sein konnten. Manche waren sogar Töchter von politischen Funktionären. Einige heirateten später Schauspieler oder Mitarbeiter des Politischen Kabaretts.
Da immer eine größere Anzahl von Girls benötigt wurde, wechselte ihr Personenstand von einem Programm zum anderen. Bei zwei Programmen (dem sechsten und dem siebenten) ist eine vollständige Namensliste der Mitwirkenden erhalten geblieben, so daß wir auch die Girls nennen können. Aber manche Girls traten nur in früheren oder späteren Programmen auf. Einige – zum Beispiel Lotte Stockhammer und Trude Kleebinder – waren so lange als Girls tätig, daß man sich das Kabarett ohne ihre reizvolle Mitwirkung nicht mehr vorstellen konnte. Die Girls hatten dazwischen – einzeln oder in Reihenfolge – mancherlei Dinge zu sagen oder zu singen, so daß sich diejenigen von ihnen, die dafür begabt waren, im Kabarett auch als Schauspielerinnen betätigen konnten. Die talentierte Monette Schober zum Beispiel war immer bereit, in einem Duett oder einer Sprechszene aufzu-

treten. In den ersten Programmen brachte Gretl Prucha den Charme eines Stargirls der Schwarzwald-Schule auf die Bühne mit.

Die Girls waren ein wesentlicher und gewiß der hübscheste Bestandteil des Politischen Kabaretts. Sie trugen dazu bei, die Sozialdemokratie durch Humor aufzulockern. Ihre Funktion war es nicht, die politische oder sonstige Moral zu untergraben, sondern etwas Sonnenschein von links in die politische Szenerie zu bringen. Wie die Dinge in der Ersten Republik lagen, konnte die politische Szenerie das ganz gut brauchen.

Das erste Programm: »Wien, wie es lacht und weint«

Erstaufführung: 18. Dezember 1926

Das erste Auftreten des Politischen Kabaretts im eigentlichen Sinn war bescheiden und, wie es sich beim Anfang bedeutender Unternehmungen gehört, unauffällig. Am Samstag, dem 18. Dezember 1926, stand in der *Arbeiter-Zeitung* auf Seite 14 unter dem Titel »Vereine und Versammlungen« folgende Notiz: »Vereinigung sozialistischer Mittelschüler. Heute: 19 Uhr. Riemergasse 11. Politisches Kabarett der Veranstaltungsgruppe.«

Es gibt zunächst weder in der *Arbeiter-Zeitung* noch in anderen sozialdemokratischen Zeitungen wie dem *Abend,* der später dem Politischen Kabarett viel Aufmerksamkeit schenkte, eine Rezension oder einen Bericht über diese Veranstaltung der sozialistischen Mittelschüler. Diese allerdings waren eifrig mit den Vorbereitungen beschäftigt. In der Zeitschrift der sozialistischen Mittelschüler, *Der Schulkampf,* findet sich in der Nr. 1–2 des 2. Jahrgangs, Oktober-November 1926, unter dem Titel »Wir roten Spielleute« die Mitteilung, es seien Aufführungen zum 300jährigen Jubiläum des oberösterreichischen Bauernkriegs geplant, und außerdem die Ankündigung: »Ein Politisches Kabarett wird gedichtet«. Und dann eine Auswahl des Inhalts: »Zentralbank, bürgerliche Presse, Rintelen als Unterrichtsminister, Seipels Rückkehr und so weiter«.

Dann, nach einigen Wochen, wird das Politische Kabarett auch von der *Arbeiter-Zeitung* entdeckt. Dies geschieht in einem Artikel vom 6. Jänner 1927, unter dem Titel »Ein politischer Kabarettabend«, gezeichnet »j. h.« (Jacques Hannak). Darin wird geschildert, wie ein ahnungsloser Mensch, der an einem der letzten Samstagabende zufällig nicht wußte, was er mit dem angebrochenen Abend anfangen sollte, und in die Pan-Künstlerspiele in der Riemergasse hineingeriet, dort eine große Überraschung erlebte. Der ganze Saal und die Galerie war voll von jungen, freudig erregten

Menschen, Mädchen und Burschen aus der Intellektuellensphäre. Es waren Mittelschüler und Mittelschülerinnen, denen eine große Erwartung aus den Gesichtern glühte. Und was wurde aufgeführt? Nicht wie sonst bei Mittelschülerveranstaltungen eine Verspottung der Professoren oder Mitschüler, nein, ein wirkliches politisches Satirenspiel. »Es steckt eine elementare, herzerfrischende Lebenslust in der jungen Generation, und es war wirklich eine Freude, die jungen Menschen sich freuen zu sehen und ihnen zuschauen zu dürfen, wie sie ihre Freude künstlerisch zu gestalten strebten.«

So, schreibt Hannak, »entgötterten sie mit der befreienden Kraft der Satire alle die falschen Götter der bürgerlichen Welt. Alle die schwankenden Gestalten unseres Österreich, die Seipel, Ahrer, Kollmann, Vaugoin, die Hausherren und die Heurigen, die Klassenrichter und die Kreuzelpresse, aber auch die Phänomene des Auslandes, die Mussolini-Großmäuler und die Horthy-Banditen, sie zogen in buntesten Gestalten, in Musik und Versen, in Szenenbildern und Regieeinfällen von oft verblüffendem Einfallsreichtum drei Stunden lang an uns vorüber, und wir wurden nicht müde, zu schauen, zu hören, zu lachen, zu lernen«.

Und dann kommt ein Absatz, der wie eine Zukunftsvision, ein prophetischer Glückwunsch für das neue Politische Kabarett klingt: »Es war ein großer Anschauungsunterricht der Propaganda für unsere Ideen, es war aber auch eine große Verheißung, daß, wo so viel ursprünglicher Humor, so viel geistreicher Geschmack und vor allem so viel Glück der Gemeinschaft – denn nur als ein Werk der Gemeinschaft ist dieser schöne Abend zu verstehen – vorhanden ist, auch tüchtige und frohe Kämpfer für unsere Gesamtbewegung heranreifen. Was hier die Jungmannschaft der sozialistischen Intelligenz anbahnt, den ersten Versuch eines proletarischen Kabaretts, kann vielleicht in Zukunft zu einer Kunstform der Massen des Proletariats selber werden!«

Daß die Aufführung ein großer Erfolg war und zu Wiederholungen des Programms führten, wissen wir aus späteren Berichten. Daß gerade im Jahr 1926 eine Revue »Wien lacht wieder« von Fritz Grünbaum und Karl Farkas mit Musik von Ralph Benatzky im Stadttheater in der Skodagasse aufgeführt wurde, mag den Titel »Wien, wie es lacht und weint« inspiriert

haben. Es sollte eben klar gemacht werden, daß Wien trotz der Überwindung der unmittelbaren Not der Nachkriegsjahre nicht nur Grund zum Lachen, sondern auch zum Weinen hatte.
Die für die ersten Jahre des Politischen Kabaretts charakteristischen Figuren präsentieren sich infolge der politischen Lage schon von Anfang an. Nach der schwächlichen Regierung des Bundeskanzlers Rudolf Ramek hatte der »starke Mann« der Christlichsozialen, Prälat Dr. Ignaz Seipel, am 20. Oktober 1926 auf dringendes Verlangen seiner Partei zum zweiten Mal die Regierungsgeschäfte übernommen (das war die »Rückkehr« Seipels). Ihm stand als Finanzminister sein treuer Kollege Dr. Viktor Kienböck zur Seite, der den in Finanzdingen nicht so bewanderten niederösterreichischen Politiker Josef Kollmann ablöste. Charakteristische und kabarettwürdige Gestalten wie Heeresminister Carl Vaugoin und Unterrichtsminister Richard Schmitz zierten die Regierungsbank. (Der im *Schulkampf* als Unterrichtsminister angekündigte steirische Landeshauptmann Anton Rintelen war zu diesem Zeitpunkt eine Falschmeldung.) Es herrschte eine Stimmung der Erwartung, und es gab Stoff für Kritik genug.
Die Centralbank der deutschen Sparkassen, die im *Schulkampf* erwähnt wurde, war eine private Gründung, die als Zentrale der österreichischen Sparkassen entstanden war, dann eine Zeitlang zum Interessenkreis des Grazer Industriellen Viktor Wutte gehörte, der auch großdeutscher Abgeordneter war, und im Sommer 1926 in Schwierigkeiten geriet. Sie wurde durch eine Regierungsgarantie gerettet. Der Hinweis auf Mussolini und Horthy zeigt, daß sich das Kabarett auch damals schon mit Außenpolitik beschäftigte. Aber die Banken standen im Vordergrund.

Die Bankenskandale

Das Jahr 1926 brachte den Höhepunkt einer Serie von finanziellen Skandalen. Waghalsige Spekulanten, die es in Österreich zu Macht und Ansehen gebracht hatten, aber auch Mitglieder der christlichsozialen Regierung waren verwickelt. Die Regierung des Bundeskanzlers Dr. Rudolf Ramek, eines Salzburger Abgeordneten, war politisch gemäßigt, aber für

Korruptionsfälle besonders anfällig. Viele von den Ministern kamen aus der »Provinz« – wie man heute sagen würde, aus den Bundesländern – und ließen sich von schlauen Wiener Finanzleuten nur zu leicht beeinflussen. Zum Teil kamen die Provinzpolitiker auch aus einer lokalen Atmosphäre, in der kleine Freundschaftsdienste zu den gebräuchlichen Gefälligkeiten gehörten.

In den ersten Nachkriegsjahren spielten die kühnen Spekulanten, unter denen der prachtliebende Triestiner Camillo Castiglioni und der unscheinbare, aber noch um einen Grad einflußreichere Sigmund Bosel die beiden führenden Persönlichkeiten waren, im Finanzleben eine gewaltige Rolle. Der Sturz bedeutender internationaler Währungen gab ihnen Gelegenheiten zu gewinnbringenden Geschäften. Als aber im Jahr 1924 der französische Franc, auf dessen Sturz sie spekuliert hatten, auf einmal zu steigen begann, gerieten sie alle in finanzielle Schwierigkeiten, von denen sie sich nicht mehr erholten.

Die Regierung Ramek, seit November 1924 im Amt, mußte Anfang 1926 umgebildet werden. Der Außenminister Dr. Heinrich Mataja, ein Wiener Rechtsanwalt und christlichsozialer Abgeordneter, und Finanzminister Dr. Jakob Ahrer, ein Steirer, wurden ausgebootet. Dr. Heinrich Mataja wurde beschuldigt, er habe von einer kleinen Bank, die den vielversprechenden Namen Biedermann-Bank trug und bald darauf in Schwierigkeiten geriet, unzulässige Vorteile erhalten. Es stellte sich heraus, daß bei der Biedermann-Bank ein Konto bestand, das auf den Namen einer nichtexistierenden »Marie Schmidt« lautete und in Wirklichkeit dem Außenminister gehörte. Sehr bald wurde in den politischen Satiren ein »Fräulein Mitzi Schmidt« dargestellt, die jung, schlank und geheimnisvoll aussah, aber einen Schnurrbart trug. Mataja wurde die Verbindung mit dieser »Mitzi Schmidt« nie wieder los.

Finanzminister Jakob Ahrer war ein Schützling des Landeshauptmanns der Steiermark, Dr. Anton Rintelen, eines ehrgeizigen und intriganten Politikers, der immer wieder in die Angelegenheiten des Bundes eingriff. Dr. Ahrer war in Finanztransaktionen verwickelt, bei denen die staatliche Postsparkasse schwere Verluste erlitten hatte. Die Postsparkasse

war, wie sich herausstellte, in für sie unvorteilhafte Geschäftsverbindungen mit dem Finanzmann Sigmund Bosel eingetreten. Dr. Ahrer trat zurück und wanderte, während die Untersuchung vor sich ging, im März 1927 plötzlich nach Kuba aus. Er kam dann noch einmal zurück und verließ Österreich einen Tag später neuerlich – vielleicht auf Zureden seiner Freunde. Da Kuba damals noch eine exotische Insel war, von der man nur die Zigarren kannte, und da es ein Kinderspiel gab, bei dem man das versteckte Kind mit dem Ruf »Jakob, wo bist du?« suchen mußte, gab diese plötzliche Ausreise des früheren Finanzministers guten Stoff für die Satiriker.
Beim Zusammenbruch verschiedener provinzieller Bankinstitute kamen Geschäftsverbindungen zutage, die den theoretisch antisemitischen Grundsätzen der Christlichsozialen widersprachen. So führte zum Beispiel ein aus Polen stammender Finanzmann, dem Verbindungen zu christlichsozialen Politikern nachgesagt wurden, den ostjüdischen Namen Jesaias Aberbach. Er wurde durch seinen sonderbaren Namen zum Symbol für die jüdischen Bankverbindungen der Christlichsozialen. Daß in der Verspottung dieses Jesaias Aberbach auch ein Element des jüdischen Antisemitismus zutage trat, weil man diesen Aberbach von sozialistischer Seite als komischen Juden karikieren konnte, ist offenkundig. Die offizielle Lesart war, daß Aberbach nicht verspottet wurde, weil er ein Jude war, sondern weil die Christlichsozialen, die sich als Antisemiten bezeichneten, mit ihm Geschäfte machten.

Bankenlieder

Die nachfolgenden drei Lieder plus einem Fragment, die sämtliche von Theo Neumann aufgezeichnet wurden, gehören offensichtlich zum Ersten Programm des Kabaretts, da sie sich mit Ereignissen beschäftigen, die im wesentlichen vor dem Beginn des Kabaretts, das im Dezember 1926 seinen Anfang hatte, stattgefunden haben. Die Satire der Sozialdemokraten richtete sich gegen die Finanzspekulation, mit der die Regierungskreise verbunden waren.
Das erste Lied bezieht sich auf die Spekulationen Sigmund Bosels, der damals der reichste Mann von Österreich war. Ihm gewährte die staatliche Postsparkasse große Kredite, dafür

erklärte er sich bereit, auf dem Grundstück neben dem Wiener Bundeskanzleramt, das leer stand und auf dem jetzt die niederösterreichische Landesregierung bauen will, ein Gebäude für das Zentralarchiv zu errichten. Zwei Fünftel des Grundes sollten für dieses Zentralarchiv verwendet werden, auf dem Rest wollte Bosel sich einen Palast bauen. Zu diesem Zweck wurde das sogenannte »Boselgesetz« im Parlament eingebracht und gegen die Stimmen der Sozialdemokraten im April 1924 beschlossen. Bosel spekulierte auf den Fall des französischen Franken, aber die erwartete Baisse der französischen Währung trat nicht ein. Bosel konnte daher seine Schulden an die Postsparkasse nicht zurückzahlen. Die österreichischen Großbanken verlangten vom Nationalbankpräsidenten Richard Reisch, er solle aus den Erlösen der Völkerbundanleihe, die Österreich erhalten hatte, 600 Millionen Schilling verwenden, um Bosel einen Kredit zu geben, damit dieser nicht länger gezwungen sei, Notverkäufe der in seinem Besitz befindlichen Aktien verschiedener Unternehmungen durchzuführen. Reisch veranlaßte die Postsparkasse, den Rest der Forderung, die die Nationalbank noch gegen Bosel hatte, zu übernehmen. Das Loch, das auf diese Art entstanden war, wurde angeblich auf die Art gestopft, daß Reisch der Postsparkasse im Ausland einen Kredit verschaffte, den die Postsparkasse dazu verwendete, die Schuld Bosels an die Nationalbank abzulösen. Der Bericht darüber findet sich in Karl Auschs Buch *Als die Banken fielen.*

Das Bosel-Lied

Das Bosel-Lied wurde zu der Melodie von »Der Tod von Basel« gesungen und hatte den Titel »Der Tod von Bosel«:

Als er ein Junggeselle war, da ging es ihm noch gut;
Denn damals fiel die Krone, Kri, Kra, Krone;
Und er, er hatte Pfund; und er, er hatte Pfund.

Dann spekulierte er in Franc, doch leider ging es schief;
Der Franken wollt nicht fallen, fi, fa, fallen;
Er stand genügend tief, er stand genügend tief.

Da ging er in die Postsparkass' und borgt sich etwas aus;
Nach einer Viertelstunde, Sti, Sta, Stunde
Kam er schon wieder raus, kam er schon wieder raus.

Doch leider ging's auch diesmal schief: die Sache, die kam auf;
Es kamen bald die Sozis, Si, Sa, Sozis,
Die bösen Sozis drauf, die bösen Sozis drauf.

Da legt er Amt und Würden hin, es tat ihm zwar sehr lad;
Das war der Tod von Bosel, Bi, Ba, Bosel;
Jetzt lebt er nur privat, jetzt lebt er nur privat.

Bosel verschob sein Vermögen ins Ausland, wie aus dem Erinnerungsbuch des damaligen Finanzministers Jakob Ahrer (*Erlebte Zeitgeschichte,* S. 185) hervorgeht.
Jakob Ahrer, durch seine Transaktionen mit Bosel kompromittiert, legte sein Regierungsamt schon im Jänner 1926 zurück. Ende September 1926, knapp bevor seine Geschäfte mit Bosel enthüllt wurden, reiste Ahrer nach Kuba, um sich, wie er sagte, »eine neue Existenz zu gründen«. Er tauchte zwar am 24. März 1927 plötzlich wieder in Wien auf, verließ Österreich aber zwei Tage später neuerlich, angeblich auf Drängen seiner Parteifreunde.
Der wirkliche Tod Sigmund Bosels wurde viel später (am 26. April 1975) in der *Arbeiter-Zeitung* von Mathilde Laster geschildert, einer Frau, die als Jüdin Ghetto und Konzentrationslager überlebt hatte und im Mai 1946 nach Wien zurückgekehrt war. Ihr Bericht, den sie zusammen mit ihrer Tochter Edith Schneller verfaßte, lautet: »Es war im Jahr 1942, als ich mit meinem Kind, das damals vierzehn Jahre alt war, in der Sperlschule in Wien kaserniert wurde. Am 19. Februar 1942 ging unser Zug vom Aspangbahnhof ab nach Riga, Lettland. Wir waren fünf oder sechs Tage unterwegs. Es war eine eisige Kälte, die Waggons waren überfüllt und abgesperrt. Im nächsten Waggon fuhr Bosel mit uns. Er wurde während der Fahrt von der SS erschossen. Ich höre noch seinen Ruf: ›Gnade, Herr Scharführer‹, dann fiel ein Schuß, ein Schrei, und Bosel war tot.«

Üb immer Bank und Börsenspiel

Der Text des folgenden Liedes, das ebenfalls von Theo Neumann aufgezeichnet wurde, ist nach der Melodie von »Üb immer Treu und Redlichkeit« zu singen. Er lautet:

Üb immer Bank und Börsenspiel,
Dann kommst du niemals auf den Hund;
Denn gewinnst du, so verdienst du viel,
Und verlierst du, zahlt's der Bund.

Und sei ein Hüter der Moral,
Ein treuer Antimarxist,
Und wähle christlichsozial,
Denn unser Wahlspruch ist:

Üb immer Bank und Börsenspiel,
Dann kommst du niemals auf den Hund;
Denn gewinnst du, so verdienst du viel,
Und verlierst du, zahlt's der Bund.

Der Hinweis auf die Wahlen deutet auf Ende 1926 oder Anfang 1927. Die Parlamentswahlen fanden am 24. April 1927 statt.

Der »Fensterstock« im Bankhaus

Das nächste »Bankenlied« lehnt sich in Melodie und Text an jenes steirische Volkslied an, in dem der Bursch, der in Gefahr schwebt, vom Bauern beim »Fensterln« erwischt zu werden, bei seiner Flucht durch das Fenster versehentlich den Fensterstock mitreißt. Dr. Richard Reisch (1866–1938) war in der ganzen Zeit, um die es sich hier handelt, der willfährige Präsident der Österreichischen Nationalbank. Der Text des Volksliedes beginnt mit dem Satz »Znagst hat mir mein Dirndl a Briafal zugschriabn«. Die Abwandlung im Kabarett geht so:

Jüngst hat mir mei Bankhaus a Briafal zugschriabn,
Zwegn was i denn gar nimmer einzahln kimm,
Und das wär schlimm, weil mei Konto net stimmt.
Diholodaholodaro.

Den Brief han i glesn, aft han i ma denkt,
Da gehst halt zum Reisch, daß a da a bissl was schenkt,
Soviel, das grad glenkt, ka Politiker henkt,
Diholodoholodaro.

Aft geh i zum Reisch und verzöhl ihm mei Soß,
Der zwinkert und führt mi glei zu die Depos,
Nur's Mäul halt fein blos, sonst is wieda was los,
Diholodaholodaro.

(Hier, meint Theo Neumann, dürften eine oder mehrere Strophen fehlen.)

Und wia i ins Bankhaus bin einagschloffa,
Da is ma's, oh Gott, glei zsammenbrocha,
Und die Sozis warn da, hört's war des a Gschra,
Diholodaholodaro.

Du Danneberg Robert, du sakrischer Hund,
Wia mach i denn jetzt meine Sparkassen gsund,
Im Land und Bund mit Dollar oder Pfund?
Diholodaholodaro.

Theo Neumann hat eine »dunkle Erinnerung an eine weitere Strophe«, die anfing: »Wems so is ergangen, wias mir jetzt ergeht . . .«
Die Rede, in der der sozialdemokratische Abgeordnete Robert Danneberg sich im Nationalrat mit den Geschäften der Postsparkasse in Verbindung mit dem Spekulanten Sigmund Bosel auseinandersetzte, wurde am 6. Juli 1926 gehalten.
Das Fragment eines weiteren »Bankenliedes« oder einer Bankenszene verzeichnet Theo Neumann. In dieser Szene schildert der Sohn eines Kridatars die erfolgreiche Vermögensverschiebung:

Z'erscht ham mas auf . . . . g'schriabn;
und nacha auf . . . . ,
und am End auf mei klane Schwester, die is erscht
vier Jahr und waß von gar nix!

Das Banken-Fiaker-Lied

(Nach der Melodie des »Fiakerlieds«, Text aufbewahrt von Karl Bittman:)

Ich hab' zwei harbe Banken
Die eine ist am Grab'n,
Die and're bei der Börsen,
Können Sie geschenkt gleich hab'n.
Zur Zeit des Kronenfalles,
Da ging es mir sehr gut,
Doch heut' hab ich den Dalles.
Die Banken sind kaputt.
Das waren schöne Zeiten
Zur Zeit der Inflation.
Was heute war noch a Million,
Wuchs morgen schon auf die Billion.
Das waren schöne Zeiten,
Wo man so gut verdient
Und wo man Geld gescheffelt hat
Als Herr Kommerzienrat.

Refrain:
Ich bin halt a echt's Alt-Weaner Kind,
Ein Bankier, wie man so leicht net an find,
Mein Blut ist so luftig, so leicht wie der Wind,
Ja, ich bin halt a echt's Weaner Kind.

Anmerkung: Der »Dalles« ist die jüdisch-deutsche Personifikation des wirtschaftlichen Elends.

Zwei gute Kaiser

Vermutlich in diesen Zusammenhang gehört das folgende Liedchen (aus der Mappe Victor Gruens):

I hab zwei gute Kaiser,
An großen und an klanien.
Der große is in Holland
Der kleine is in Spanien.

Der österreichische Thronanwärter Otto von Habsburg, der mit seiner Familie in Lequeitio (Spanien) gelebt hatte, übersiedelte im Jahr 1930 nach Belgien. Der »große« Kaiser war der deutsche Kaiser Wilhelm II.

Die »Verunglimpfung« Seipels

Es war eine glückliche Fügung für das Politische Kabarett, daß gleich sein erstes Programm öffentliches Aufsehen erregte. Während die Erstaufführung ohne Zwischenfälle vor sich gegangen war, offenbar weil sich niemand von der Polizei für die Veranstaltungsgruppe der sozialistischen Mittelschüler interessierte, schritt bald darauf die Behörde ein, weil Bundeskanzler Dr. Seipel in einer Szene »herabgewürdigt« worden sei. Eine Strafanzeige gemäß § 300 des Strafgesetzes war erstattet worden.
Nach einigen Verhandlungen wurde die Aufführung doch erlaubt, inklusive der mit »Er« betitelten Programm-Nummer, in der Seipel vorkam. Aber die Rede, die der Darsteller Seipels hielt, mußte wegbleiben. Dafür wurde diese Rede, die sonst kaum in die Zeitung gekommen wäre, in der linkssozialistischen Zeitung *Der Abend* vom 17. Jänner 1927 im vollen Wortlaut veröffentlicht. In dieser Rede auf dem Kabarett-Abend vom 8. Jänner hatte »Er« gesagt:

Nach langem Zögern, nach längerem Schwanken,
Auf den Trümmern meiner eigenen Banken
Geht die Sanierung wieder los,
Und diesmal gar im eigenen Schoß.
Meine Regierung ist ja bereits bekannt,
Schmitz wird mein Unterrichtsministrant.
Gegen die Arbeitslosen sorgt der Resch,
Ohne Vaugoin wär' die Armee nicht mehr fesch.
Der Thaller sorgt für das Eigentum,
Der Kienböck hält's mehr mit dem Publikum.
Zwei meiner Kollegen sind national,
Ihr Belang ist die nächste Nationalratswahl.
So sind wir, nehmt alles nur in allem,
Die Regierung, um jedem zu gefallen.
Mein Programm, das kennt ihr ja,

Fest steht und treu die Kongrua,
Doch gewähr' ich den Bürgerlich-Liberalen
Konzessionen des Freisinns im Steuerzahlen.
Jeder Arbeiter nimmt seine Arbeit nur dort,
Wo das Leben ihm zusagt, sonst geht er fort.
Jedes Unrecht kommt schließlich vor Gottes Thron,
Die streng paritätische Schiedskommission.
Trotz Rintelen, Buresch und Ahrer
Werden wir täglich reiner und wahrer.
Alles andere ist Verleumdung.

Der Abend veröffentlicht diese Geschichte unter dem Titel »Die Polizei kommt durchs Hintertürl«, offenbar weil die Behörde nicht schon bei der ersten Aufführung und auch später nur gegen eine bestimmte Szene eingeschritten war. Weiters berichtet *Der Abend,* in dem Bild werde dargestellt, wie die »Schmierer« verschiedener bürgerlicher Blätter sich darüber freuen, daß »Er« aus Amerika zurückkommen wird. Dann kommen fanfarenblasende Mädchen mit Palmenzweigen, und schließlich kommt »Er«. »Amerika« ist eine Umschreibung für Genf und den Völkerbund.
Es ist erfreulich, daß die Girls vom Politischen Kabarett immer wieder etwas zu tun bekommen, sei es auch nur, anläßlich der Ankunft Bundeskanzler Seipels mit Palmzweigen zu wacheln.
Nicht ganz einzusehen ist, was eigentlich die österreichische Polizei an dieser Szene so besonders anstößig fand. Die Rede des Bundeskanzlers ist nur eine Präsentation seiner Regierungsmitglieder. Daß Schmitz als »Unterrichtsministrant« bezeichnet wird, ist nicht so sensationell. Schließlich kommen die Wörter »Minister« und »Ministrant« sogar von der gleichen lateinischen Wurzel – »Minister« heißt »Diener«. Daß Resch »gegen die Arbeitslosen« regiert statt »für die Sozialversicherung«, ist die normale Art von Vorwurf einer parlamentarischen Opposition gegen die Regierung. Bei der Bemerkung über Heeresminister Vaugoin zeigt sich die allgemein ablehnende Haltung der Sozialisten gegen das Bundesheer – ein Unterschied zur Zweiten Republik. Es wird ihm nicht nachgesagt, daß er »gegen die Armee« regiert. Im

Gegenteil, die Armee wird, wenn auch in ironischem Ton, als »fesch« deklariert.
Landwirtschaftsminister Thaller war insofern eine interessante Persönlichkeit, als er später an der Spitze einer Gruppe von Bauern nach Paraguay auswanderte – er hatte offenbar nicht viel Vertrauen in die Zukunft Österreichs. In Südamerika ist der bärtige Tiroler bei der Überquerung eines Flusses ertrunken.
Finanzminister Kienböcks Sorge für das Publikum existiert wohl nur um des Reimes willen. Daß die beiden deutschnationalen (großdeutschen) Minister Grund hatten, um ihre Parlamentssitze zu bangen, hat sich bei den Wahlen bestätigt. Daß die »Kongrua«, die Vereinbarung über die staatlichen Leistungen an die katholische Geistlichkeit, nicht angerührt werden würde, ist wohl selbstverständlich – aber diese Vereinbarung über die entsprechende Leistung (Kongrua heißt »die entsprechende«, wobei Leistung zu ergänzen ist) wurde von den Sozialdemokraten immer wieder angegriffen.
Der Landeshauptmann der Steiermark, Dr. Anton Rintelen, der niederösterreichische Politiker Dr. Karl Buresch und der frühere Finanzminister Dr. Jakob Ahrer, der sich nach Kuba abgesetzt hatte, waren bekanntermaßen in die Bankenaffären jener Zeit verwickelt. Außerdem wird ihnen in diesem Lied direkt nichts vorgeworfen. Man läßt Seipel nur sagen, daß die Regierung »trotz« dieser Persönlichkeiten »täglich reiner und wahrer« werde. Also Ironie, vergleichsweise harmlose Ironie. Der wirkliche Grund für die behördliche Verfolgung war die Tatsache, daß überhaupt lebende Politiker auf der Bühne gezeigt wurden. Und mit der Nervosität darüber ist die Haltung der damaligen Polizeibehörden zu erklären, so daß lebende Politiker, auch wenn sie ohne Zweifel erkennbar waren, oft ohne Namensnennung gezeigt wurden.

Das zweite Programm: »Im christlichsozialen Himmel«

(Erstaufführung: 20. März 1927)

Ein aufregender Zwischenfall war die Einleitung zu den Parlamentswahlen vom 24. April 1927. Der Heeresminister Carl Vaugoin »entdeckte« im Wiener Arsenal, der leerstehenden ehemaligen Waffenfabrik der alten österreichisch-ungarischen Armee, ein verstecktes Waffenlager des sozialdemokratischen Republikanischen Schutzbundes. In Wirklichkeit war die Existenz dieses Waffenlagers allen Beteiligten längst bekannt. Es handelte sich um Waffen, die am Kriegsende von den im Arsenal beschäftigten sozialdemokratischen Arbeitern vor den Offizieren der Siegermächte versteckt worden waren, um im Notfall zur Verteidigung der Republik Österreich zu dienen.

Es bestand ein stillschweigendes Übereinkommen zwischen den Sozialdemokraten und der Regierung, daß diese Waffen im Arsenal bleiben sollten. Als die Sozialdemokraten dann in der Opposition waren, begann die Existenz dieses Waffenlagers der Regierung unheimlich zu werden. Am 2. März 1927 ließ Heeresminister Vaugoin das Arsenal von Truppen besetzen, weil dort »ein Einbruch verübt« worden sei. In Wirklichkeit war der »Einbruch« in einen Turm des Arsenals, in dem Waffen gelagert waren, von einem Offizier fingiert worden. Dieser Offizier war, wie Otto Leichter in seinem Buch *Glanz und Ende der Ersten Republik* berichtet, als Sozialdemokrat mit der Aufsicht über die Waffen betraut worden, hatte aber seine Partei verraten und war zur Gegenseite übergegangen. Für die »Durchsuchung« ließ Vaugoin ausgewählte Truppen aufbieten, die aus Mitgliedern der christlichsozialen Soldaten-Organisation »Wehrbund« bestanden. Er wollte keine sozialdemokratischen Soldaten einsetzen, um einen Konflikt zu vermeiden.

Als die Soldaten Vaugoins in das Loch, das durch den »Einbruch« geöffnet worden war, eindrangen, gaben die Schutzbündler Alarm. Die Elektrizitätsarbeiter drehten das

Licht im Arsenal ab. Gleichzeitig begannen Verhandlungen zwischen der Regierung und der Sozialdemokratischen Partei, da ein Generalstreik oder gar ein bewaffneter Konflikt drohte. Am Schluß einigte man sich darauf, daß die Truppen mit den wenigen »gefundenen« Gewehren abziehen sollten. Die größeren Waffenvorräte, die zurückblieben, wurden einige Zeit später einverständlich abtransportiert und unter gemeinsamer Kontrolle anderswo aufbewahrt. Das Problem war, daß die Gefahr bestand, ausländische Mächte hätten von dem Bestand weiterer, viel größerer Waffenlager Kenntnis erhalten können, die ja im Notfall zur Landesverteidigung dienen sollten. Jedenfalls waren die im Arsenal liegenden Waffen nicht die wirklichen Hauptwaffenlager des Schutzbundes.
War die Waffensuche im Arsenal ein Erfolg oder eine Blamage für die Regierung? Es war jedenfalls eine Unannehmlichkeit für beide Parteien, da ja die Existenz von geheimen Waffenlagern im Interesse Österreichs verborgen bleiben sollte. Aber die Auffindung geheimer Waffenlager der Sozialdemokraten konnte im Wahlkampf von den Christlichsozialen als Beweis für die bösen Absichten des Schutzbundes verwendet werden. Es war außerdem der erste Fall, in dem die Möglichkeit eines offenen Bürgerkriegs drohte, der nur durch eine mühevolle Einigung hinter den Kulissen verhindert wurde. Der Handstreich des Heeresministers Vaugoin, der ihm nur eine geringe Anzahl von erbeuteten Gewehren eingebracht hatte, wurde also von der sozialdemokratischen Propaganda verspottet, machte aber die Sozialdemokraten auch nicht glücklich, weil sie nicht abschätzen konnten, wie weit dadurch vielleicht doch die militärische Stärke ihrer Formationen geschädigt war.
Carl Vaugoin, der von 1921 bis 1933 Heeresminister war, kann trotz seines französisch klingenden Familiennamens als ein typischer Wiener bürgerlicher Politiker bezeichnet werden. Er war als junger Mann von dem berühmten Bürgermeister Karl Lueger in den christlichsozialen Parteiapparat hineingezogen worden, machte seine Lehrjahre als Wiener Gemeinderat und wurde, nachdem er ins Parlament und in die österreichische Staatspolitik übergetreten war, mit der Leitung des Heerwesens betraut. Es gelang ihm, mit Zähigkeit und einer rücksichtslosen Personalpolitik im Laufe seiner

Amtszeit aus einem überwiegend sozialdemokratisch gesinnten Heer eine folgsame christlichsoziale Parteiarmee zu machen. Er war also gewiß nicht untüchtig. Wenn er neben dem Bundeskanzler Seipel und dem Polizeipräsidenten Schober der am meisten verspottete politische Gegner war, so ist das gerade ein Zeichen dafür, daß er seine Ziele mit Energie verfolgte.

In der Satire seiner politischen Gegner wurde Vaugoin immer wieder dafür verspottet, daß er im Krieg kein »heldenhafter Frontoffizier« gewesen war, sondern den größten Teil der Kriegszeit im Hinterland, in dem niederösterreichischen Städtchen Scheibbs, als Offizier des Trains (der Heeresverpflegung) verbracht hatte. Deswegen wurde er »General Scheibbs« genannt und als Maulheld mit einem Papiertschako und einem Holzsäbel, auf einem Schaukelpferd sitzend, dargestellt. Zu anderen Zeiten wieder erschien Vaugoin als General mit einem Zylinderhut. Aber all das konnte nichts an der Tatsache ändern, daß die von Vaugoin mit Extrabegünstigungen (wie zum Beispiel heißen Würsteln) belohnten Soldaten, die dem christlichsozialen »Wehrbund« beitraten, immer zahlreicher wurden. Dagegen wurden die Mitglieder des sozialdemokratischen »Militärverbandes« allmählich aus dem Bundesheer hinausgedrängt.

Wahltheater

Über das zweite Programm des Politischen Kabaretts berichtet *Der Abend* am 28. März 1927 in einer mit »Ast« gezeichneten Rezension unter dem Gesamttitel »Wahltheater«. Es werden gleichzeitig auch zwei andere »Wahlrevuen«, nämlich die »Ring-Rund-Revue« und die Revue »Schwarz oder Rot« besprochen. Über die Aufführung des Politischen Kabaretts am 27. März heißt es dort:

»Sonntag abend, Olympia-Saal. Das Haus ist übervoll. Jugendliche, laut, übermütig, fesch, ungeduldig.

Auf der Bühne steht der Ansager. Er trägt die Maske eines christlichsozialen Spießers. Es beginnt eine Wahlversammlung, in der die christlichsozialen Versprechungen dargestellt werden. Mit hinreißendem Witz, mit vernichtender Kritik. Da ist die Lächerlichkeit, die unfehlbar tötet. Da ist das christlichsoziale Parteischiff, das am Loreley-Felsen zerschellt, dem eine Sandbank, aber auch die Zentralbank und die Bauernbank vorgelagert sind. Diese gesamte Wählerversammlung muß die neue Nationalhymne der Christlichsozialen mitsingen. Sie lautet: ›Stumpfsinn, Stumpfsinn, du mein Vergnügen‹.«

Von dieser Verwendung eines alten Studentenliedes geht es dann weiter. »Der christlichsoziale Himmel wird überzeugend dargestellt.«

Dann ist man »bei Wotan und Wotawa« – der deutschnationale Politiker Wotawa mit dem tschechischen Namen eignet sich für eine Verhöhnung der »großdeutschen Mandatsjägerei«. »Man lacht stürmisch über eine Wehrbundparade Vaugoins, bei der das ›Lied vom Arsenal‹ gesungen wird. Jeder Witz schlägt ein, jede Spitze zündet. Da ist eine Kenntnis der Tagesfragen und ein Verständnis für sie, die meisterhaft ist. Dieser Jugend wird man kein Blüml-Blaml vormachen. Diese Jugend weiß, was sie will. Diese Jugend hat Augen und Ohren offen.«

Der Rezensent ist stark beeindruckt. »Tief berührte das letzte Bild. Hakenkreuzler marschieren auf, singen ein Hetzlied. Ein junger Genosse zeigt seiner Genossin, wer hinter diesen Buben steckt. Ein Vorhang öffnet sich. Man sieht die Macher der *Reichspost*, der *Deutschösterreichischen Tageszeitung*, der *Neuen Freien Presse* im trauten Verein. Noch sind es nicht die wahren Drahtzieher. Wieder öffnet sich ein Vorhang, da stehen die Kirche und der Klassenstaat, verkörpert durch einen Priester, dem Seipel über die Schulter guckt, und einen Richter. Aber auch sie sind nur Diener, hinter dem nächsten Vorhang ist der Herr, der Götze, das Kapital. Stürmisch antwortete auf den Kampfruf ›Wählt sozialdemokratisch‹ der übervolle Saal mit der ›Internationale‹. Da gehen junge Menschen einen neuen Weg. Er ist gut. Er wird zum Ziel, wird zum Sieg führen.«

Der Text des Liedes »Die Schlacht vom Arsenal«, gesungen nach der Melodie von »Prinz Eugenius, der edle Ritter«, ist im Nachlaß Theo Neumanns erhalten und wurde im *Abend* vom 26. März mit einer ganzseitigen Abbildung des Prinz Eugen-Denkmals auf dem Wiener Heldenplatz abgedruckt. Er lautet:

General Scheibbs, der edle Ritter,
Wollt dem Seipel wiedrum kriegen
Einen Schlager für die Wahl;
Er ließ schlagen eine Lucken,
Daß man konnte einigucken
Was denn wär' im Arsenal.

Als die Lucken war geschlagen,
Ließ er gleich dem Schober sagen,
Daß ein Einbruch sei geschehn.
Rief dann seine Leibsoldaten,
Deren große Heldentaten
Zu Fronleichnam man gesehn.

Jungmannschaft und auch den Wehrbund
Rief er rasch noch zum Gebete,
Und dann ging es in die Schlacht,
Und auf seinen vielen, vielen
Vollbesetzten Automobilen
Kam des Wehrbunds Heeresmacht.

Plötzlich ward es Nacht und finster,
Und sie stießen ihre Köpfe
Sich an jeder Mauer an.
Zwei bekamen Nasenbluten.
Da ward ihnen bang zumute,
Und sie schrieen: »Geh ma's an!«

Einen Sack voll rostiger Nägel
Fanden sie in einer Ecken,
Und sie schrieen laut: »Skandal!«
Kochten drauf zur Siegesfeier
Tausend Würstel, froh am Feuer –
Das war die Schlacht vom Arsenal!

In einem handgeschriebenen Kommentar zu diesem Text meinte Theo Neumann: »Die ›Schlacht vom Arsenal‹ erfüllte mich mit tiefstem Unbehagen, als ich sie zum erstenmal hörte. Ich glaubte damals, daß ein großes Waffenlager des Schutzbundes ausgehoben worden sei. Die Linie der Partei (die das Lied extrem widerspiegelte), diesen schweren Schlag zu bagatellisieren, schien mir schmählich und gefährlich. Ich habe das Lied dann doch mitgesungen und meine Zweifel nur im engsten, parteitreuesten Kreis geäußert. Die Ungereimtheiten des Textes scheinen mir dafür zu sprechen, daß der Autor das gleiche Unbehagen empfand wie ich. ›Die Schlacht vom Arsenal‹ ist eine der elendiglich verlogensten Sachen, die wir – aus Parteitreue – jemals gemacht haben.«

Theo Neumann schreibt weiter: »Heute (1970) bin ich nicht sicher, ob nicht wirklich bloß alte, unbrauchbare Waffen (›ein Sack voll rostiger Nägel‹) gefunden wurden! Es ist eben sehr schwer, die historische Wahrheit zu finden, wenn allen zeitgenössischen Akteuren jede Lüge zuzutrauen ist. Wie Nestroy sagte: ›Und es is alles net wahr! Es ist alles net wahr!‹ «

Das Programm »Im christlichsozialen Himmel« fand als Wahlkabarett für die Nationalratswahlen vom 24. April 1927 großen Anklang. Am 30. März meldet *Der Abend:* »Die 25. Aufführung des Politischen Kabaretts findet Donnerstag, den 31. ds. um 8 Uhr im Hotel Post, 1. Bezirk, Fleischmarkt statt.« Und am 1. April heißt es im *Abend:* »Politisches Kabarett. Morgen, Samstag, im Palast-Kino, 8. Bezirk, Josefstädterstraße 43. Schule im Kongrua-Reich. Drei biblische Szenen. Im christlichsozialen Himmel. Politische Tarockpartie usw. Orchester der Musikgruppe der Naturfreunde.«

Diese 25. Aufführung – sozusagen eine kleine Jubiläums-Aufführung – war ausverkauft. Darum fand eine Wiederholung am Samstag, 9. April, in den Künstlerspielen, Riemergasse 11, statt. Vielversprechend hieß es im *Abend* vom 8. April: »Mit neuen Einlagen!« Die Texte waren also nicht ein für allemal festgesetzt, sondern wurden ständig durch Aktualitäten ergänzt.

»Stumpfsinn« auf dem christlichsozialen Parteitag

Aus den Berichten geht hervor, daß auf dem »christlichsozialen Parteitag« des Kabaretts eine neue »Parteihymne« zur Melodie des alten Studentenliedes »Stumpfsinn, Stumpfsinn, du mein Vergnügen« gesungen wurde. Offensichtlich aus dieser Hymne stammt eine Strophe, die sich in den Papieren Victor Gruens (Ehrengabe seiner Freunde zu seinem siebzigsten Geburtstag) findet und sich auf den 1926 vollendenten Bau des gemeindeeigenen Amalienbades im Wiener Arbeiterbezirk Favoriten bezieht. Das Bad hieß nach Frau Amalie Pölzer, der 1924 verstorbenen Frau des sozialdemokratischen Abgeordneten Johann Pölzer.

Das Amalienbad,
Das fehlt uns grad!
Das verdirbt ja die christlichen Sitten!
Wir san net für die Reinheit,
Net amal für die fein' Leut,
Noch weniger für Favoriten!
Refrain: Stumpfsinn . . .

Überhaupt waren die Gegner der Sozialisten auf die Aktivitäten der Gemeinde Wien nicht gut zu sprechen – nicht einmal auf die Straßenbahn, zumal diese – schon seit Kaisers Zeiten – grell rot gestrichen war. So sagt ein Bürger zu dem anderen:

Sagn's, ham's schon vom neuesten Terror gehört, pst, g'hört?
Die Sozi ham scho wieder a Versammlung gestört, pst, g'stört.
Da san zwei am Gleis umananderg'standen
Und reden vom Breitner sei' Steuerschanden.
Da plötzlich, da kommt, man weiß nicht woher,
So a rote Tramway daher!
Zweg'n was?
Ja, zweg'n dem Seipel, Mataja, Ramek,
Ahrer, Kienböck, meck, meck.

Die Luxussteuern des sozialdemokratischen Finanzstadtrats Hugo Breitner, deren Ertrag für die soziale Tätigkeit der Gemeinde Wien verwendet wurde, waren den Christlichsozialen und den besitzenden Klassen ein Dorn im Auge. Zu diesen Steuern gehörte besonders die Wohnbausteuer auf große Wohnungen, aus der die Wohnbautätigkeit der Gemeinde Wien zum Teil finanziert wurde.
Ein anderer dauernder Streitpunkt zwischen Sozialdemokraten und Christlichsozialen war die Schulreform Otto Glöckels, die dieser zuerst als Staatssekretär (Minister) für das Unterrichtswesen einleitete und später, nach dem Zerfall der

österreichischen Koalitionsregierung, als Leiter des Wiener Stadtschulrats in der Bundeshauptstadt fortsetzte.
Von der Schulreform wurde immer wieder behauptet, sie richte sich gegen die »christlichen Sitten«. Diese unbegründete Anschuldigung diente als Grundlage für das folgende Kabarettlied, in dem der Wiener Erzbischof Kardinal Piffl, der den Christlichsozialen nahestand, sich beim Bundeskanzler Seipel beschwert. Das Lied wurde (vermutlich im zweiten Programm) von Gretl Prucha (später verehelichte Kammerer) gesungen. Der Text ist von Victor Gruen überliefert (Melodie: »Auf der Lamgrub'n und auf der Wieden«):

Sagt der Piffl
Zu dem Seipel:
Du, dem Glöckel seine Schul'
Ist wahrhaftig,
Pfui der Teufel,
So ein echter Sündenpfuhl.
's wird nicht bet' und 's wird nicht prügelt,
Kinder geh'n auf d'Promenad'!
Da hat unsere Regierung
Schon a andere Schul' im Staat.
Ein Prälat, der ist der Lehrer,
Prügelt wird, daß alles kracht.
Oft beim Segnen
Schläge regnen,
Minister wer'n g'stürzt über Nacht.
Mitzi Schmidt wird außig'schmissen
Und der Mataja dumm und lang
Sitzt hinten auf der Eselsbank.

Auf die Regierungsumbildung im Jahr 1926, bei der Außenminister Heinrich Mataja aus dem Amt scheiden mußte, und auf das merkwürdige Konto »Marie Schmidt«, das bei der Biedermann-Bank für Mataja bestand, wurde bereits hingewiesen. Die »Eselsbank«, auf der dumme oder faule Kinder strafweise sitzen mußten – ganz hinten im Schulraum –, war eine Einrichtung, die in rückständigen Schulen noch am Anfang der Jahrhunderts wirklich bestand.
Ebenfalls in die Zeit des zweiten Programms dürfte eine Szene

gehören, in der Ruth Suschitzky, eine Tochter des Buchhändlers Suschitzky, als Operettendiva auftrat und zusammen mit Fritz Steiner als Operettenstar ein Lied sang, dessen Text in der kitschigen Wiederholung eines damals gängigen Refrains bestand. Der Text lautete (ebenfalls überliefert von Victor Gruen):

Wenn der weiße Flieder
Wieder blüht,
Wenn der weiße Flieder
Immer immer wieder,
Wenn der weiße Flieder
Wieder blüht.

Eine Rezension dieses Programms im *Kleinen Blatt* (Autor: »Peregrin«) hebt eine Szene hervor, in welcher der Zimmermann Josef mit seiner Begleiterin Marie eine Unterkunft sucht. Der Hausherr weist die Obdachlosen von der Schwelle. Erst das Interesse so großer Herren, wie es die heiligen drei Könige sind, die nach dem Paar fragen, jagt dem Hausherrn die Angst ein, er könne »christlichsoziale Protektionskinder beleidigt« haben.
Der »christlichsoziale Himmel« war ein Platz, wie ihn sich die christlichsozialen Wähler – nach Ansicht der Autoren des Kabaretts – nach dem Wahlsieg der »Einheitsliste« erträumt hätten. Dort findet der brave Wähler, der seine Stimme der »Einheitsliste« gegeben hat, »wolkenputzende, mudelsaubere Engerln«. Also wieder eine Gelegenheit für das Auftreten der Girls. Ein Fabrikanten-Ehepaar erntet die beglückte Zustimmung des Arbeiters zur Lohnherabsetzung. Der Hausherr ist immer noch Hausherr. Alle in die ewige Seligkeit Eingegangenen können nach Herzenslust Zinse steigern, Arbeitszeit verlängern, Banken gründen, einflußreiche Stellen bekleiden oder verteilen.
Auch wird eine Revue des alten Wien gezeigt, wie es vor dem Mieterschutz war. Da gibt es Fiakerkutscher in Pepitahosen, braunem Samtrock und Zylinder, da gibt es fesche Leutnants, dralle Wäschermädel in blau- und weißgetupften Kattunkleidern, mit »Da habts mein letztes Kranl«-Stimmung und einer gruselig holden Märchenseligkeit, die es nie gegeben hat, außer im Heurigenlied.

Der Rezensent des *Kleinen Blatts* benützt die Gelegenheit, das Publikum des Politischen Kabaretts zu beschreiben: »Ein Saal voll Jugend, von einem strahlenden Sonntag mit roten Fähnchen, roten Wangen, grüngebänderten Lauten, nackten Knien zurückgekehrt, erregt und mitteilungsbedürftig, bereit, gestapelte Sonnenglut in kleinen Entladungen auszugeben, zu weiterem Lachen entschlossen.«

Das dritte Programm: »Der Ruck nach rechts«

Erstaufführung: 8. Mai 1927

Der Sturz von der Bank

Das markanteste Bild aus »Der Ruck nach rechts« sind die christlichsozialen Minister, die zusammen auf einer Bank sitzen. Es wird davon gesprochen, in der Politik sei ein »Ruck nach rechts« notwendig. Gemeint sind die Wahlen vom 24. April 1927. Dann heißt es auf einmal: »Rück' ein Stückerl nach rechts!«, und plötzlich sitzen die beiden Minister, die ganz rechts auf der Bank placiert waren, auf der Erde.
Gemeint ist das Wahlergebnis vom 24. April. Die Christlichsozialen verloren neun Mandate. Zwei davon eroberten ihre Verbündeten, die Großdeutschen. Die Sozialdemokraten gewannen drei Sitze, die Landbündler vier. Bundeskanzler Seipel mußte also seine Regierung durch Aufnahme des Landbundes verstärken, und die Christlichsozialen mußten zwei Ministersitze aufgeben. Das war der »Ruck nach rechts«, bei dem zwei ihrer Minister von der Ministerbank gefallen waren!
Bei dieser Gelegenheit fand das Politische Kabarett Erwähnung in der Debatte des Parlaments. Eine bessere Reklame hätten sich seine Autoren gar nicht vorstellen können. Nachdem bei der Eröffnung des neuen Nationalrats Bundeskanzler Dr. Seipel seine Regierungserklärung abgegeben hatte, sprach in der Debatte der sozialdemokratische Fachmann für Kultursachen, der Abgeordnete Otto Glöckel. Ihm antwortete der christlichsoziale Arbeitervertreter, Abgeordneter Leopold Kunschak. In der *Neuen Freien Presse* vom 20. Mai 1927 steht zu lesen, daß der Abgeordnete Kunschak (in der Sitzung vom 19. Mai) erklärte, er habe am gleichen Tage die »Einladung zur neuesten Bildungsattraktion der Sozialdemokratischen Partei« bekommen. Dies sei ein politischer Kabarettabend im Saal des Philadelphia-Theaters.
Und dann las Kunschak empört den ganzen Theaterzettel vor,

der auf diese Art der Nachwelt erhalten geblieben ist: »Der Ruck nach rechts! – Die große Attraktion! – Ho-ruck! – Ein Begräbnis erster Klasse; zum ersten, zum zweiten, zum drittenmal! – Der Mord in Hainburg! – Siegesfeier in der Familie Watzl Zinsgeier!« (Zwischenruf: »Das ist sozialdemokratische Volksbildung!«) Dort, sagte Kunschak, »wird zum Beispiel den Leuten ein Begräbnis der Einheitsliste geboten, hinter dem ausgerechnet noch ein Jude in der Maske des Bundeskanzlers mit einer gebrochenen Kerze nachgeht!« Kunschak fügte hinzu: »Als ich den Abgeordneten Glöckel hier gehört habe, habe ich mir gedacht, jetzt kenne ich den Impresario dieses Politischen Kabaretts!«
Mit seiner Vermutung über die Urheberschaft des Politischen Kabaretts war Kunschak allerdings im Irrtum. Wahrscheinlich war seine Erklärung ohnedies nur rhetorisch gemeint. Auch seine Annahme, der Darsteller des Bundeskanzlers Seipel beim »Begräbnis der Einheitsliste« sei »ausgerechnet ein Jude gewesen«, war eine bloße Vermutung. Kurt Zinram, der bei solchen Gelegenheiten den Bundeskanzler Seipel spielte, war kein Jude, wohl aber durch seine markanten Gesichtszüge, vor allem die Adlernase, zur Verkörperung des Bundeskanzlers Seipel besonders geeignet. Daß diese Gesichtsbildung in der Volksmeinung, auch der des alten Antisemiten Kunschak, oft mit dem Judentum assoziiert wurde, war weder die Schuld Dr. Ignaz Seipels noch Kurt Zinrams.
Der kluge Medizinstudent Kurt Zinram wurde wegen seines Aussehens und seiner bedächtigen Art, zu sprechen, mit Vorliebe mit der Seipel-Rolle betraut. Es stellte sich aber bald heraus, daß dies eine gefährliche Rolle war: lebende Politiker durfte man nicht direkt karikieren. So wurde Kurt Zinram schon nach einer der ersten Aufführungen des Kabaretts vor Gericht gestellt. Er verantwortete sich auf Rat seines Rechtsanwaltes damit, er habe überhaupt nicht gewußt, daß die Person, die er darzustellen habe, Dr. Ignaz Seipel sei, sondern eben nur »ein Bundeskanzler«. Er soll mit dieser simplen Ausrede Erfolg gehabt haben, und so bürgerte sich im Politischen Kabarett der Gebrauch ein, lebende Politiker wie Seipel, Vaugoin oder Starhemberg überhaupt nie bei Namen zu nennen, sondern immer nur durch untrügliche Kennzeichen deutlich zu machen. Gewöhnlich wurde auch der Ort der

Handlung ausdrücklich in ein fernes Phantasieland (eine Südseeinsel, auf den Mond) verlegt. Daß es sich in Wirklichkeit um Österreich handelte, wußte ohnedies jeder Zuschauer.

Als Begräbnis der »Einheitsliste« Seipels konnte der Ausgang der Parlamentswahlen vom 24. April 1927 sehr wohl bezeichnet werden, denn diese politische Machination hatte der Christlichsozialen Partei nur Schaden zugefügt und den Sozialdemokraten einen Prestige- und Mandatsgewinn eingebracht. Es zeigte sich hier, ebenso wie bei Präsidentenwahlen in der Zweiten Republik, in denen sich ein Kandidat als »über den Parteien stehend« anpries und dann durchfiel, daß der österreichische Wähler auf Mischmasch-Parolen nicht eingeht und sehr oft die einfache Parteienbezeichnung vorzieht.

Der Bundeskanzler hatte also allen Grund, hinter dem Begräbnis seiner »Einheitsliste« mit einer gebrochenen Kerze einherzugehen. Die gebrochene Kerze ist das Symbol unerfüllter Hoffnungen – sie wird in manchen Teilen Österreichs noch heute bei Begräbnissen unverheirateter junger Männer und Frauen mitgetragen.

Die »Siegesfeier« der Familie Zinsgeier war eine Verspottung der falschen Hoffnungen, die sich die Hausbesitzerschaft angeblich auf den Wahlsieg der »Einheitsliste« gemacht hatte. Wie weit die Regierung Seipel im Falle ihres Sieges mit der Abschaffung des Meisterschutzes zu gehen gewagt hätte, ist allerdings fraglich. Die Erhaltung wenigstens der Grundprinzipien der Mieterschutzes unter den verschiedensten politischen Konstellationen bildet eine Eigentümlichkeit der österreichischen politischen Geschichte.

Bei dem »Mord in Hainburg«, den Kunschak in diesem Programm erwähnt, handelt es sich um einen Zwischenfall, der sich kurz vor der Parlamentswahl, nämlich am 21. April 1927, in dem niederösterreichischen Städtchen Hainburg an der Donau zugetragen hat. Wie Gerhard Botz in seinem Buch *Gewalt in der Politik* berichtet, war es ein fingiertes Attentat auf den christlichsozialen Bürgermeister von Baden bei Wien, den früheren Finanzminister Josef Kollmann. »Als Vorwand diente ein von einem Steinwurf zertrümmertes Fenster seines Autos.«

Es war für die Autoren des Kabaretts naheliegend, diesen

belanglosen Vorfall zu dramatisieren und zu einem »Mord in Hainburg« auszugestalten. Der viel tragischere Zusammenstoß in Schattendorf im Burgenland am 30. Jänner, bei dem zwei Personen getötet wurden und der später den Anlaß zu den blutigen Ereignissen des 15. Juli 1927 bildete, wurde im Kabarett nicht erwähnt.

Zu bemerken ist, daß die Erstaufführung dieses Programms zum Unterschied von den meisten anderen nicht in den Pan-Spielen in der Riemergasse stattfand, sondern im Olympiasaal in der Rothgasse, nicht weit davon entfernt. Es dürfte ungefähr ein Dutzend Aufführungen dieses Programms in verschiedenen Lokalen gegeben haben.

Der Bericht Kunschaks im Parlament wird ergänzt durch eine Rezension in der *Arbeiter-Zeitung,* in der Einzelheiten aus einigen Szenen des Programms geschildert werden. Für die Heimkehr des Hausherren nach dem Sieg hat seine Gattin Gugelhupf, Blumen, Inschriften und ein Grammophon bereitgestellt. Er hat nämlich selbst kandidiert. Da torkelt der Ehemann ins Heim hinein, eine Jammergestalt, die nur noch die Kraft hat, alle Fragen und Glückwünsche der Gattin mit dem Wort »Kusch!« zu beantworten. Die Hausfrau hält das für ein Zeichen, daß ihr Mann gewählt worden ist: »Er g'wöhnt sich halt schon jetzt an die parlamentarische Ausdrucksweise!« Doch bald erfährt die Ehefrau die furchtbare Wahrheit: »Gesiegt haben die Roten, aber recht behalten hab'n doch die Einheitslistenplakate: Mieterschutz gesichert!« So ist das demagogische Wahlversprechen der »Einheitsliste« eingelöst worden – nur auf andere Weise.

In einer anderen Szene erscheint ein weinendes Kind, das auf jeder Seite einen Vertreter der bürgerlichen Presse als »Tröster« hat - zur Rechten einen Mann von der christlichsozialen *Reichspost,* zur Linken einen Vertreter der kapitalistischen *Neuen Freien Presse.* Dieser fragt: »Warum weinst du? Hast du vielleicht Steuern zahlen müssen?« Der Mann von der *Reichspost* hat einen noch ärgeren Verdacht: »Hast du vielleicht bei den Glöckel-Lehrerinnen nackt turnen müssen?« »Aber nein,« schluchzt das Kind, »viel was Ärgeres. Ich bin geimpft worden mit dem Gift des Klassenkampfes.« Daraufhin heulen sie alle drei.

Ein Jude vom Industriellenverband und ein Hakenkreuzler

treten auf. Sie sind sehr aufgeregt und warten auf die telefonischen Siegesmeldungen. Aber es kommen nur Meldungen über Niederlagen der »Einheitsliste«, die sie beide vertreten soll. Da werden sie wütend und rufen einander die ärgsten Grobheiten zu. Endlich hellt sich das Gesicht des Juden am Telefon auf. Freudestrahlend legt er den Hörer weg und verkündet: »Endlich ein großer Erfolg! In Mariahilf ist der Walter Riehl durchgefallen.« Daß der bekannte Nationalsozialist – und Vorgänger Hitlers – Walter Riehl auf ihrer gemeinsamen Liste durchgefallen ist, freut ihn mehr, als ihn dieser weitere Rückschlag der »Einheitsliste« ärgert.

Überhaupt, das »Begräbnis« der »Einheitsliste«: Ergreifende Nachrufe werden gehalten. Einig ist man sich nur über die Todesursache: »Linksseitige Lähmung«.

Und dann kommt der Kampf um die wenigen der »Einheitsliste« verbliebenen Reststimmenmandate. Eine Versteigerung soll abgehalten werden, bei der sich vier kauflustige Kandidaten, der deutschnationale Abgeordnete Dr. Leopold Waber, der Nationalsozialist Walter Riehl, der Industrielle Martin Kink und der Bürgerliche Blasel, bewerben. Nur einer kann befriedigt werden. Zuerst veranstaltet man ein Wettrennen, bei dem das Pferd Waber um Kopfeslänge siegt. Aber dieses Wettrennen wird wegen »Hakenkreuzens über die Bahn« annulliert. Nun kommt es also zur Auktion. Kink bietet 10.000 Schilling, Blasel 10.000 »Gesinnungswechsel«, Riehl neue antisemetische Schlagerrollen und Waber 144 Paragraphen der Klassenjustiz. (Waber war zeitweise Justizminister, und der Paragraph 144 war der verhaßte Paragraph gegen die Abtreibung.) Damit ist Waber endgültig Sieger in der großen Konkurrenz, und die anderen ziehen schreiend und fluchend ab.

Es ist klar, daß die Mischung von Parteien in der »Einheitsliste« den Gegnern der Sozialisten keinen Erfolg gebracht hat. Der Jubel bei den Zuschauern wird auch vom Rezensenten der *Arbeiter-Zeitung* verzeichnet. Es ist interessant, daß in dieser Zeitungskritik – beinahe das einzige Mal in der ganzen Geschichte des Politischen Kabaretts – der »Kopf des Ganzen, der junge Genosse Grünbaum«, ausdrücklich mit Namen genannt wird. Die Anonymität, die sonst üblich ist, rührt allerdings nicht von Mißgunst her, sondern von dem

Bestreben, keine Handhabe zu einer polizeilichen Verfolgung der Mitwirkenden zu bieten.

Die Organisation des Kabaretts

Um diese Zeit begann sich jene Organisation des Kabaretts herauszubilden, die dann während der ganzen Dauer seines Bestandes im wesentlichen beibehalten wurde. Das Kabarett bestand aus Amateuren und hatte nur einen einzigen bezahlten Angestellten. Das war in der ersten Zeit Paul Malles als Sekretär, in den späteren Jahren Richard Zimbelius als »Inspizient«.

Paul Malles war lang und dürr, schwarzhaarig, sein Gesicht hatte etwas von einem Vogel, und er erzählt von sich selbst, daß die Leute damals von ihm sagten: »Das ist der lange Dünne, über den wir immer lachen.« Er hatte die Mittelschule schon vor der Matura verlassen, war aber von Helene Bauer, der Gattin Otto Bauers, »entdeckt« worden und arbeitete sich mit Hilfe dieser mütterlichen Freundin langsam zur Hochschule empor. In den späteren Jahren, in der Zeit der Emigration, lebte Malles in Kanada und wurde nach dem Zweiten Weltkrieg von der kanadischen Regierung als Spezialist für Gewerkschaftsfragen beschäftigt. So war er in den Jahren von 1953 bis 1958 im Auftrag Kanadas beim Internationalen Bund Freier Gewerkschaften in Brüssel tätig. Später lebte er mit seiner Familie wieder in Kanada, wo er mehrere Bücher über Gewerkschaftsfragen schrieb.

In seiner Kabarettszeit aber war Paul Malles vor allem mit dem Mieten von Lokalen, mit dem Verkauf von Eintrittskarten und ähnlichen nüchternen Aufgaben betraut. Manchmal fungierte er auch als Schauspieler, und zwar mit Vorliebe als »fescher Leutnant«, der nach der herkömmlichen Auffassung lang und dürr zu sein hatte. Er hatte den Vorteil, daß das Publikum schon lachte, wenn er nur die Bühne betrat.

Das war die Zeit, als im Politischen Kabarett noch viel improvisiert wurde. So sagte Malles einmal über den Heeresminister Vaugoin, der in seiner Rolle auf einem Steckenpferd hereingeritten kam: »Die Kanonen sind schon weg, aber die Löcher sind noch da.« Dieser Satz erregte Beifall und wurde von da an in den ständigen Text aufgenommen.

Bei einer anderen Gelegenheit spielte Malles eine Szene im Dschungel. Er hatte als Dschungelkrieger ein mit Kohle geschwärztes Gesicht und trug ein blaues Jäckchen. Er sah, daß im »Urwald« aus Versehen ein Telefon am Boden der Bühne stehen geblieben war. Malles machte aus der Not eine Tugend, hockte sich hin und führte ein Telefongespräch mit dem lieben Herrgott. Die Szene mit dem Telefon wurde von da an regelmäßig gespielt.
Als »Leutnant« hatte Malles vor allem mit Girls als »Wiener Wäschermädeln« in Szenen aufzutreten, die im Wiener Prater spielten. Er erinnert sich daran, daß er in einer solchen Szene als Leutnant unter dem Tisch saß und weinte. Einen Grund für dieses merkwürdige Verhalten konnte Malles nicht anführen, doch hat Robert Plank als gewiegter Kenner der Epoche die Vermutung ausgesprochen, es könne sich um einen Ausdruck des Schmerzes über den Zusammenbruch der Monarchie gehandelt haben.
Einmal, so erzählt Paul Malles, hatte er den Wiener Finanzstadtrat Hugo Breitner an seinem Schreibtisch sitzend zu spielen. Das war einer der seltenen Fälle, in denen ein sozialdemokratischer Führer als Kabarettfigur dargestellt wurde. Als er – mit seinem für Breitner charakteristischen Spitzbart – vom Schreibtisch aufblickte und vom Publikum erkannt wurde, erntete er stürmischen Beifall.
Die erste Rolle, die Malles zu spielen hatte, war das Fräulein Mitzi Schmidt – jene nicht existierende Person, auf deren Namen der christlichsoziale Außenminister Mataja bei der Wiener Biedermannbank ein Geheimkonto unterhielt. Als »Mitzi Schmidt« hatte Malles einen Schnurrbart und ein Monokel. Er trug eine Männerjacke, aber einen Frauenrock, war also oben Mann und unten Frau.
Bei den vielen Gelegenheiten, bei denen Malles der fesche Leutnant war, trug er ein Korsett unter seiner lichtblauen Uniformjacke, um seine Schlankheit noch mehr zu betonen. Damals – es dürfte in der Regierungszeit des christlichsozialen Bundeskanzlers Streeruwitz gewesen sein – brachten die Christlichsozialen einen Antrag im Parlament ein, der die »Verunglimpfung« der Uniform verbot. Dieser Gesetzentwurf wurde in Kreisen des Politischen Kabaretts als »Lex Malles« bezeichnet. Eines Tages erschienen in der Wohnung

der Familie Malles zwei Kriminalbeamte und überbrachten eine Vorladung zur Staatspolizei. Malles und, wie er glaubt, zwei andere Funktionäre des Politischen Kabaretts mußten sich in der Polizeidirektion bei Hofrat Pollak einfinden, der ihnen Vorhaltungen machte und sagte, er und seine Kollegen hätten sich ja in ihrer Jugend auch gern unterhalten, aber es müsse doch eine Grenze geben. Man solle doch die Regierung nicht ärgern.

Hofrat Pollak spielt hier in der Wirklichkeit eine Rolle, die als Figur in österreichischen Kabaretten nicht selten ist: die des begütigenden Beamten. Szenen mit Beamten kamen auch im Politischen Kabarett vor. So erinnert sich Robert Plank, ein Führer der sozialistischen Mittelschüler, der zeitweise auch als Autor für das Kabarett tätig war, an eine Szene, in der ein Jude namens Samuel Gottesmann den Landeshauptmann von Steiermark, Rintelen, besuchen will. Alois Wagner spielte den Amtsdiener. Gottesmann sagt: »Möchte sprechen den Herrn Landeshauptmann.« Alois: »Der is net da.« Als ihm der Besucher einen Fünfschillingschein in die Hand drückt, sagt Alois: »Jetzt grad is er kommen.« Im Weggehen schaut Alois die Visitkarte an und sagt nachdenklich: »Wenn der nicht so einen wunderschönen Namen hätt', möcht' ich glauben, der is a Jud.«

In einer anderen Beamtenszene mit dem Titel »Ungarische Wahlen« kam ein Obergespan (ein hoher ungarischer Beamter) vor, der von Alois Wagner gespielt wurde. Er diktiert seinem Sekretär einen Erlaß, in dem es heißt: »Wer Bleistift, Tintenstift oder Füllfeder bei sich hat, kann verhaftet werden wegen Wahlbetrug.«

Den Sekretär in dieser Szene, die ebenfalls von Robert Plank berichtet wurde, spielte Doktor Pick. Dieser war ein älterer Mann, hager, mit einer Glatze und dem Aussehen eines irgendwie in der Jugendbewegung steckengebliebenen Talmudgelehrten. Er trug Sandalen und diskutierte gern über geistige Probleme. Er war allgemein unter dem Namen »Doktor Pick« bekannt, obwohl akademische Titel in der Jugendbewegung sonst vermieden wurden. Seinen Vornamen kannte niemand. Er war ein gutmütiger Träumer, der später in einem von Hitlers Konzentrationslagern ums Leben gekommen ist.

Ausstattung und Musik

Die Kostüme für das Politische Kabarett wurden im wesentlichen von Luise Grünbaum, der Schwester Viktor Grünbaums, hergestellt, die sich dafür eine Anzahl von Helferinnen herangezogen hatte. Auch diese Arbeit wurde freiwillig, ohne Bezahlung, geleistet.

An der Herstellung der Dekorationen waren außer Arnold Meiselmann und Walter Harnisch auch Ossi Ehrenzweig, der Bruder Robert Ehrenzweigs, ein begabter Textilzeichner, und Edi Gold beteiligt. Eduard Gold war eine künstlerische Natur, aber gleichermaßen auch als politischer Jugendführer, als Kaufmann und als Sportler begabt. Ein hübscher, sonniger Jugendlicher, war er vor allem als Meisterschwimmer des Arbeiterschwimmvereins hoch geachtet. Seine besondere Leistung für das Politische Kabarett bestand in der Verfertigung eines Kolossalporträts des italienischen Diktators Mussolini, das als Hinterwand einer Szene diente, mit einem riesigen runden Maul, durch das der Schauspieler sprach. Den Mussolini-Kopf, von der Größe eines Zimmers, hatte Edi Gold aus Glanzpapier zusammengeklebt. Der Vorhang ging auf, der Mund hielt eine Rede, und dann sangen die Umstehenden ein Lied. Der Text von Mussolinis Rede, die mir von Robert Plank mitgeteilt wurde, war deutsch und lautete ungefähr: »Italien und ich werden sich entweder ausdehnen oder explodieren. Ich hoffe, daß Italien sich ausdehnen wird.«

Der Text des Liedes, das von den Umstehenden gesungen wurde, die offenbar italienische Faschisten darstellten, ging so:

Evviva Italia,
Grande Nazione,
Regiri mit Rizinus,
Fressi Maccaroni.
Über den Brennero,
Wern wir bald rennero.
Hoch Mussolini,
Evviva Benito!
(Melodie: »Santa Lucia«)

Das war, nach Angabe Robert Planks, die komplette Szene. Zu bemerken ist, daß Benito Mussolini wiederholt gedroht hatte, seine Faschisten würden den Brennerpaß überschreiten. Es war bekannt, daß die italienischen Faschisten ihre politischen Häftlinge zwangen, Rizinusöl, ein starkes Abführmittel, zu trinken.

Edi Gold trat auch als Schauspieler im Politischen Kabarett auf. Gretl Prucha erinnert sich daran, mit ihm ein Bua- und Deanderl-Lied zum Thema »Geh', mach dei' Fensterl auf« gesungen zu haben.

Während in der ersten Zeit Paul Malles als Sekretär des Politischen Kabaretts fungiert hatte, wirkte in den späteren Jahren Richard Zimbelius als »Inspizient«. Zu seinen Aufgaben gehörte es, nach jeder Aufführung, wenn die Schauspieler und die Girls die Requisiten und Kostüme »einfach hingeschmissen« hatten und nach Hause geeilt waren, all diese Dinge zusammenzuklauben, einen »Streifwagen« (einen Pferdewagen zum Transport von Gütern) aufzunehmen und die Requisiten an die Stelle zu bringen, wo die nächste Aufführung des Kabaretts angesetzt war. Der stämmige Richard Zimbelius erfüllte diese Aufgabe mit großer Energie. Es war vielleicht eine ganz gute Vorbereitung für den nachmaligen Ingenieur Richard Zimbelius, der nach dem Zweiten Weltkrieg eine führende Stellung in der Verkehrsplanung der Gemeinde Wien einnahm. Richard Zimbelius heiratete eines der Girls, Gerda Gebhard, eine Kindergärtnerin.

Mit seinem schlanken, musisch veranlagten Bruder Hermann Zimbelius kommen wir schon zur Musik, die natürlich eine große Rolle im Politischen Kabarett spielte. In den ersten Jahren bestand die Musikbegleitung einfach aus der Person Fritz Jahodas, eines jüngeren Bruders von Edi und Mitzi Jahoda, der am Klavier saß und die Begleitung oft improvisierte. Die Melodien der Lieder stammten in der Mehrzahl aus einer einzigen Quelle. Im Besitz der Autoren befand sich ein Exemplar des Werkes von Eduard Kremser, *Wiener Lieder und Tänze,* 1. Auflage, Wien 1913, Verlag Gerlach und Wiedling, erster Band. (Aus diesem Verlag wurde später der Verlag für Jugend und Volk.) Die Melodien zu den meisten Liedern des Politischen Kabaretts wurden einfach durch Hinweis auf das betreffende Wienerlied mit der Seitenangabe in diesem Liederbuch angegeben. Wie bereits bemerkt, war die Verwendung von bestehenden Melodien zu neuen Texten eine Gewohnheit, solange es »Kellerlieder« und Kabaretts gab. Wenn einmal statt dessen ein gerade gängiger Schlager wie »Ausgerechnet Bananen« oder »Wenn die Elisabeth nicht so schöne Beine hätt'« als Melodie verwendet wurde, konnte man natürlich auf einen besonderen Erfolg beim Publikum rechnen.

Fritz Jahoda war mit Hedwig (»Hexl«) Kramer, der Ziehtochter des Schutzbundführers Julius Deutsch, befreundet, die im Kabarett als Girl tätig war. Er verließ das Kabarett nach einigen Jahren, um seine musikalischen Prüfungen abzulegen. Er heiratete »Hexl« Kramer und wurde in den Vereinigten Staaten ein angesehener Dirigent.

In der späteren Zeit des Politischen Kabaretts war meistens der ältere der Brüder Zimbelius, Hermann, der Klavierspieler. Es gab auch Ansätze zu einem kleinen Orchester. Hermann Zimbelius war nach dem Zweiten Weltkrieg ein höherer Beamter der österreichischen Bundesbahnen. Er gab seine Liebe zur Musik nie auf. Gelegentlich fungierte als Klavierspieler der Student Viktor Weißkopf, der nach Amerika auswanderte und dort ein berühmter Atomphysiker wurde (mehrere Jahre lang Leiter des Europäischen Atomzentrums CERN). Er gehört zu den berühmtesten Persönlichkeiten, die in ihrer Jugend im Politischen Kabarett mitgewirkt haben. Viktor Weißkopf sagte in späteren Jahren öfter, seine Tätigkeit im Politischen Kabarett sei eine der glücklichsten Perioden seines Lebens gewesen.

Das vierte Programm: »Schwarz-Weiß-Revue«

Erstaufführung: 3. Dezember 1927

Die Wunden des 15. Juli

Zwischen dem dritten und dem vierten Programm des Politischen Kabaretts liegen die Ereignisse des 15. Juli 1927. Das war die erste große Niederlage der österreichischen Sozialdemokratie seit dem Umsturz von 1918. Der Brand des Wiener Justizpalastes und das darauf folgende Massaker durch die Polizei, bei dem 85 Demonstranten ums Leben kamen, hat sich damals tief in die Erinnerung der Österreicher eingegraben. Die politischen Gegensätze wurden dadurch verschärft. Der Wiener Polizeipräsident Dr. Johannes Schober, dem die Sozialdemokraten die Schuld an dem Massaker zuschrieben, sowie Bundeskanzler Dr. Ignaz Seipel, der vor allzu großer »Milde« gegenüber den angeklagten Demonstranten warnte, zogen sich den Abscheu der linken Kreise in Österreich zu.
Wenn auch die Schuldfrage offenblieb, kann man den Gang der Ereignisse im historischen Rückblick ziemlich genau überblicken. Wesentlich war, daß zwischen 1924 und 1927 eine ganze Anzahl von Sozialdemokraten durch Mord oder bei Auseinandersetzungen mit Anhängern von verschiedenen Gruppen der Rechten (sogenannten »Frontkämpfern«, nationalsozialistischen »Hakenkreuzlern« oder Heimwehrlern) das Leben verloren. Tatsache ist aber auch, daß die österreichischen Geschworenengerichte die Neigung zeigten, in den Prozessen, in denen sie frei über die Schuld oder Unschuld von Angeklagten zu entscheiden hatten, praktisch immer Freisprüche fällten.
Über die Gründe, warum die Geschworenen dies taten, ist kaum ein Zweifel möglich. Im Gegensatz zu manchen westlichen (vor allem angelsächsischen) Ländern war die Geschworenengerichtsbarkeit in Mitteleuropa als eine Art Ausnahmsgerichtsbarkeit, eine Errungenschaft der Revolution gegenüber der Obrigkeit, ins Leben getreten. Die Geschworenen

hatten nur in politischen Fällen und bei gewissen schweren kriminellen Verbrechen zu urteilen. Sie fühlten sich als die natürlichen Gegner der Berufsrichter, deren »Strenge« sie zu korrigieren hatten. Im Gegensatz zur Alltäglichkeit der Geschworenengerichte in westlichen Ländern, die auch in vielen Zivilsachen zu entscheiden haben und ihre Entscheidung manchmal so, manchmal anders treffen, war für die relativ selten zusammentretenden österreichischen Geschworenen der Freispruch die emotionell natürliche Antwort auf die Anklage des Staatsanwalts.

Das führte dazu, daß auch in eklatanten Mordfällen, wie dem Eifersuchtsmord der Ehefrau eines Opernsängers an ihrem Gatten, die Geschworenen für die Öffentlichkeit unverständliche Freisprüche fällten. Trotzdem wollten die Sozialdemokraten die Institution des Geschworenengerichts, die als ihre politische Errungenschaft galt, nicht abschaffen. Bis zu einem gewissen Grad ist dieses Problem auch heute, 1976, noch nicht völlig gelöst, obwohl die Laiengerichtsbarkeit in Österreich durch gesetzliche Reformen ihren Charakter stark verändert hat.

Am Anfang des Jahres 1927 ereignete sich ein politischer Doppelmord, der viel ärger war als alle die Fälle, die sich vorher zugetragen hatten. Bei einer Versammlung von »Frontkämpfern«, einer rechtsgerichteten Organisation, kam es zu einer Schießerei, bei der Versammlungsteilnehmer zwei Personen, ein Mitglied des Republikanischen Schutzbundes und ein gänzlich unbeteiligtes Kind, durch Schüsse töteten. Dies geschah in Schattendorf, einem kleinen Ort in der österreichischen Provinz Burgenland. Am 14. Juli 1927 fällte ein Wiener Geschworenengericht über die wegen dieser Tötung angeklagten »Frontkämpfer« das Urteil: Freispruch.

Über die Vorgänge, die sich am Abend dieses Tages in der Parteizentrale der österreichischen Sozialdemokraten, in der Rechten Wienzeile, zutrugen, hat Dr. Hans Zeisel, der als junger sozialistischer Student an diesem Abend zufällig in der Parteizentrale anwesend war, einen ergreifenden Bericht gegeben. Deputationen von Arbeitern wollten den geistigen Führer der Partei, Dr. Otto Bauer, sprechen, und von ihm Instruktionen für die zu erwartenden Demonstrationen der Arbeiter erhalten. Dr. Bauer verließ das Haus, ohne die

Deputationen gesehen zu haben, offenbar, weil er sich scheute, eine offizielle Demonstration gegen das Urteil eines Geschworenengerichts anzuordnen. Der Chefredakteur der *Arbeiter-Zeitung*, Friedrich Austerlitz, schrieb einen Leitartikel, der als Aufruf zu Demonstrationen aufgefaßt werden konnte.
Dieses Ereignis wurde für das weitere Leben Hans Zeisels bestimmend. Als Professor in den Vereinigten Staaten nach dem Zweiten Weltkrieg beschäftigte er sich mit dem Problem der Urteile der Geschworenengerichte und kam zu dem Ergebnis, daß in politischen Prozessen auch die amerikanischen Geschworenen immer oder fast immer freisprechen. Sie sind also für diesen Zweck ungeeignet – außer man will diese Freisprüche haben.
So kam es jedenfalls, daß in den Morgenstunden des 15. Juli 1927 Massen von sozialdemokratischen Arbeitern in die Wiener Innenstadt strömten, um gegen das Urteil von Schattendorf zu protestieren. Zum ersten Mal waren diese Demonstrationszüge nicht von Funktionären der Partei angeführt und nicht von Ordnern des Republikanischen Schutzbundes begleitet. Die mangelnde Organisation zeigte sich schon darin, daß die Demonstranten sich vor dem Wiener Justizpalast versammelten, der zwar der Sitz hoher Behörden – des Obersten Gerichtshofs und der wichtigsten Wiener Zivilgerichte – war, aber mit der Strafgerichtsbarkeit und dem Urteil von Schattendorf überhaupt nichts zu tun hatte. Allerdings hätte ein Angriff auf ein Straflandesgericht, in dem Untersuchungshäftlinge gehalten werden, das Problem des Verhaltens zu den Kriminellen und ihrer eventuellen gewaltsamen Befreiung aufgeworfen.
Im Zuge der Demonstrationen vor dem Justizpalast kam es zu Zusammenstößen mit der Polizei. Demonstranten drangen in das Gebäude ein, das in Flammen aufging. Ein Versuch der zu spät eingetroffenen Schutzbündler, die Demonstranten zurückzuhalten, war vergeblich. (Einige der getöteten Schutzbündler wurden gar nicht von der Polizei, sondern von demonstrierenden Arbeitern umgebracht.) Auch ein Beschwichtigungsversuch des Wiener Bürgermeisters Karl Seitz, der, auf einem Feuerwehrauto stehend, die Demonstranten zur Vernunft mahnte, schlug fehl. Zum ersten Mal

folgten die Wiener sozialdemokratischen Arbeiter ihren Führern nicht. Nach fruchtlosen Verhandlungen mit dem Schutzbundführer Julius Deutsch ließ Polizeipräsident Schober die Polizisten mit Gewehren ausrüsten und gab den Befehl zum Angriff. In den nächsten Stunden setzte eine wilde Verfolgungsjagd auf Demonstranten und auch auf neugierige und zufällig anwesende Zivilisten ein. Zahlreiche Personen wurden getötet, viele verwundet, eine große Anzahl von Demonstranten verhaftet und vor Gericht gestellt, aus welchem Anlaß Bundeskanzler Dr. Seipel seine berühmte Bemerkung machte, man solle von ihm »keine Milde« erwarten.

Ein Generalstreik, dessen Zweck es hauptsächlich war, die Gemüter zu beruhigen, ging nach einigen Tagen zu Ende. Die Erbitterung in den Kreisen des Sozialdemokraten war grenzenlos. Für die Arbeiter waren die Polizisten jetzt »Arbeitermörder«. Daß viele von ihnen bis dahin sozialdemokratische Wähler gewesen waren, blieb außer Betracht. Von nun an aber war Polizeipräsident Schober bemüht, aus der Polizei eine auch im Falle von Unruhen unbedingt zuverlässige Garde gegen die Arbeiter zu machen. Daß er bei den neu aufgenommenen Mitgliedern der Wiener Polizei besonders Rekruten aus den ländlichen Teilen Niederösterreichs bevorzugte, für die der Ort Mistelbach als symbolisches Schlagwort gelten mochte, und daß die Polizisten von der Arbeiterschaft spöttisch als »Mistelbacher« bezeichnet wurden, trug zur Verschärfung des Klimas bei.

Übrigens fanden zur Zeit der Erstaufführung des neuen Kabarettprogramms gerade Prozesse gegen Sozialdemokraten statt, die sich angeblich an den Unruhen beteiligt hatten. Auch sie wurden von den Geschworenen freigesprochen. Daß die tragischen Ereignisse für die Autoren des Kabaretts ein Problem darstellten, ist klar.

Die Schlange mit dem Würfelkopf

Wenn die Autoren des politischen Kabaretts das tragische Ereignis des Jahres 1927 – den 15. Juli – zum Zentrum ihres neuen Programms gemacht hätten, dann wäre es aktuell gewesen, aber gleichzeitig auch makaber. Ganz darüber

hinweggehen konnte man aber auch nicht. Die Autoren wählten einen Mittelweg. Sie beschäftigten sich mit Gegenständen, die für eine politische Satire geeignet schienen, und hoben sich die Erinnerung an die Tragödie für die letzte Szene auf. Daß dies vielen Zuschauern trotzdem als eine Flucht vor der Wirklichkeit erschien, ist kein Wunder.
Ein Gegenstand, der den österreichischen Sozialdemokraten für ihren Spott jederzeit zur Verfügung stand, war der Kampf reaktionärer Kreise für die »Sittlichkeit«. Besonders wirkungsvoll konnte dieser Spott sein, wenn er mit dem verbunden war, was Zuschauer eines Kabaretts, auch eines sozialistischen Kabaretts, gerne sahen: hübsche »Girls«. Also beginnt die »Schwarz-Weiß-Revue« mit dem Aufmarsch einer ganz neuen Sorte von Girls – den »Kerzelweibergirls«.
Als »Kerzelweiber« wurden von ihren Gegnern jene frommen Teilnehmerinnen an katholischen Kirchenprozessionen bezeichnet, die als Zeichen ihrer Frömmigkeit eine brennende Kerze in der Hand trugen. Der Zusammenhang zwischen Kerzenwachs und Heiligenverehrung ist uralt, was sich aus den Disputen zwischen mittelalterlichen Wallfahrtsklöstern und ihren Bischofskirchen ergibt, wem das übriggebliebene Wachs gehören solle. Die »Kerzelweibergirls« des Politischen Kabaretts sind aber auch sonst als besondere Muster der bigotten Äußerlichkeiten gekennzeichnet. Sie tragen »züchtig lange, schwarze, härene Kleider« und halten Rosenkränze in der Hand. Sie lispeln fromme Gebete, die aber bei genauem Zuhören den Fluch Gottes auf die bösen »Roten«, das heißt auf die Sozialdemokraten, herabwünschen.
Dann aber geht mit den Betschwestern eine bemerkenswerte Veränderung vor. Ihr eintöniger Singsang wird melodiöser, heller. »Die Mumien werden lebendig«, wie ein Theaterkritiker in der *Arbeiter-Zeitung* berichtet. »Da heben sie auch schon die Beine, das Kleid flattert zurück, sie schwingen den entblößten rechten Fuß, sie schwingen den linken, sie machen kehrt euch und zeigen uns ihre schönere Körperseite – von nichts bedeckt als von einem Tänzerinnenhöschen! Vorn Kerzelweiber, hinten Girls. Unser Politisches Kabarett zeigt, was die Zukunft noch alles bringen wird.«
Also eine zahme Vorahnung des zukünftigen »Striptease«! Allerdings hätten die hübschen Mädchen vom Politischen

Kabarett gewiß nicht gerne zugegeben, daß ihre Rückseite die »schönere Körperseite« gewesen sei. Jedenfalls konnte man es mit der Mädchentruppe, die vorn »Kerzelweiber«, hinten aber Girls waren, allen Beteiligten recht machen.
Eine andere Szene zeigt eine der Betschwestern, die aber diesmal vorn ebenso wie hinten nur Kerzelweib ist. Sie »lagert sich malerisch in eine Ecke der Bühne, rückt die Lampe heran, setzt die Brille auf, zupft das keusche Häubchen zurecht und beginnt mit salbungsvoller Gebärde den lieben Kindern Märchen zu erzählen«. Schon die Beschreibung zeigt deutlich, daß die Schauspielerin, der diese Rolle zugeteilt war, Lise Popp-Halpern gewesen sein muß, die sich immer auf derartige autoritäre Frauenfiguren spezialisierte. Die Märchen, die »Jungfrau Eulalia« den Kindern erzählt, erscheinen gleichzeitig leibhaftig auf der Bühne.
Dann schläft »Jungfrau Eulalia« ein, und es beginnt ein Streit zwischen zwei Schutzgeistern um die Behütung ihres Schlafes. Der von links ist ein Schutzengel mit einem Schießgewehr statt Flügeln am Rücken. Er trägt die Polizeinummer 314159. (Damals trugen die Polizisten noch Dienstnummern auf der Brust; ein Polizist mit dieser Nummer muß in den Auseinandersetzungen über die Ereignisse beim Justizpalast eine Rolle gespielt haben.)
Der andere »Schutzengel« ist ein wirklicher Schutzmann. Er kommt, wie der Theaterkritiker erklärt, aus »Schobers Garde«. Der Schutzengel ruft dem Polizisten zu: »Ich kann mir schon denken, wer Sie sind!« Darauf erwidert der Polizist: »Das ist eine Wachebeleidigung!« Die beiden versöhnen sich aber, und der Engel teilt dem Polizisten mit, daß der liebe Gott aus dem Sternbild des Großen Wagens ein Panzerauto geschaffen habe, das auf der Milchstraße Manöverübungen mache.
Als nächstes erscheinen am Bett Eulalias drei Sendboten der Hölle. Sie führen die fromme Jungfrau in Versuchung. Der erste ist ein Friseur. Er will der Eulalia einen Bubikopf schneiden. (Also galt noch 1927 kurzes Haar bei Frauen als »sündhaft«!) Der zweite Höllenbote ist ein Schneider. Er will die Tugend des Mädchens mit einem kniefreien Rock betören. (An die spätere Erfindung des »Minirocks« wagte sich noch nicht einmal die sündige Phantasie der Autoren des Politi-

schen Kabaretts heran.) Die dritte Gestalt aus der Hölle ist ein Mädchen im Badetrikot, »so reizend, daß nicht nur dem Zuschauer, sondern auch dem Wachmann das Wasser im Mund siedet«. Auch dieses Badetrikot kann noch kein zweiteiliger Bikini gewesen sein, weil dieser erst nach dem Zweiten Weltkrieg erfunden wurde. Doch der Wachmann »sendet diese verführerische Sendung des Teufels uneröffnet in die Hölle zurück«. Eulalia ist gerettet.

Die wichtigste Szene erklärt den Titel »Schwarz-Weiß-Revue«. Es handelt sich um ein Wortspiel, das sich auf die »Schwarzen« (die politische Farbe der Christlichsozialen im Gegensatz zu den sozialdemokratischen »Roten«) sowie auf den Journalisten Alexander Weisz bezieht, der von der Zeitung *Der Abend*, die auf der äußersten Linken der Sozialdemokratie stand, nach einer Verfolgung wegen Erpressung zur äußersten Rechten übergelaufen war und eine Zeitung mit dem irreführenden Titel *Die Freiheit* gegründet hatte.

Aus dem Inhalt dieser Szene erklärt sich auch, warum die Revue vor ihrer Erstaufführung (am 3. Dezember 1927), die gleichzeitig die 50. Aufführung der Politischen Kabaretts war, von der Polizei verboten wurde. Es kam nämlich ein »schwarzer« Häuptling drin vor, der durch seine Aufmachung deutlich als Bundeskanzler Seipel zu erkennen war. Das Aufführungsverbot wurde wirkungslos gemacht, indem man dem Häuptling einen papierenen Würfel mit der Aufschrift »Zensur« über den Kopf stülpte. Zur Erhöhung des Gaudiums wurde bei der Aufführung das polizeiliche Verbot von der Bühne herab verlesen – wohl auch zu dem Zweck, um die Erscheinung mit dem Würfelkopf dem Publikum verständlich zu machen. Wenn kein erkennbarer Politiker, sondern eine Figur mit einem Würfel als Kopf gezeigt wurde, dann hatte das Verbot offenbar keine Gültigkeit.

Die Szene spielte also in einem Negerland. Dort herrschte unnachsichtig streng der Häuptling und Medizinmann, genannt »Schwarze Schlange«. (Die Sympathie und Solidarität für die Negerbevölkerung der später als »Entwicklungsländer« bezeichneten Kolonien gehörte offenbar damals noch nicht zum Grundverständnis der europäischen Sozialisten.) Der Richter des Landes heißt »Tohuwabohu«. Vor den

Richter wird ein weißer Mann gebracht, der einen gewissen Castilio ausrauben sollte. (Ein Hinweis auf Transaktionen des Journalisten Alexander Weisz mit dem Finanzmann Camillo Castiglioni.) »Wie heißt du?« fragt der Richter den Angeklagten. »Alexander«, erwidert dieser. »Das ist mir zu schwer«, sagt der Richter. »Ich werde dich nach deiner Hautfarbe nennen. Du heißt Weiß«. Damit ist die Identität deutlich gemacht. Dann beruft sich der Angeklagte darauf, Journalist zu sein. In diesem Fall, sagt der Richter, müsse der Oberhäuptling selber entscheiden.
»Schwarze Schlange« tritt auf, mit einem Würfel aus Pappendeckel statt eines Kopfes. Ihm folgt ein Krokodil, das die ganze Zeit Tränen des Mitleids vergießt. Das ist eine Anspielung auf Seipels Äußerungen des Bedauerns über die Ereignisse des 15. Juli. Der Oberhäuptling verkündet sein Urteil durch eine Handbewegung. Der Richter spricht das Urteil aus: »Erpriß, Vogel, oder stirb!« Wortwitze über den alten Satz »Friß, Vogel, oder stirb!« kommen im Wiener Volksstück häufig vor; ein Beispiel findet sich in Ferdinand Raimunds *Bauer als Millionär.*
In unserem Fall gibt die falsche grammatische Gleichstellung von »Fressen« und »Erpressen« eine weitere Abwechslung. Der Vorwurf der Erpressung wurde Alexander Weisz und seinem »Revolverblatt« immer wieder gemacht.
Dann aber verkündet der Richter, der Angeklagte solle in »Freiheit« gesetzt werden. Wieder geht es um den Namen des Alexander Weisz-Blattes, wobei angedeutet wird, dieses sei eine Schöpfung des »schwarzen« Oberhäuptlings.
Die Späße über den (gewiß ungerechtfertigten) Namen der Zeitung finden ihre Fortsetzung einen Augenblick später. Eine Wahrsagerin stürzt herein, von etlichen Negern verfolgt. Sie bittet: »Schenkt mir die Freiheit!« Da mischt sich Alexander Weisz ein und tröstet sie, er könne ihr zwar die »Freiheit« nicht schenken, aber er könne sie ihr um zehn Groschen verkaufen. Und er steckt ihr die Zeitung zu.
Die Wahrsagerin zeigt sich dankbar und verkündet dem Häuptling die Zukunft. Er werde Sieger sein, »sobald sich die Roten spalten«. Aber wann wird das sein? Die Fragwürdigkeit dieses Ereignisses wird untermalt vom Orchester, das eine Stelle aus *Lohengrin* anstimmt: »Nie sollst du mich befragen!«

Und der Häuptling kratzt sich, da er seinen Kopf nicht kratzen kann, seinen papierenen Würfel.

Hoffnung auf die Internationale

Die tragische Note, die bis jetzt nach Möglichkeit vermieden wurde, wird in der letzten Szene angestimmt. Die Bühne ist völlig finster. Man sieht nur geisterhafte Silhouetten. Dazu erklingt das Trauerlied der russischen Revolutionäre: »Unsterbliche Opfer, Ihr sanket dahin!«
Diese Musik paßt den Silhouetten nicht. Eine der gespenstischen Figuren brüllt: »Jetzt ist's aber schon genug mit dem Gewinsel da draußen! Wann werden s' endlich still sein?« Die Bühne wird etwas lichter, und man kann die Gestalten erkennen: der Mann von der Polizei, der Kapitalist, der Monarchist und der Prälat sitzen beisammen. Einer ruft: »Schließt die Türen zu, damit wir das Geplärr nicht hören!« Man hört die Türen zuschlagen, es klingt dumpf wie Gewehrsalven. Dann vernimmt man geisterhafte Stimmen und Gegenstimmen. Die Stimme liest unpathetisch, nüchtern Zeitungsberichte über die blutigen Ereignisse und die Zahl der Toten und Verwundeten. Die Gegenstimme erzählt, wie Ordensauszeichnungen verliehen, Rücktrittsgesuche abgelehnt werden (eine Anspielung auf Schobers angebotene Demission als Polizeipräsident), wie man von Milde nichts wissen will (das bezieht sich auf Seipel), und daß man den Schillingkurs und den Fremdenverkehr für gerettet hält.
Die Gegenstimme läßt sich nicht übertönen, dann tritt wieder eisige Stille ein – »das Schweigen der Toten«. Es wird den Siegern unheimlich. Sie wollen sich von der Landkarte Europas neuen Mut holen. Aber wo immer sie hinblicken, springt ein roter Mann hervor und meldet einen neuen Sieg des Sozialismus: in Norwegen, in Rußland, in Hamburg, in England, in der Tschechoslowakei, in Finnland. Man kann diese internationalen Ereignisse, die den österreichischen Sozialdemokraten im Herbst 1927 Mut geben sollten, aus den damaligen Zeitungsberichten nachlesen – manche davon sind recht geringfügige Tageserscheinungen. Daß auch Rußland genannt wird, überrascht in Anbetracht der schon damals schlechten Beziehungen zwischen Sozialdemokraten und

Kommunisten. Aber für theoretische Erörterungen über Erfolge des Sozialismus konnte Moskau, vor allem in wirtschaftlichen Belangen, zumal man von den Einzelheiten wenig wußte, für Propagandazwecke dienlich sein.
Am Schluß – wie der Berichterstatter in der *Arbeiter-Zeitung* ausdrücklich sagt: »die letzte Hoffnung der Reaktion: Österreich selber« – erscheint ein Schutzbundmann und sagt: »An uns wird jeder Angriff gegen die Demokratie zerschellen. Wir sind die Kraft, wir sind der Sieg.« Darauf versinken die vier Gestalten der Reaktion in wesenloses Nichts, und in dem nun hell erleuchteten Raum hört man den Gesang der »Internationale«. Damit schließt die Aufführung.
Auf welchen Illusionen, welchen trügerischen Hoffnungen das Selbstgefühl der sozialdemokratischen Jugend damals aufgebaut war, ist im Rückblick so offenkundig, daß man die Szene, die manchem der damaligen Zuschauer phrasenhaft erschien, fast schon wieder als rührend empfinden kann. Die Rettung der Demokratie kam nicht aus Norwegen und nicht aus England und schon gar nicht aus Moskau. Immerhin hat die österreichische Sozialdemokratie den Schock vom Juli 1927 überwunden und war schon nach einigen Monaten wieder stark genug, dem wachsenden internationalen Faschismus mit Selbstvertrauen gegenüberzutreten.
Der Schluß der »Schwarz-Weiß-Revue« ist ein Beispiel für jenen mit primitiver Symbolik gemischten »proletarischen Realismus«, wie er in der damaligen Zeit auch bei den Sozialdemokraten gang und gäbe war. Daß der wirkliche Kampf der österreichischen Sozialdemokraten für die Demokratie sich dann unter weniger pathetischen, aber mindestens ebenso heroischen Begleiterscheinungen zugetragen hat, spricht für das Autoren-Team, das auch unter den Umständen der Niederlage nur eine einzige Szene dieser Art in die Programmserie des Politischen Kabaretts aufgenommen hat.

Programmzettel des vierten Programms

(Im Besitz von Robert Lammer. 50. Aufführung. Vor geladenen Gästen. Samstag, 3. Dezember 1927. Kunstspiele. I., Riemergasse 11)

1. *Prolog*
Zwei Greise / Zwei Wickelkinder / Alexander Weisz / Drei Hausherren / The Kerzelweibergirls
2. *Schwarz-Weiß-Revue*
Die Schwarze Schlange (Häuptling und Medizinmann) / Tohuwabohu (Richterhäuptling) / Ramasuri (Kriegerhäuptling) / Wu (Stubenmädchen bei der Schwarzen Schlange) / Pu (Krieger des Ramasuri) / Fu (Stubenmädchen bei Tohuwabohu) / Ein Weißer / Ein Gendarm / Wahrsagerin
Ort der Handlung: Honolulu
3. *Als Zwischenspiel: Ein Stiefel*
Ein Stiefel / Stark (dessen Besitzer) / Pistor / Andere Hausherren
4. *Christlichsozialer Parteitag*
Vorsitzender / Redner / Teilnehmer am Parteitag
Pause
5. *Erbauungsstunde*
Drei Lesebuchstücke (in sämtlichen Lesebuchstücken mitwirkend: die Moral)
A) *Wo die Not am höchsten, ist Gottes Hilfe am nächsten*
Zwei Kraftwagenlenker / Ein vermummter Herr
B) *Die seinen behütet Gott im Schlaf*
Eulalia (eine katholische Jungfrau) / Schutzengel / Schutzmann / Drei Traumerscheinungen
C) *Wohltun trägt Zinsen*
Ein wohlhabender Mann / Ein Engel / Ein Vertreter / Ein Familienkreis
6. *Der Funder von Konnersreuth*
Kleiner Bub / Frau Sopherl / Frau Reserl / Frau Blaschke / Frau Bampfinger / Zeitungsausrufer
7. *Schach*
Rote und schwarze Schachfiguren
8. *Schluß-Szene*

Anmerkung: Im »Zwischenspiel« treten die Vertreter der Hausherrenverbände, Bernhard Stark und Erich Pistor, auf. Die Sprecher der Hausherren gehörten naturgemäß zu den schärfsten Gegnern des Mieterschutzes und damit der Sozialdemokratie.
Das »Reserl von Konnersreuth« war eine Bäuerin, in deren

Nähe von Wundergeschehnissen berichtet wurde. Dr. Friedrich Funder war der langjährige Chefredakteur der christlichsozialen Parteizeitung *Reichspost* und mochte seinen Anhängern als »Wundermann« gelten. Dr. Funder war übrigens in der Zweiten Republik, so wie manche andere Christlichsoziale, ein überzeugter Anhänger der Demokratie.
Robert Lammer, der die nachfolgenden Szenentexte liebenswürdigerweise zur Verfügung gestellt hat, war der Sohn eines berühmten Alpinisten. Er war die Verkörperung der Redlichkeit und sah auch so aus. Außerdem konnte er wirkungsvoll rezitieren. Man verwendete ihn daher gern für Rollen wie die des ehrlichen Arbeiters, der sich nicht beirren läßt und die Schlußworte spricht. Es entspricht seinem beständigen Charakter, daß er noch fünfzig Jahre später, als pensionierter Oberschulrat, Texte von Kabarettszenen aufbewahrt hatte, die er für dieses Buch zur Verfügung stellte.

Aus der »Schwarz-Weiß-Revue«

4. Szene: Christlichsozialer Parteitag
(Tisch des Präsidiums, des christlichsozialen Redners)

REDNER: Meine Herren, bedenken Sie doch, was die Christlichsoziale Partei seit dem Umsturz geleistet hat. Sie ist im wahrsten Sinne des Wortes die Vertreterin des arbeitenden Volkes geworden. Blicken Sie zurück auf die Eroberung der Sozialversicherung und des Betriebsrätegesetzes, die wir den Sozialdemokraten erst nach heftigen Kämpfen abgerungen haben, wenden Sie Ihre Aufmerksamkeit der Angestelltenversicherung zu. Und Sie sehen mit Befriedigung, welche edle und wichtige Arbeit wir geleistet haben. Mögen die Sozialdemokraten nur mit allen möglichen Kniffen dies für ihr Werk ausgeben, es ist und bleibt wahr, daß die Arbeiter einzig und allein bei uns Schutz finden können – gegen – allzu – gegen. (Verbeugt sich tief.)
Das ganze PRÄSIDIUM (erhebt sich und verbeugt sich tief).
VORSITZENDER: Hochverehrte Versammlung, ich beeile mich, der unendlich ehrenden Pflicht nachzukommen, die Vertreter des Industriellenverbandes in unserer Mitte zu begrüßen.

REDNER: Darum, sehr geehrte Anwesende, ist es unsere heilige Pflicht, vor allem . . . die Sozialisten fordern, daß der Staat der einzige Unternehmer sein soll, da sind wir längst darüber hinaus und können mit Überzeugung verkünden: Die Unternehmer einzig und allein sind der Staat. Deshalb muß man alles Augenmerk der Industrie zuwenden, die Agrarfragen müssen unterdessen zurückgestellt werden. Die übertriebenen Forderungen der Bauern verschlechtern die Lebenshaltung der städtischen Bevölkerung und damit die Lage der Unternehmer, der Industrie. Deshalb müssen wir den Bauern sagen, daß – daß – sagen – daß – daß sie . . . (verbeugt sich).
PRÄSIDIUM: (erhebt sich und verbeugt sich).
VORSITZENDER: Es ist mir eine unsagbare Ehre, die bäuerlichen Vertreter der Provinzen, die eben den Saal betreten haben, in unserer Mitte begrüßen zu dürfen.
REDNER: So müssen wir den Bauern sagen, die Stadt ist euer Feind, die Stadt ist in der Hand der verhetzten und verführten Arbeiter, der verjudeten Sozialdemokratie. Los von den Städten! Bauern, besinnt euch auf euch selbst, wir sind eure Partei! Wir vertreten wahrhaftig eure Interessen gegen alle, vor allem gegen die Ausbeutung durch die Juden! Denn vergessen wir es nicht: wer ist schuld an der Notlage der christlichen Bevölkerung, wer zehrt an ihrer Arbeit, ihren Ersparnissen, wer – ist – wer – war . . . (verbeugt sich).
PRÄSIDIUM: (steht auf und verbeugt sich).
VORSITZENDER: Ich fühle mich unendlich geehrt, die Vertreter des Bankenverbandes begrüßen zu dürfen.
REDNER: Wir sind eine demokratische Partei, eine fortschrittliche Partei – Antisemitismus ist uns fremd gegenüber den Juden, die zu uns passen. Wir sind sogar die Partei des Fortschritts. Sehen Sie sich die Schulreform an, die der Nationalrat jetzt beschlossen hat. Welch ein gewaltiges Vorwärts im modernen Geiste, ein Schlag für – für – für – für . . . (verbeugt sich).
PRÄSIDIUM: (erhebt und verbeugt sich).
VORSITZENDER: Es ist für mich eine erhebende Gnade, Hochwürden, die Vertreter der Geistlichkeit auf unserem Parteitag begrüßen zu dürfen!
REDNER: Unwandelbar und ewig steht die Tatsache vor uns: Die Kirche ist das Rückgrat unserer Partei. Dies drückt sich

nicht nur in der Person unseres erlauchten Führers aus, nicht nur darin, daß die Kirche über jeden Geldsack, über jeden Unternehmerbeschluß, über jedes Ehrenzeichen der Republik, über jeden antimarxistischen Zeitungsartikel das Kreuz macht, sondern tief in uns allen schlummert tief christliche Milde, Bescheidenheit und Liebe.
Deshalb, hochgeehrte Versammlung, stelle ich den Antrag auf sofortige Spaltung der Sozialdemokratischen Partei.
(Vorhang)

Schluß-Szene
(Besetzung nach Bleistiftnotizen auf Robert Lammers Textkopie)

Personen: Agrarier. Großkapitalisten. General. Russischer, norwegischer, englischer, deutscher, tschechischer, österreichischer Arbeiter.
Musikalisches Vorspiel: »Unsterbliche Opfer« (Scheinwerfer). Während des Vorspiels Vorhang.
KAPITALIST: Die Polizeidirektion in Wien hat sich abermals als der festeste Hort der staatlichen Ordnung bewährt.
GENERAL: Das wäre alles sehr schön, aber macht Sie nicht auch dieses Jammern da draußen nervös?
AGRARIER: Das wird auch bald vorüber sein.
STIMME VON UNTEN (Lammer):

Nun ist's vorbei – so geht das Leben weiter,
Und Sinn und Wert verblutet sich am Zweck,
Der Tod versinkt in einer Flut von Dreck
Und euch erscheint der Himmel wieder heiter.

Und er beleuchtet eine wüste Welt,
Wo Polizei das Leben überwacht,
Und schützt vor so viel Blut das viele Geld,
Und überstrahlt die letzte Grabesnacht.

Und ihr könnt lachen, weil es auch noch tagt,
Noch habt ihr keine Toten zu begraben.
Jetzt habt ihr nur gerührten Dank gesagt,
Den Menschen, die für euch gemordet haben.

Und gern bezahlt ihr eure treuen Streiter,
Und freut euch, daß ihr noch am Tod gewinnt.
Es wird zu spät sein, wenn ihr euch besinnt.
Dann ist's vorbei, so geht es nicht mehr weiter.

KAPITALIST: Das ist ja nicht zum Aushalten. Schließen Sie die Türen, damit wir den Lärm von der Straße nicht hören! (Die Türen werden zugeschlagen.)
GENERAL: Die unter Schobers Leitung stehende Bundespolizei hat in den Tagen des 15. und 16. Juli die härteste Probe seit den Tagen der Republik bestanden.
(Scheinwerfer an)
AGRARIER: Schober ist heute nicht nur eine österreichische, sondern auch eine europäische Figur.
(Schobers Bild erscheint)
SCHOBER (Punz): Was die Anerkennung anlangt, weise ich sie für meine Person zurück. Es war nur das Verdienst der Polizei, daß sie ihre selbstverständliche Pflicht in diesen Tagen erfüllt hat wie sonst.
(Scheinwerfer verlöscht)
STIMME VON UNTEN: Am 15. Juli nachmittag, 3 Uhr, passierte ein junger Mann die Lerchenfelder Straße, Ecke Lastenstraße. Als er etwa 30 Schritte von der dort aufgestellten Postengruppe entfernt war, legte ein Wachmann auf ihn an und schoß ihn nieder. Der junge Mann brach mit durchschossener Schläfe tot zusammen.
HARTLEBS Bild erscheint (Steffl Pelz): Lügen Sie nicht immer von hundert Toten, wenn es nur fünfundachtzig sind. Angeblich soll im Spital noch einer gestorben sein, dann wären es sechsundachtzig, nicht hundert. (Erlischt).
STIMME UNTEN: Ein Verwundeter, der sich auf dem Gehweg vor dem Justizpalast auf allen vieren kriechend fortschleppte, wurde von mehreren Polizisten in knieender Stellung niedergestreckt.
SCHOBER (Bild erscheint): Und in diesem Sinne wollen wir heute wieder geloben, daß das deutsche Volk in Österreich, daß seine Bevölkerung keinen festeren Hort hat als die Wiener Polizeidirektion. Die Liste der Dekorierten lautet: Es wurde verliehen das große silberne Ehrenzeichen in Email für Verdienste um die Republik Österreich den Hofräten . . .

STIMME UNTEN: Der kaum fünfzehnjährige Karl Franze erkletterte mit einigen Freunden das Gerüst. Schüsse krachen, eine Polizeiabteilung säubert die Straße. Alle laufen davon, so rasch, als die Füße sie zu tragen vermögen. Die Jungen auf dem Gerüst können nicht so schnell herunterklettern. Der Wachmann legt an, zielt und schießt den Karl Franze, der schutzlos oben auf dem Brett steht, herunter. (Erlischt)
SEIPELS Bild erscheint (Fritz Halpern, Scheinwerfer an): Gott sei Dank, sie haben ihre Pflicht erfüllt. Verlangen Sie nichts vom Parlament und von der Regierung, das den Opfern und den Schuldigen gegenüber milde erscheint. Fest wollen wir sein. (Die Bilder verschwinden.)
AGRARIER: Dankbar und stolz blickt jeder aufrechte Patriot auf jene Männer, welche solche Charakterstärke zu einer Zeit bewiesen haben, in welcher die Achtung für ideale Werke so sehr ins Wanken geraten ist.
KAPITALIST: Der Fremdenverkehr hat in keiner Weise gelitten. Die Wiener Theater sind geöffnet, die Salzburger Festspiele werden stattfinden und bieten gerade heuer besondere Anziehungskraft.
GENERAL (Paul Malles): Meine Herren, jetzt ist der Moment zum Losschlagen gekommen.
AGRARIER (Edi Gold): Jetzt können wir den Boden gewinnen.
KAPITALIST (Viktor Grünbaum): Aus dem 15. Juli müssen wir Kapital schlagen. Es gilt, das rote Wien wieder in die kapitalistische Ordnung einzufügen, die ja in der ganzen Welt triumphiert. Es muß doch schließlich zwischen Mussolini-Italien und Horthy-Ungarn kein demokratisches Österreich geben. Auf der ganzen Welt ist die Reaktion im Vormarsch, wie ich Ihnen gleich beweisen werde. (Große Landkarte von Europa.) Beginnen wir mit dem Norden. Norwegen. Wie steht's denn mit Norwegen, meine Herren?
NORWEGER (Punz): Die beiden Arbeiterparteien haben sich vereinigt und einen entscheidenden Wahlsieg erfochten. Die Arbeiterpartei ist die stärkste Partei Norwegens. Sie hat 24 Sitze gewonnen, die Regierungspartei 22 verloren.
GENERAL: Das schaut nicht gerade rosig aus.
BANKIER: Eine Nebensächlichkeit – ein Zufall. Gehen wir weiter. Jetzt kommt . . .

RUSSE erscheint (Steffl Pelz): Rußland. Zehn Jahre Sowjetrepublik! Die Arbeiterpartei ist unerschütterlich.
BANKIER: Das habe ich nicht gemeint. Sehen wir nach dem Bollwerk des Kapitals: England!
ENGLÄNDER (Heider): Die Arbeiterpartei ist, wie die letzten Gemeindewahlen gezeigt haben, überall im Vordringen. Hundertzehn Bürgermeistersitze sind in ihren Händen. Die Labour Party zählt jetzt vor dem Parteitag 3,352.000 Mitglieder.
BANKIER: Das ist Bluff, nichts als Bluff.
AGRARIER: Sie, ich fühle mich nicht mehr ganz wohl in Europa.
GENERAL: Lassen Sie nur, Deutschland wird uns nicht enttäuschen.
DEUTSCHER erscheint (Lammer): Die Wahlen in den verschiedenen Gemeinden des Deutschen Reiches haben der Sozialdemokratie außerordentliche Erfolge gebracht. Die Sozialdemokraten gewinnen in Hamburg 75.000 Stimmen und 10 Mandate, in Altona 7 Mandate. Die Landtagswahlen in Braunschweig bringen den Sozialdemokraten einen Zuwachs von 25.000 Stimmen und 5 Mandaten. In Mecklenburg gewann die Sozialdemokratie . . .
BANKIER: Genug, genug! Ich glaube, die ganze Welt ist verrückt geworden. Ich will nichts mehr hören.
GENERAL: Schauen wir uns doch noch unseren tschechoslowakischen Nachbarn an.
TSCHECHE erscheint (Fritz Halpern): Die vereinigten deutschen und tschechischen sozialdemokratischen Parteien gewinnen bei den Gemeindewahlen in Prag vier Mandate, im Bezirk Jägerndorf erzielen sie eine Verdopplung der sozialdemokratischen Stimmen, in den deutschen Gemeinden eine durchschnittliche Steigerung von zehn Prozent.
BANKIER: Schluß, Schluß! Meine Herren! Meine Herren! Wenn es auch draußen schlecht aussieht, einen Trost haben wir: In Österreich marschiert die Reaktion.
ÖSTERREICHISCHER ARBEITER erscheint: Nein, die Sozialdemokratie marschiert! Die Partei zählt in der Zeit vom 15. Juli bis zum 1. Oktober 16.000 neue Mitglieder. Seit dem 15. Juli sind in Österreich über 20.000 Menschen aus der Kirche ausgetreten. (Bankier, General, Agrarier verschwin-

den.) Die Reaktion will den Bürgerkrieg. Sie hat die blutige Katastrophe des 15. Juli zum Anlaß genommen, die Klassengegensätze über alle Maßen zu verschärfen. Unser Parteitag hat erklärt: Die Sozialdemokratie will keinen Bürgerkrieg. Die Republik, die die Arbeiterklasse begründet und durch die schwersten Zeiten mit den größten Opfern hindurchgeführt hat, ist unter der Herrschaft der Geldsackparteien entartet, durch blutiges Gemetzel entehrt; es gilt, sie dazu zu machen, was sie nach dem Willen ihrer Begründer werden sollte: zu einer wahren Republik des arbeitenden Volkes in Stadt und Land.

(In der Textkopie Robert Lammers ist diese Schlußrede des österreichischen Arbeiters gestrichen und durch die folgende mit Bleistift geschriebene Fassung ersetzt:)

Du irrst dich! Seit dem 15. Juli sind 20.000 Menschen aus der katholischen Kirche ausgetreten, 16.000 haben den Weg zur Sozialdemokratischen Partei gefunden. Wien bleibt rot, trotz Seipel, Hartleb und Schober! Und Österreich wird rot werden!

Anmerkung: Diese Schluß-Szene zeigt den starken Einfluß der *Letzten Tage der Menschheit* von Karl Kraus mit ihrer apokalyptischen letzten Szene. Unter den »bösen« Bildern taucht zum ersten Mal die Gestalt des Vizekanzlers Karl Hartleb auf. Dieser war ein Vertreter des Landbundes, der kleinen Bauernpartei, die Bundeskanzler Seipel nach den Wahlen von 1927 in die Regierung aufgenommen hatte. Hartleb führte am 15. Juli die Geschäfte des Innenministers, konnte also für die Ereignisse als mitverantwortlich betrachtet werden.

Die Unterschiede zwischen der Szenenfassung und dem in der *Arbeiter-Zeitung* geschilderten Verlauf der Handlung ergeben sich daraus, daß Einzelheiten oft von einer Aufführung zur anderen geändert wurden.

Von den Schauspielern, die im Manuskript der Schlußszene namentlich genannt werden, wurden Robert Lammer und Eduard Gold bereits erwähnt, ebenso sind Viktor Grünbaum, Paul Malles und Fritz Halpern bereits bekannt. Franz Punz war ein Student der Technik. Stefan Pelz wurde später in England Chemiker. Walter Heider, der von seinen Bekannten als ein hochfliegender Idealist geschildert wird, wanderte nach dem Februar 1934 nach Rußland aus, wo sein Vater, der Facharbeiter war, ein Tätigkeitsgebiet gefunden hatte. Er kehrte als Kommunist aus der Sowjetunion nach Österreich zurück und war im Zweiten Weltkrieg als politischer Emigrant in Südfrankreich. Von dort wurde er (nach einem Bericht von Anne Kohn-Feuermann) von den französischen Kommunisten als Kurier nach Österreich geschickt, schon an der Grenze von der Gestapo verhaftet und ins Konzentrationslager Buchenwald gebracht, wo er kurz vor Kriegsende starb. Sein Bruder Fritz, der ebenfalls im Kabarett mitarbeitete, kam in der Sowjetunion bei den »Säuberungen« ums Leben.

Das fünfte Programm: »Das politische Wetterhäuschen«

Erstaufführung: 28. April 1928

Das Doppelgesicht der Regierung Seipel

Der Mann im »politischen Wetterhäuschen« war Bundeskanzler Seipel. Die Frau an der anderen Tür des Wetterhäuschens war ebenfalls der Bundeskanzler, verkleidet als Bäuerin. Vielleicht erleichterte die schwarze Priestersoutane, die der Bundeskanzler immer trug, die Vorstellung von einem solchen Geschlechtswechsel, wie überhaupt bei der antiklerikalen Klischeevorstellung jener Zeit in Mitteleuropa die Abneigung, ja die unbewußte Angst vor dem Geistlichen in der schwarzen Soutane, vor dem »als Frau verkleideten Mann«, eine gewisse Rolle gespielt haben mag. Jedenfalls lassen die Karikaturen, etwa im Witzblatt *Simplizissimus* oder auch bei Wilhelm Busch, diesen Gedanken aufkommen.
Seipel tritt aus dem Wetterhäuschen einmal als Reaktionär hervor, der den Hausherren den 16.000fachen Friedenzins verspricht, und dann wieder als gemäßigter Politiker, der den Mietern verspricht: »Mieterschutz gesichert.« Wenn nichts anderes, kann man aus der Wahl dieses Motivs auf die Bedeutung schließen, die der Mieterschutz damals in der österreichischen Politik hatte. Jede bürgerliche Regierung fürchtete sich, durch eine Steigerung des Mietzinses auf die sonst in Europa übliche Höhe die Massen der Wohnungsmieter sich gegen sich aufzubringen. Das Wetterhäuschen war natürlich eines jener hübschen Spielzeuge, wo auf Grund der Tatsache, daß die Länge einer Schnur durch die Luftfeuchtigkeit beeinflußt wird, aus den beiden Türen eines Holzhäuschens abwechselnd eine sonnig lächelnde oder eine regnerisch vergrämte Figur heraustritt, um damit die Luftfeuchtigkeit – und daher auch bis zu einem gewissen Genauigkeitsgrad das herrschende Wetter – anzuzeigen. Oft sind die beiden Figuren ein Mann und eine Frau. Daß es die gleiche Figur in verschiedenartiger Aufmachung ist, kann gewiß als ungewöhnlich bezeichnet werden.

Programmzettel des fünften Programms

(Im Besitz von Robert Lammer. Premiere, Samstag, 28. April 1928. Kunstspiele, I., Riemergasse 11.)

1. Prolog: Schwarz auf Weiß
2. Das Gespenst von Erdberg: Kriminaldrama in drei Akten
Herr und Frau Pamsti / Reserl, die Köchin / Mehrere Augen des Gesetzes / Ein Polizeihund / Ein Kommissar / Der Autobandit / Ein Fremder.
3. Der Völkerbund - ein Karnevalscherz
England / Frankreich / Italien / China / Argentinien / Rußland / Österreich / Der Krieg.
5 Minuten Pause
4. Das politische Wetterhäuschen
Der politische Wetterprophet / Ein Arbeiterkind / Ein Bankier / Ein Staatsbeamter / Ein Hausherr / Ein Mieter.
5. Was der Bürgermeister von Hinterstoißen seinen Bauern von Wean erzählt
Der Bürgermeister / Zwei Bettelmusikanten / Die Wiener Sittenlosigkeit / Seppl und das Deandl von der Alm.
6. Betriebsspitzel
Generaldirektor / Direktor / Werkmeister Hauser / Zwei Betriebsräte / Ein Diener.
Pause
7. Rund um die Klassenharmonie / Schlußrevue
(Das Personenverzeichnis dieser Schlußrevue wird mit der in Bleistiftnotizen verzeichneten Besetzung, soweit diese angegeben ist, auf der folgenden Seite wiedergegeben.)

Schlußrevue: Rund um die Klassenversöhnung

(Aufbewahrt von Robert Lammer)

Personen: Der schlafende Arbeiter (Robert Lammer) / Zwei Herren im Frack / Zwei Reporter (Paul Malles, Viktor Grünbaum) / Vier Zeitungsgirls (*Kleine Volkszeitung:* Hexl Kramer; *Tagblatt:* Vally Lemberger; *Reichspost:* Trude Kleebinder, *Presse:* Gerti Schnofel) / Eine schwarze Gestalt.
Wiener Spießer (Punz) / Zwei Wiener Madeln / Fiaker / Der Kitschfilm (Tussi Stubenbauer) / Harry Liedtke (Fritz

Steiner) / Die Chauffeurstochter (Schnofel) / Autobandit / Meisterdetektiv / Hafendirne (Vally) / Edelmütiger Millionär. Die sechs rosaroten Girls / Ein Löwe (Direktor): Viktor Grünbaum / Ein Schaf (Arbeiter): Alois Wagner / Direktorsgattin (Lise Popp-Halpern) / Wachmann (Fritz Steiner) / Ein Verbrecher (Alois Wagner) / Zwei Hausherren (Likkier, Punz) / Zwei Minister / Eine Amme / Schober (Viktor Grünbaum) / Journalist (Paul Malles) / Ein weißgekleidetes Mädchen (Tussi Stubenbauer) / »Er« (Seipel): Kurt Zinram.

(Bühne dunkel. Im Hintergrund steht ein Arbeiter mit geschlossenen Augen. Von rechts und links kommen zwei Herren im Frack. Mit Taschenlampe.)

1. HERR: Gott sei Dank, wir sind noch nicht zu spät gekommen, der Arbeiter schläft noch.

2. HERR: Wir wollen beginnen, schnell, bevor er erwacht.

1. HERR: Unsere Arbeit muß gelingen, wenn der Kapitalismus gerettet werden soll. Der Arbeiter muß im Halbschlaf genügsam und dumm erhalten werden, damit wir mit ihm machen können, was wir wollen.

2. HERR: Schluß mit dem Reden, beginnen wir ihn zu fesseln.

1. HERR: Womit können wir ihn besser binden, als mit der bürgerlichen Presse? (Er winkt)

(Musik: »Was macht denn die Malvin?« Es kommt von links ein Reporter, hinter ihm die *Kleine Volkszeitung* und das *Tagblatt,* von rechts ein Reporter, hinter ihm die *Reichspost* und die *Presse.)*

CHOR DER ZEITUNGSGIRLS:

Die Presse ist die Kraft,
Die all's auf Erden schafft.
Die ganze Welt muß ihr zu Willen sein.
Wir kennen jeden Trick,
Wir machen Politik,
Denn wir, wir können halt am besten schrei'n.
Wir lügen, betrügen den ganzen Tag,
Berichten und dichten dazu, was jeder mag.
Die Presse ist die Kraft,
Die all's auf Erden schafft,
Vertragt mit uns euch,
Das ist vorteilhaft.

1. REPORTER: Ruhe, Ruhe, meine Damen, hier gilt es leise aufzutreten; der Arbeiter darf ja nicht merken, daß wir ihn fesseln wollen!
2. REPORTER: An die Arbeit, ihr Blätter des Bürgertums, zeigt, was ihr könnt, wickelt ihn ein mit süßen Worten, mit Lüge und Betrug!
ZEITUNGSGIRLS (Während sie den Arbeiter mit langen Papierbändern umwickeln. Melodie: »Wir winden dir den Jungfernkranz«):

Wir binden die Gedanken fest
Dem Mann im Arbeitskleide,
Umstricken ihn im Lügennetz
Doch tun ihm nichts zu Leide.
Er wird ein braver, gottesfürchtiger Arbeitsmann,
Wird ein braves, gutes, frommes Arbeitstier.

Schon in der Morgens erster Stund'
Wir zur Erscheinung kommen
Und tun ihm zu wissen kund
Was ihm zu Nutz und Frommen.
Als guter, braver, gottesfürchtiger Arbeitsmann
Als gutes, frommes, fleißiges Arbeitstier.
(Unter der Melodie »Was macht denn die Malvin'« ab.)

1. HERR: Das haben sie gut gemacht. Ich sage ja immer, die Presse. Jetzt hat er schon viel weniger Bewegungsfreiheit.
2. HERR: Jetzt wollen wir ihn noch ein bißchen benebeln. (Glockengeläute, eine schwarze Gestalt tritt auf.)
GESTALT: Gott schuf die kapitalistische Gesellschaftsordnung, und er sah, daß sie gut sei. Strebe nicht nach Geld und irdischen Gütern. Dir geziemt Bescheidenheit, Demut, Unterwürfigkeit, dann wird deine Seele zum Himmel fliegen, in die Gefilde ewiger Seligkeit. Wenn du aber schlecht bist, wenn du die heilige kapitalistische Ordnung nicht achtest, wenn du unzufrieden bist und nach irdischen Gütern strebst, dann fährt deine Seele zur Hölle und muß im Höllenfeuer ewige Qualen erdulden. Amen, amen, amen.
1. HERR: Sollte er jetzt noch nicht genügend betäubt sein, dann wollen wir durch etwas Geistiges nachhelfen.
2. HERR: Ja, und die echte alte Wiener Gemütlichkeit darf

auch nicht fehlen. Solange er trinkt, ist er zufrieden, und solange er zufrieden ist, gehört er uns.
(Gruppe Alkohol. Wiener Spießer. 2 Madeln. 1 Fiaker. Sie treten mit Lampions, Bierflaschen und Weingläsern auf. Gesang: »Ja, Ja, der Wein ist gut«. Sie geben dem Arbeiter Wein zu trinken, folgt Couplet auf Wiener Gemütlichkeit, dann ab.)
1. HERR: Ich glaube, das wirkt langsam. Sehen Sie, wie schlaff er dort steht.
2. HERR: Wir wollen noch ein Übriges tun. Auch die modernsten Mittel müssen uns helfen. Der Kitschfilm wird sicher verblödend wirken.
GIRLS MIT PLAKAT: »Kaiser Josef und die Chauffeurstochter. Großer Prunkfilm, in der Hauptrolle Harry Liedtke.« (Ein Filmoperateur stellt sich links auf. Kurze Liebesszene zwischen Kaiser Josef und der Chauffeurstochter.) »Verbrecherjagd in Kansas City oder Der Autobandit von Neulerchenfeld«, in der Titelrolle Schoberhannes, der Meisterdetektiv. (Vorbeiziehender Hintergrund, ein Auto rast vorbei, der Polizist kommt, weil er schwer bewaffnet ist, nicht nach.) »Die Hafendirne« oder »Der edelmütige Millionär«, Rührdrama in sieben Akten, mit Pia de Lutti in der Hauptrolle. Weinzwang! (Hafendirne tritt auf, wirft lüsterne Blicke herum, wird dann plötzlich unglücklich, Weinkrampf. Millionär kommt, streichelt ihr die Haare, gibt ihr einen Ehering, setzt ihr einen Myrthenkranz auf und schreitet mit ihr zum Traualtar. Hochzeitsmarsch. Ab.)
1. HERR: Nun ist er, glaub ich, genug vorbereitet, um die rosarote Brille der Klassenversöhnung zu tragen. Durch diese rosa Brille sieht er alles im rosigen Licht, er weiß nichts mehr vom Klassenkampf, er weiß nichts mehr von Organisation, er vergißt den Sozialismus. Wenn er sie aufbehält, ist der Kapitalismus gerettet.
2. HERR (setzt ihm die Brille auf und sagt): Gleich werden wir die Wirkung der rosaroten Brille der Klassenversöhnung sehen.
(Die rosaroten Girls kommen. Sanfte Musik. Melodie: »Freut euch des Lebens«.)

Wie ist's auf Erden,
Alles so gut bestellt.

Glücklich kann werden
Man ohne Geld.
Ja, glücklich kann ein jeder werd'n
Auch in der schäbigsten Zinskasern,
Wenn nur Bescheidenheit dort haust
dann gibt es Zufriedenheit.
Wie ist's auf Erden etc.
Bete und arbeit'
Laß dir zur Regel sein,
Dann kehrt die Zufriedenheit
In's Herz dir ein.
Und lächelt dir der Tod einst süß,
Dann kehrst du ein ins Paradies
Und kannst dort mit den Engelein
Laut Halleluja schrei'n.
Bete und arbeit' etc.

(Löwe und Schaf treten Arm in Arm auf.)

1. GIRL: Auf der Welt
Ist's jetzt wunderbar bestellt.
Ihr träumt nicht, ihr seid nicht im Schlaf.
Der Löwe weidet neben dem Schaf.

2. GIRL:
Die beiden stellen natürlich vor
Einen Arbeiter und einen Direktoor!

(Löwe und Schaf nehmen die Masken ab, nur die Schwänze bleiben, und tanzen einen Ländler nach der Melodie: »Was braucht denn der Bauer an Huat«.)

ARBEITER:
Ich brauch ka Organisation, a wo,
Ich leb im Himmel ja schon a so.
Ich bin ganz zufrieden
Auf Erden hienieden,
Drum mein Herr Direktor, leb hoch, hoch, hoch!

DIREKTOR:
Was soll ich sagen, wie ich Sie beneid, neid, neid,
Sie Mann im Arbeitskleid, kleid, kleid.
Brauchen nix zu riskieren,
Auf der Börs nix zu verlieren.
Großer Gott, wie ich Sie beneid!

BEIDE:

Wir zwei, wir vertragen uns gut
Wenn a jeder das Seinige tut.

ARBEITER: Um a Arbeit ich bitte.

DIREKTOR: Und ich um Profite.

BEIDE: Wir vertragen uns gut. (Kuß.)

(Beim Ländler haut der Arbeiter auf seinen eigenen Hintern, der Direktor auf den des Arbeiters. Direktor sagt: »Pardon«, der Arbeiter: »Oh, Herr Direktor, es war mir eine Ehre.«)

ARBEITER: Herr Direktor, ich komme, um Ihnen untertänigst eine Bitte zu unterbreiten. Wir haben die Beobachtung gemacht, daß die Arbeiter sich weltlichen Genüssen hingeben, die ihr Seelenheil gefährden. Sie machen sonntags Ausflüge, anstatt in die alleinseligmachende Kirche zu gehen, und kaufen allerlei Bücher, anstatt sich mit dem heiligen Buch, der Bibel, zu begnügen. Das alles deutet darauf hin, daß sie mehr Geld haben, als einem christlichen Lebenswandel entspricht. Ich möchte daher die untertänigste Bitte an Sie richten, die Löhne im Interesse des Seelenheils der Arbeiter um 20 Prozent zu reduzieren.

DIREKTOR: Sie bringen mich mit Ihrer Bitte in Verlegenheit, sehr geehrter Herr. Ich muß Ihr Ansuchen an den Industriellenverband weiterleiten. Und Sie wissen, mit welchem inneren Widerstreben die Herren einer solchen Bitte gegenüberstehen. Aber Sie wissen auch, daß mir nichts mehr am Herzen liegt als das Wohl meiner Arbeiterschaft, und ich werde daher mein Möglichstes tun, Ihr Ansuchen durchzubringen.

ARBEITER: Oh edler Gönner, ich danke Ihnen! (Ab)

FABRIKSDIREKTORSGATTIN (tritt ein).

DIREKTOR: Woher kommst du, Holdeste?

SIE: Ich komme selbstverständlich aus einer Sitzung des Arbeiterwohltätigkeitsvereins.

ER: Holdeste, ich stehe vor einem schweren Entschluß im Interesse der Arbeiterschaft, Zu meinem größten Schrecken habe ich gehört, daß in der Automobilindustrie große Arbeitslosigkeit herrschen soll. Tag und Nacht denk ich nach, ein Mittel zur Abhilfe zu finden. Nun glaube ich, eines gefunden zu haben. Ich habe mich entschlossen, noch ein viertes Auto zu kaufen, obwohl wir ja eigentlich wirklich keine Verwendung dafür haben.

SIE: Oh, wie edel du bist, Trautester, auch ich habe einen Entschluß gefaßt. Bei den Schneiderinnen soll es viele Arbeitslose geben, ich werde mir zwanzig neue Kleider bestellen.

ER: Das geht zu weit, mein Goldengel. Ich muß deinem sozialen Mitgefühl Einhalt gebieten. Schon mit einem Drittel hättest du die staatsbürgerlichen Pflichten erfüllt.

SIE: Kleinliche Seele. Wir werden noch darüber reden. Aber sieh dort, ein Wachmann scheint irgendein armes, verirrtes Schaf verhaftet zu haben.

(Wachmann mit Verbrecher.)

VERBRECHER: (klammert sich an den Wachmann): Schaun S', bitte, Herr von Wachmann, lieber Herr, ich bitte Sie, verhaften S' mich, ich hab doch so viel angestellt!

WACHMANN: Sehr geehrter Herr, ich möchte Sie ebenso höflich wie dringend ersuchen, mit diesem Ansuchen nicht mehr an mich heranzutreten. Sie wissen ganz gut, ich erfülle nur meine Pflicht, die darin besteht, den Verkehr zu regeln und auf die persönliche Sicherheit der Bewohner dieser Stadt zu achten. Sie haben nichts angestellt, also verlangen Sie auch nicht, daß ich Sie verhafte!

VERBRECHER: Ich flehe Sie an, Herr Wachmann, erbarmen Sie sich meiner Seele, oder ich schmier Ihnen ane. Das schwere Verbrechen, das auf meiner Seele lastet, es kann nicht anders gesühnt werden als dadurch, daß ich das Loch zum längeren Aufenthalt betrete. Auch das kann mich zwar nicht reinwaschen vor Gott, dem jüngsten Gerichtsvollzieher, denn die Behandlung in den Polizeiwachstuben ist viel zu zart und der Kerker viel zu komfortabel eingerichtet, als daß es eine wirkliche Sühne wäre; aber trotzdem, etwas ist es ja doch zur Buße meiner großen Sünde. Also bitte, sehr geehrter Herr Wachmann, nehmen S' mich mit, verhaften S' mich!

WACHMANN: Sehr geehrter Herr, verlangen Sie nichts Unmögliches von mir, Sie haben ja gar nichts angestellt!

VERBRECHER: Aber Herr Wachmann, treten Sie nicht auf meine Ehre, ich habe mich schwer vergangen, ich habe doch Mistelbacher und Schobergardist zu Ihnen gesagt!

WACHMANN: Sehr geehrter Herr, ich habe mich, wie Sie wissen, über diesen witzigen Einfall sehr gefreut und danke Ihnen nochmals dafür. Ich werde diesen Witz heut abend meinen Kindern erzählen, die sich sicher sehr darüber freuen werden.

VERBRECHER: Herr von Wachmann, die Ungeduld beginnt an mir zu nagen. Ich weiß ganz genau, daß ich das Verbrechen der Verspottung einer Behörde begangen habe, und muß auf meiner Verhaftung bestehen.

FABRIKANTENGATTIN: Bitte, Herr von Verbrecher, treten Sie näher, ich glaube, Ihnen in Ihrer bedrängten Lage, die ich voll verstehe, helfen zu können. Wir haben wöchentlich einmal in unserem Verein Andachtsübungen zur Läuterung sittlich gefährdeter Menschen, und ich bitte Sie, den nächsten Andachtsstunden beizuwohnen und sich überhaupt unter Aufsicht unseres Vereines zu stellen.

VERBRECHER: (nimmt ein Bukett heraus und überreicht es ihr): Oh meine Gnädigste, nehmen Sie dies als Dank eines geretteten Sünders! Ich danke dir, oh Himmel, für das Glück, das du mir beschert hast! Eine härtere Buße hätte ich mir gar nicht aussuchen können.

WACHMANN: Auch ich bin froh, daß ich den aufdringlichen Sonderling los bin. Ich gehe jetzt wieder auf meine Kreuzung, um den Verkehr der Autobanditen zu regeln. (Alle ab.)

(Zwei Hausherren.)

ERSTER: Sehen Sie, Herr Kollega Hausherr, können Sie sich etwas Traurigeres vorstellen als einen Mann, der einen Bettler auf der Straße sieht und ihm etwas geben will, er greift in die Tasche und sieh da, er findet nichts. In diese Lage sind die Hausherren durch den Mieterschutz gekommen. Ich hab mein ganzes Leben nur eine Leidenschaft gekannt, Wohnungen zu vermieten an arme Arbeiterfamilien.

ZWEITER: Genauso geht es mir. Ich kann Ihnen nicht beschreiben, was ich für eine Freud' gehabt hab, wenn ich so einer armen Arbeiterfamilie mit recht vielen Kindern, je mehr so kleine Bauxerln waren, desto mehr hat es mich gefreut, eine Wohnung hab vermieten können.

ERSTER: Ja, das war halt ein rührender Anblick, wenn s' kommen san mit ihre Möbelwagen und haben einziehen wollen. I hab schon an der Haustür eine Tafel befestigt mit »Herzlich Willkommen« und hab selber die Kredenz hinauftragen geholfen.

ZWEITER: Und wann s' dann kommen sind, fragen wegen an

Zins, da hab i immer g'sagt: Leutl, zahlts, wanns wollts und soviel als wollts. Mir ist es immer nur um das Vergnügen zu tun, euch zu Parteien zu haben.
COUPLET (nach der Melodie »Der erste Schnee«, Seite 136)

Ja das waren schöne Zeiten,
Wie's noch gab kan Mieterschutz.
Oh sie waren zu beneiden,
Die Mieter in unserem Schutz,
Jedes Quartal sind sie gekommen,
Und weil Mitleid ich gekriegt,
Hab ich ihnen abgenommen,
Alles, was sie hat bedrückt.
Wenn ich alles das bedenke,
Wird es plötzlich mir ganz klar:
Trotz der bösen Soziränke
Muß es werden, wie es war.
Laßt uns singen frohe Lieder,
Daß die Zeiten kommen wieder,
Wo der Hausherr und der Mieter
Fröhlich sind vereinigt wieder,
Wo zu seinem Fromm und Schutz
Er sich stell' in Hausherrnschutz.

Raum ist in der kleinsten Hütte
Für ein glücklich liebend Paar.
Darum frag ich Sie, ich bitte,
War's nicht gut, wie's früher war?
Ja man muß zusammenrücken,
Eng man nebeneinander wohn'!
Will er sich ein bisserl bucken,
Gibt er ihr ein Busserl schon.
Wenn ich alles dies bedenke etc.

ERSTER: Geh hörst, schrei ma hoch, dort kommen zwei Minister!
ZWEITER: Hörst, stör die Herrn nicht. Mir scheint, die denken grad nach.
(Hausherren ab.)
(Zwei Minister mit verbundenen Kopf treten auf.)
ERSTER MINISTER: Haben Sie auch solche Kopfschmerzen, Herr Kollega?

ZEITER MINISTER: Ja, fürchterlich, Exzellenz, seit vier Tagen ist kein Schlaf über meine Augen gekommen. Ich denk und denk und denk.
ERSTER MINISTER: An was denken S' denn, Herr Kollega?
ZWEITER MINISTER: Na, an was denkt denn ein Minister schon, selbstverständlich an das Wohl des Volkes!
ERSTER MINISTER: Schaun S', Herr Kollega, dort kommt unser verehrter Herr Polizeipräsident, der Hort der Republik.
(Schober, als Iglauer Kinderamme gekleidet, mit Kinderwagerl. Er nimmt das Kind aus dem Wagen und singt nach Melodie »Mutterlieb«, Seite 161:)
SCHOBER:

Wie hege ich vom ersten Augenblick
Das Kindlein hier, genannt die Republik,
Die Polizei, sie blickt mit Seligkeit
Aufs kleine Kind in d'Wiegen voller Freud.
Und wenn dem Kind der Rote Mann einst naht
Und will's gefährden, oh verruchte Tat,
Dann schieß ich voller Seligkeit und Lust
Und halt das Kind an meiner Brust.
Ob's Tag ist oder Nacht,
Die Polizei, die wacht,
Es ist mein größtes Glück zu sein der Hort der Republik!

ERSTER MINISTER: Darf man fragen, wie es dem kleinen Republikerl geht?
SCHOBER: Ich dank der Nachfrage. Dank meiner aufopfernden Pflege unter meinem Schutz und Schirm gedeiht es ganz prächtig. Über die ersten revolutionären Kinderkrankheiten ist es schon hinaus, und die roten Flecken von die Masern sind schon fast vergangen. (Das Kind beginnt zu schreien.) Jetzt werden Sie gleich sehen, wie ich es beruhige. Ich brauch nur ein bißchen mit dem Gewehrverschluß klappern, dann ist es still. Überhaupt auf Spielzeug fliegt es. Jetzt hab ich ihm kleine Strohsäbel und Gummiknüpperl gekauft, das hat's halt so gern.
ZWEITER MINISTER: Und wie steht's mit der Nahrung?
SCHOBER: Oh, die liefert unsere Bella vom Mustergut. Das Kind wird mit Milch der frommen Deckungsart ernährt. (Das Kind weint.) Was sagen Sie, wie schwer es ist? So a Hort hat's halt hart.

JOURNALIST: Meine Herren, eine große Neuigkeit. Er könnt' kommen.
ERSTER MINISTER: Wer?
JOURNALIST: No, er, Seipel, der Wilde, will sagen, der Milde. Er soll sehr betrübt sein, hab ich gehört, und weint über die Sozialdemokraten. Sie sollen ihn gekränkt haben, weil er sich doch so sorgt, der Gute.
(Seipelmarsch.)
(Es marschieren auf und bilden Spalier: Spitze: Der Wachmann, zwei Hausherren, Löwe und Schaf etc. Die Girls [Blumen streuend]. Trompeten und Palmen. Dann Seipel mit einem großen Taschentuch, Heiligenschein und Rosenkranz. Er weint.)
KLEINES WEISSES MÄDCHEN (hat einen Lorbeerkranz und singt nach der Melodie »Großmutterl, kränk di net«):

Die Sozi tan streiten im Parlament.
Das tan s' halt immer, es nimmt ka End.
Sie woll'n dich nur ärgern, doch weiß es das Volk
Daß sie nur beneiden dich um den Erfolg.
Mir werdn's nimmer dulden, daß sie dich betrüben,
Wo wir dich doch alle herzinniglich lieben.
Sie solln dich nicht ärgern, die Sozi, oh Graus.
Es is ja ka Wunder, du schaust so schlecht aus.

ALLE IM CHOR:

Geh Seipel, kränk di net, get tu net weinen.
Wir wolln zur Einheitslist'n uns all vereinen.
Wir hab'n dich alle gern
Und wern recht brav noch werd'n.
Oh, Seipel geh net fort,
Sei wieder guat!

MÄDCHEN:

Oh nimm diesen Lorbeerkranz, der dir gebührt,
Dafür, daß uns alle du trefflich saniert.
Nie waren wir so glücklich wie in deiner Hut.
Ob arm man, ob reich man, es geht jedem gut.
Seitdem wir zum Kanzler dich haben, oh Glück,
Tun wir uns trösten auch mit der Republik.
Sei nur nicht zu milde, wir bitten's uns aus,
Sonst weinst du am Ende die Augerln dir aus.

ALLE (im Chor): Geh Seipel etc.

(Der Kreis öffnet sich, man sieht rückwärts den Arbeiter. Zwei Herren im Frack treten wieder auf.)
ERSTER: Nun, lieber Arbeiter, sage selbst, ist die Welt nicht schön eingerichtet?
ZWEITER: Kannst du dir eine bessere Regierung, eine bessere Polizei vorstellen? Hast du irgendeinen Grund zur Unzufriedenheit?
ARBEITER (steht auf): Ich weiß nicht, meine Herren, ich komme mir wie betäubt vor, ich sehe nicht deutlich, ich kann mich kaum bewegen. Ich verstehe das alles nicht. Ja, ich sehe die Welt in rosigstem Licht, aber ich weiß doch, ich kann meinen Kindern nicht genug zu essen geben, ich bin oft monatelang arbeitslos. Ich hause in einem kalten, dunklen Loch, da stimmt etwas nicht. Ich muß klarer sehen. (Reißt sich die Brille von den Augen, im selben Augenblick Krach, die Bühne wird dunkel, alle Gestalten verschwinden. - Es wird wieder hell, der Arbeiter steht allein auf der Bühne).
ARBEITER: Schwindel, Betrug, man wollte mir die Klassenversöhnung weismachen! Herunter mit der rosaroten Brille der Klassenversöhnung, verflucht sei der Alkohol, hinaus mit der bürgerlichen Presse, Kampf für die Verwirklichung der klassenlosen Gesellschaft, für den Sozialismus!
Lied: »Internationale«.
Vorhang.

Anmerkung: Der Versuch, den Arbeiter durch Aufsetzen der »rosaroten Brille« (der Illusion, gewiß nicht die rosarote Parteibrille) nacheinander mit allen Verführungsmitteln zu betören, zeigt in recht interessanter Weise die Wertungen der damaligen Zeit. Der Film (auf der Höhe seiner Popularität) ist das ganz raffinierte, ganz moderne Verführungsmittel. Pia de Lutti ist die Filmschauspielerin Lya de Putti. Der Filmstar Harry Liedtke erscheint unter seinem wirklichen Namen. Von den vier bürgerlichen Zeitungen war die *Reichspost* das offizielle christlichsoziale Parteiorgan. Das *Neue Wiener Tagblatt* und die *Kleine Volkszeitung* gehörten damals zum Konzern des mächtigen Industriellen Rudolf Sieghart, des Beherrschers der Bodencreditanstalt. Diese brach im Herbst 1929 zusammen. Die *Neue Freie Presse* war die Zeitung des »liberalen« regierungsfreundlichen Bürgertums.

Polizeipräsident Schober, dem das Wickelkind »Republik« in der ersten Zeit »zu rot« war, was sich aber dann gebessert habe, trägt die Kleidung einer böhmischen Kinderfrau. Diese Nationaltracht war bei böhmischen Kindermädchen in Wien in der ersten Zeit nach dem Weltkrieg noch gar nicht ungewöhnlich. Er hat das Wickelkind mit Milch von der »Musterkuh Bella« gefüttert. Das ist der einzige Hinweis auf den ersten Bundespräsidenten der Republik Österreich, Michael Hainisch. Dieser rechtschaffene, aber politisch nicht sehr effektive Mann, der bis 1928 Staatsoberhaupt war, hatte ein einziges wirkliches Herzensinteresse, seine Musterlandwirtschaft. Er sprach gern von seiner Kuh Bella, die mehr Milch gab als irgendeine andere Kuh in Österreich. In Anbetracht der Nahrungsmittelnot in dem neuen kleinen Staat war das Interesse des Bundespräsidenten für die Entwicklung der Landwirtschaft sicherlich nicht zu tadeln.
Warum wird Polizeipräsident Schober immer wieder als »Hort der Republik« bezeichnet? Dieser Spottname stammte von Karl Kraus, der im Oktober 1927 eine Sondernummer der *Fackel* mit dem Titel »Der Hort der Republik« veröffentlicht und darin den Polizeipräsidenten zum Rücktritt aufgefordert hatte. Diese Forderung erhob Karl Kraus auch auf Plakaten, die er in Wien anschlagen ließ. Der bittere Satiriker Karl Kraus bezog sich dabei auf eine Rede des Bundeskanzlers Seipel nach dem 15. Juli, in der Seipel erklärt hatte, die Polizeidirektion in Wien habe sich abermals »als der festeste Hort der staatlichen Ordnung bewährt«. Schober bot übrigens wiederholt seinen Rücktritt an, was aber von der Regierung jedesmal abgelehnt wurde. Die Sozialdemokraten faßten die Rücktrittsangebote als nicht ernstgemeinte Gesten auf.
Das »weißgekleidete Mädchen« in der Schlußrevue wurde von Tussi Stubenbauer dargestellt, die von Lise Halpern als »unsere begabte Soubrette« charakterisiert wird. Auch ihre Kolleginnen sagten ihr neidlos »Profi-Talente« zu. Es ist nicht überraschend, zu erfahren, daß sich Tussi ganz der Schauspielerei zuwandte und noch nach dem Zweiten Weltkrieg in Wien Theater spielte. Dann wechselte sie das Rollenfach und wurde Bankbeamtin.
Die Tatsache, daß die Tochter des sozialdemokratischen Bürgermeisters von Sankt Pölten, Schnofel, eines der Girls im

Politischen Kabarett war, mag zu den diplomatischen Vorbereitungen für das erste größere Gastspiel des Politischen Kabaretts außerhalb Wiens beigetragen haben: eine Autobusfahrt zu einer Aufführung in St. Pölten. Photos, die Robert Lammer von dieser Fahrt nach Hause gebracht hat, zeigen das Ensemble, einschließlich des Löwen und des Schafes.

Guter Seipel, wie bist du milde

In diese Zeit gehört ein Kabarettlied, das von Robert Plank verfaßt und auch mitgeteilt hat. In welches Programm das Lied gehört, ist ihm nicht mehr in Erinnerung:

Guter Seipel, wie bist du so milde
Und so maßvoll beim Regier'n.
Führst die Milde still im Schilde
Und die Sanftmut auf der Stirn.
Deine Weisheit, deine Güte,
Gott erhalte, Gott behüte!

Melodie natürlich: »Guter Mond, du gehst so stille!«. Durch die Umwandlung der Segensformel »Gott beschütze« in die Abwehrformel »Gott behüte« wurde der Sinn der ersten Zeile der alten Volkshymne ins Gegenteil verkehrt.

Das sechste Programm: »Zehn Jahre bürgerliche Republik«

(Erstaufführung: 8. November 1928)

Ein seltsames Jubiläum

Es ist auf den ersten Blick überraschend, daß im Politischen Kabarett der Sozialistischen Veranstaltungsgruppe der zehnte Jahrestag der Errichtung der Republik Deutschösterreich mit einer bitteren Satire begangen wurde. Man hätte erwarten können, daß die Sozialdemokraten die Gründung der Republik, die ja zum großen Teil das Werk ihrer Partei war, mit Sympathie, ja mit Stolz und Freude gefeiert hätten.

Daß dem nicht so war, ist darauf zurückzuführen, daß die Sozialdemokraten, seitdem ihre Partei im Jahr 1920 in die Opposition gegangen war und nur noch in Wien regierte, den österreichischen Staat nicht mehr als »ihren« Staat betrachteten. Die Republik, die von Leuten beherrscht wurde, die im Herzen Monarchisten waren, galt den Sozialdemokraten eben als eine »bürgerliche« Republik, die erst durch eine neue Umwälzung zu einer »sozialistischen« Republik werden würde.

Deswegen wird schon die Entstehung dieser »bürgerlichen« Republik im Jahr 1918 eigentlich negativ, nämlich vom Standpunkt der enttäuschten Monarchisten, dargestellt. Die sozialdemokratischen Gründer Deutschösterreichs, Karl Seitz, Otto Bauer und Karl Renner, kommen in dieser Darstellung nicht vor – wie ja überhaupt positive Gestalten im Kabarett meist nur anonym als »der Arbeiter« oder »der Sozialist« auftreten.

Um so mehr wird die Vorführung der geisterhaften Zehnjahrfeier der Gründung, die zur Mitternachtsstunde im Bundeskanzleramt begangen wird, zu einer bitteren Satire. Hier sehen wir die Feinde der Arbeiterschaft als lebende Bilder: den reaktionären Politiker Seipel, den Heeresminister Vaugoin, den Polizeipräsidenten Schober, Vertreter der Hausherren (den Hausbesitzerfunktionär Pistor) und der mit den

Christlichsozialen verbündeten jüdischen Bankiers (Jesaias Aberbach, der, wie erwähnt, durch seinen ostjüdischen Vornamen, als er im Zusammenhang mit den Bankenaffären genannt wurde, besonderes Aufsehen erregte). Dann den Tiroler Heimwehrführer Richard Steidle, den Journalisten Alexander Weisz, der aus dem linkssozialistischen ins rechtsextremistische Lager übergegangen war, den klerikalen Unterrichtsminister Richard Schmitz, und schließlich den nach Kuba ausgewanderten christlichsozialen Finanzminister der Regierung Ramek, Dr. Jacob Ahrer. Ihnen werden von »Polstergirls« (Girls, die auf Polstern Geschenke tragen) verschiedene passende Gaben dargebracht.

Das Regiebuch für dieses Programm liegt fast vollständig im Wortlaut vor, weil der Maler Walter Harnisch, der sowohl bei der Herstellung der Bühnendekorationen wie auch als Schauspieler beteiligt war, es aufgehoben und verwahrt hat. Es ist (auch bei den anderen sozialkritischen Kabaretten dieser Zeit) selten, daß von einem Kabarettprogramm nicht nur die Schlager und der Verlauf der Handlung, sondern auch die Prosatexte fast vollständig erhalten sind. Das ist auch deshalb wertvoll, weil sich daraus die Länge der einzelnen Szenen und des gesamten Programms ungefähr messen läßt. Walter Harnisch, der zusammen mit seinem Kollegen Arnold Meiselmann das Künstlerteam des Politischen Kabaretts bildete, hat durch diese treue Aufbewahrung der einzelnen maschingeschriebenen Papierseiten mit ihren zahlreichen Bleistiftnotizen die korrekte Wiedergabe eines ganzen Programms (abgesehen von einzelnen Lücken) möglich gemacht.

Die Kritik an der »bürgerlichen Republik«, die den wesentlichen Inhalt des Programms bildet, unterscheidet sich wesentlich von der positiven Haltung der Österreicher der Zweiten Republik zu ihrem Staat. In vieler Hinsicht war die kritische Haltung des Politischen Kabaretts wohl auch um einen Grad radikaler als die damalige Haltung der Sozialdemokratischen Partei.

Besetzung des sechsten Programms

Ein mit dem Titel »Besetzung« versehenes Personenverzeichnis findet sich zusammen mit den von Walter Harnisch aufbewahrten Regietexten und war also sicherlich für die ersten oder einige der ersten Aufführungen des Programms »Zehn Jahre bürgerliche Republik« bestimmt. Es ist aber anzunehmen, daß bei anderen Aufführungen Änderungen in der Besetzung stattgefunden haben. Wo in diesem Dokument nur Vornamen oder Zunamen angegeben sind, wurden diese, soweit es möglich war, ergänzt.

1. Prolog.
Bürger: Viktor (Grünbaum), Rufe: (Franz) Punz, Alois Wagner, Walter Harnisch.
2. Kaiser Karl-Szene.
Kaiser Karl: (Arnold) Meiselmann, Kaiserin Zita: Monette (Schober), General: Alois (Wagner), Kammerdiener: (Walter) Harnisch, Pupperl: Vally (Lemberger), Ordonnanz: Willi Steiner.
(Conférence)
3. Nach dem Umsturz.
Kapital: (Arnold) Meiselmann, Höfling: (Franz) Punz, General: Fritz Steiner, Presse: Fritz Halpern.
(Conférence)
4. Revue.
Seipel: (Walter) Harnisch, Steidle: (Robert) Lammer, Alexander Weisz: Fritz Halpern, Vaugoin: Willi Steiner, Schmitz: (Franz) Punz, Ahrer: Fritz Steiner, Aberbach: (Arnold) Meiselmann, Pistor: (Ernst) Kothbauer, Schober: Viktor (Grünbaum), Wehrbündler: Alois (Wagner).
Vier Schülergirls: 1. Käthe (Gold), 2. Trude (Kleebinder), 3. Hexl (Kramer), 4. Lotte (Stockhammer).
Zehn Polstergirls: 1. Hexl (Kramer), 2. Monette (Schober), 3. Vally (Lemberger), 4. Lotte (Stockhammer), 5. Trude (Kleebinder), 6. Käthe (Gold), 7. Marie (Löbl), 8. Edith (Suschitzky), 9. Marianne (Zerkowitz), 10. Hertha (Swoboda). (Im Text kommen nur acht »Polstergirls« vor.)
Kammerdiener: (Walter) Harnisch, Zofe: Lizzi (Kardos).
Duett: Fritz (Steiner) – Monette (Schober).
5. Private oder öffentliche Bautätigkeit
Architekt: (Arnold) Meiselmann, Gehilfe (Ernst) Kothbauer, Herr Zinsgeier: Alois (Wagner), Frau Zinsgeier: Klara (Kaiser), Gestalt mit der Tafel: »Zehn Jahre«: Hexl (Kramer) oder Vally (Lemberger).

Telefonszene:
Diener: Alois (Wagner), Kellogg: Viktor (Grünbaum).
6. Der Patentwiener.
Der Wirt: (Franz) Punz. Die Wirtin: Trude (Kaiser). Herr Pamsti: Fritz Steiner. Frau Pamsti: Klara (Kaiser). Herr Novotny: Alois (Wagner). Die Fremde: Edith (Suschitzky). Wiener aus der Biedermeierzeit: Willi (Steiner). Wiener aus dem Mittelalter: (Ernst) Kothbauer. Ägypter aus der Pharaonenzeit: Fritz Halpern.
7. Schlußszene
Kapital: (Arnold) Meiselmann. Seipel: (Franz) Punz. Steidle: Fritz Steiner. »Freiheit«: Fritz Halpern. Arbeiter: (Robert) Lammer.

Die »Republikfeier« des Kabaretts

Prolog

(Auf der Bühne ein Würfelaufbau mit den Aufschriften: Vier Jahre Weltkrieg, Millionen Tote, Hungersnot, U-Boot-Krieg, Blockade, kein Brot, Hunger usw. Die Bühne ist leer. Ein Bürger tritt auf. Aufgedrehter Schnurrbart, Kaiser-Wilhelm-Maske, übergroßer Zylinder, Frack, Orden.)
BÜRGER: Patrioten! Durchhalten bis zum Endziel!
RUFE: Hunger!
BÜRGER: Patrioten! Bis zum letzten Blutstropfen für Gott, Kaiser und Vaterland!
RUFE: Friede! Brot!
BÜRGER: Patrioten! Gott mit uns! Wir müssen siegen! Gott strafe England! Gold gab ich für Eisen!
RUFE: Hunger! Streik! Revolution!
(Regie: Von der Decke senkt sich ein roter Würfel mit der Aufschrift »Republik«. Über den Würfelhaufen zieht sich ein Vorhang.)
(Tafel: 1918)
BÜRGER: Rettet den Kaiser, die Monarchie! (Der Würfel bedeckt ihn, Marseillaise.)
(Pause)
BÜRGER (kriecht aus dem Würfel heraus, der Zylinder ist zusammengedrückt, der Orden ist abgerissen, er sieht sehr erschreckt aus. Gebärde des überstandenen Schreckens,

Erstaunen über die neue Umgebung, er schleicht um den Würfel herum, sieht das Wort »Republik«, betrachtet es von allen Seiten, betastet jeden einzelnen Buchstaben. Tafel: 1919. Musik: O du lieber Augustin! Der Bürger fällt, als er den Sinn begreift, platt auf den Boden. Dann versucht er, das Wort »Republik« auszusprechen. Durch den schwarzen Vorhand schiebt sich eine Tafel mit den Jahreszahlen 1918 bis 1928).

BÜRGER: Re – Reparationskommission, Re- Re-Reaktion, Re-Rebbach, Repu-Repu- Rebhuhn wär mir lieber, Republ- Republikation, Repu – Repetiergewehr, Repub- . . . (Bote bringt einen Brief.) (1928). Ein Brief? Ah, da schau ich ja! Von wem ist er denn? Absender Festkomitee Ignaz Seipel, Steidle, Pabst, Kunschak, Vaugoin. Oh, das sind ja lauter gute alte Freunde, lauter nette Menschen aus der guten alten Zeit! Was schreiben s' denn? Wir laden Sie hiermit feierlichst zu den in den Räumen des Bundeskanzleramtes abzuhaltenden Festversammlung ein, welche stattfindet zu Ehren des zehnjährigen Bestandes der, der was? (Er vergleicht die beiden Wörter Republik auf dem Würfel und im Brief.) Republik! Wenn so nette Leute dabei sind, kann ich es ja aussprechen. Es werden anwesend sein (liest weiter) die Vertreter aus den besten Gesellschaftskreisen, die Vertreter der Kirche – sehr gut – die Vertreter der Großindustrie – Großindustrie! Großartig, das ist ja gar nicht so arg mit der Republik. Großartig kann ich da schon das Wort aussprechen, ich glaube, mir scheint, meine lieben Freunde haben schon etwas ganz anderes daraus gemacht. Auf diese Art und Weise bin ich dann Republikaner. (Er richtet sich den Zylinder und bringt die Orden in Ordnung.) Ich gehe jetzt zum Empfang ins Bundeskanzleramt aus Anlaß des zehnjährigen Bestandes der Republik Österreich.

(Musik: Schlußsatz der Volkshymne.)

Vorhang fällt.

Kaiser-Karl-Szene

(Vor dem Vorhang. Hoher Offizier, sehr angeheitert, in vollkommen derangiertem Zustand, gestützt auf ein gleichfalls angeheitertes Pupperl. Grüne Beleuchtung.)

GENERAL: Schnucki, Pupperl, Putzi.
PUPPERL: Katzi.
GENERAL: Der Champagner war heut Klasse.
PUPPERL: Der Krieg ist halt doch was Schönes!
GENERAL: Hup!
PUPPERL: Ich bin nur neugierig, wie wir heut nach Hause kommen. Ich kann kaum mehr stehen.
GENERAL: Macht nix, Schnucki, wir müssen durchhalten im Geiste des Vaterlandes – hup –
PUPPERL: Mir ist so mordsschlecht. Pfui Teufel! Ganz übel.
GENERAL: Nur tapfer – hup – Gut und Blut für unsern Kaiser!
PUPPERL: Hup.
GENERAL (singt): Steh ich in finsterer Mitternacht . . .
PUPPERL: Aber geh, Putzi, du kannst ja gar net stehen!
GENERAL (singt): Die Vöglein im Walde, die singen so wunder-wunderschön, in der Heimat, in der Heimat . . .
PUPPERL: Mir ist so schlecht, ich möcht nach Haus.
GENERAL: Also geh ma, wo wohnst denn?
PUPPERL: I waß net – hup (fällt ihm in die Arme).
GENERAL: Durchhalten – hup – a so a Palawatsch, a so a Palawatsch.
ORDONNANZ (kommt): Exzellenz, melde gehorsamst, Seine Majestät der Kaiser lassen Eure Exzellenz sofort zu sich bitten.
GENERAL: Gott erhalte unsern Kaiser!
ORDONNANZ: Exzellenz möchten sofort kommen, äußerst dringende Angelegenheiten!
GENERAL: A so a Pallawatsch! Sag Seiner Majestät, ich kann net, i hab a Madel da!
ORDONNANZ: Sie müssen, Exzellenz, die Soldaten meutern!
GENERAL: A so a Pallawatsch! Wo hab i denn mein Sabel? Gehn S', halten S' dös Madel!
ORDONNANZ: Tschechen und Slowenen haben ihre Selbständigkeit erklärt.
GENERAL: A so a Pallawatsch!
ORDONNANZ: Die Front bricht zusammen.
GENERAL: A so a Pallawatsch! Halten S' das Madel! – Abführen!
ORDONNANZ: Zu Befehl, Exzellenz! (Ab)

GENERAL: Tschechen, Slowaken, a so a Pallawatsch! Wo ist mein Portepee, wo ist denn mei Kappen? I siech ja alles doppelt! Die Front ist zusammengebrochen, a so a Pallawatsch! Zur Majestät berufen? (Er öffnet den Vorhang. Drei bis vier große Koffer, auf einem Tisch Zepter und Krone. Hintergrund: Doppeladler, rund herum die Wappen der Kronländer. Kaiser Karl packt Koffer, Kaiserin Zita bringt Kleider und Wäsche, Kammerdiener hilft, General torkelt langsam näher.)
ORDONNANZ (bringt ein Zeitungsblatt): Majestät, die neuesten Berichte!
KARL (liest): Das deutsche Volk in Österreich ist entschlossen, seine künftige staatliche Ordnung selbst zu bestimmen, einen selbständigen deutsch-österreichischen Staat zu bilden und eine konstituierende Nationalversammlung zu wählen – das ist ja entsetzlich! Na, lieber General, was soll man denn da machen?
GENERAL: A so a Pallawatsch.
KARL: Das ist alles, was Sie wissen? Mein Gott, ist denn nirgends Hilfe? Alle wollen sich selbständig machen, die Tschechen, die Slowenen, die Polen . . .
GENERAL: A so a Pallawatsch.
KARL: Vielleicht hilft ein Manifest! Ich werde einen Bundesstaat unter meiner Regierung vorschlagen! Schnell ein Papier! An meine Völker!
ORDONNANZ: Majestät, Meuterei in Polen, die Südfront ist zusammengebrochen!
KAMMERDIENER: Packen S' ein, Majestät! Wir müssen uns tummeln!
ZITA: Da hast du die Wäsche, die Unterhosen und den Purpurmantel!
KARL: Johann, nehmen S' das Zepter, aber gut einwickeln, damit es nicht zerbricht! Vielleicht brauchen wir es noch einmal!
ZITA: Ich gehe schnell die Kinder zusammenklauben, es fehlen noch einige.
ORDONNANZ (überbringt einen Zettel).
KARL (liest): Die Sozialdemokraten fordern die Konstituierung Deutschösterreichs als Republik. Das ist ja gräßlich!
KAMMERDIENER: Packen S' ein, Majestät, aber g'schwind!

ZITA: Was ist denn los? Auf der Gasse ist so ein Geschrei!
KARL: Die Republik wollen sie ausrufen!
ZITA: Um Gottes willen, und ich hab noch nicht einmal alle Kinder gefunden!
GENERAL: A so a Pallawatsch!
KAMMERDIENER: Es ist fertig gepackt, Majestät, wir können gehn!
KARL (setzt seine Reisekappe auf, zieht den Mantel an).
(Zita macht sich reisefertig, Karl, Kammerdiener, General nehmen je einen Koffer und singen mit Zita, wobei sie den Hintergrund betrachten:)

Also, jetzt heißt 's fort von hier
und's heißt Abschied nehmen,
(Zur Krone): Oh, du allerliebste Zier,
Scheiden, das bringt Grämen,
Da wir doch so mild regiert,
Und so gut das Volk verführt,
Undank ist der Welten Lohn, ist der Welten Lohn!
Unter Habsburgs Schirm und Schutz
War das Volk gut aufgehoben.
Nach der Schützengräben Schmutz
Haben sie den Himmel oben.
Warum wollen sich die Massen
Nicht mehr heldentöten lassen,
Das ist doch der schönste Tod, doch der schönste Tod!

(Regie: Mittlerweile werden zuerst die Würfel Österreich und Ungarn auseinandergezogen, so daß die anderen Kronländer zusammenfallen. Hinter der Bühne leiser Gesang der »Internationale«, vorne singen Karl, Zita, Kammerdiener und General im Abgehen weiter:)

So leb denn wohl, du Land verführt!
Wie gerne haben wir dich regiert!
Wir ziehen bange jetzt davon.
Der Undank ist der Welten Lohn.

(Regie: Doppeladler wird aufgezogen, auf rotem Grund werden die Worte: »Republik Österreich« sichtbar, rückwärts Gesang der »Internationale«:

Völker hört die Signale! Auf zum letzten Gefecht!
Die Internationale, sie wird die Menschheit sein.)

Anmerkungen: Die Szene mit dem betrunkenen General zeigt deutlich den Einfluß der *Letzten Tage der Menschheit* von Karl Kraus. »Pallawatsch« ist ein wienerischer Ausdruck für »Durcheinander«. »Pupperl« ist eine gängige Wiener Bezeichnung für ein etwas leichtlebiges Frauenzimmer.
Daß Kaiser Karl und seine Familie bei ihrer Abreise im Text relativ milde behandelt werden, ist wohl zum Teil auf die Tatsache zurückzuführen, daß der Ex-Kaiser schon 1922 in Madeira an einer Grippe gestorben war. Über Tote kann man nicht gut Witze machen. Die Verbringung der Kronjuwelen ins Ausland wird nur angedeutet. »Johann« ist der traditionelle österreichische Name für einen Kammerdiener. So sagt gebräuchlicherweise ein vorwurfsvoller Vater zu seinem Sohn, der seine Kleider nicht wegräumt: »Brauchst du an' Johann?«
Die Formel, das deutsche Volk in Österreich sei entschlossen einen selbständigen deutsch-österreichischen Staat zu bilden, entspricht den Beschlüssen der am 21. Oktober 1918 im Niederösterreichischen Landhaus zusammengetreten Reichsratsabgeordneten des deutschen Sprachgebiets der Monarchie. Ob der Wechsel zwischen »Slowenen« und »Slowaken« (die letzteren gehörten ja zu Ungarn) die Verwirrung am Hof charakterisieren soll oder selbst noch die Ungenauigkeit der Autoren des Kabaretts zehn Jahre später zur Ursache hat, ist nicht festzustellen. Ebensowenig läßt sich erkennen, ob die Verbindung zweier aus verschiedenen Übersetzungen der »Internationale« stammenden Schlußsätze, die sich gar nicht reimen, ein Zufall ist oder daher rührt, daß in einer die Sehnsucht nach dem Kriegsende schildernden Szene der Satz »Die Internationale erkämpft das Menschenrecht« den Autoren zu kämpferisch erschien.
Das wehmütige Abschiedslied der Habsburger ist eine Konglomeration zweier Lieder: des alten Volksliedes »Morgen muß ich weg von hier« aus *Des Knaben Wunderhorn* und »So leb' denn wohl, du stilles Haus« aus Raimunds *Alpenkönig und Menschenfeind.*
Daß durch das Auseinanderziehen der Würfel »Österreich« und »Ungarn« die anderen Kronländer zusammenfallen, ist ein technischer Effekt, der noch nichts mit der späteren – nicht nur in Österreich – auftretenden wehmütigen Nostalgie nach der alten Gemeinsamkeit zu tun hat.

Dritte Szene: Nach dem Umsturz

Der Höfling . . . Der General . . . Die Presse . . . Das Kapital (Bühne düster beleuchtet. In der Mitte der Thron, davor kauert der Höfling. Rechts vor einem großen Kessel sitzt die Presse als Hexe in schwarz-gelbem Fransenkostüm, links der General mit Totenschädel, hinter ihm ein Käfig mit einem Doppeladler, dem ein Kopf herabhängt.)

ALLE (singen monoton. Melodie: »Es, es, es und es«).
Weh, weh, weh und weh,
Es ist ein arges Stück,
Daß, daß, daß und daß
Mir ham a Republik.
Die Monarchie ist abgebaut,
Den Kaiser ham s' hinausgehaut,
Wie soll'n wir jetzt regieren, regieren, regieren?

GENERAL: Ka, ka, ka und ka
War bisher die Armee.
Jetzt, jetzt, jetzt und jetzt,
Jetzt tut das Herz mir weh.
Wir haben nunmehr ka Armee,
Die Herrlichkeit ist weg, o je,
Wie sollen Krieg wir führen, ja führen, ja führen?

HÖFLING: Schwarz, schwarz, schwarz und gelb
War bisher Habsburgs Fahn'.
Jetzt, jetzt, jetzt und jetzt
Man rot nur sehen kann.
Das Volk, das bisher kuscht' allein
Will ins Regier'n sich mischen ein,
Wie soll man die regieren, regieren, regieren?

PRESSE: Lug, Lug, Lug und Trug
Die Setzmaschine setzt.
Tag, Tag, Tag und Nacht
Haben wir zum Krieg gehetzt.
Das Ende, das betrübt mich sehr,
Mich freut das ganze Geschäft nicht mehr,
Wie soll man Zeitung schreiben, ja schreiben, ja schreiben?

HÖFLING: Ja, es ist bitter. Wo sind die alten Traditionen? Kein Kaiserhaus, keine Autorität mehr.
GENERAL: Keine glorreiche Armee, kein Armeeoberkommando, kein Mulatschak.
PRESSE: Keine Kriegsberichte, keine Nachrichten vom allerhöchsten Kaiserhaus.
HÖFLING: Es muß etwas geschehen.
GENERAL: Es muß etwas geschehen.
PRESSE: Es muß etwas geschehen.
GENERAL: Wir müssen mit Gewalt die alten Zustände wiederherstellen, die kaisertreuen Scharen wieder sammeln, hineinschießen mit Kanonen und Maschinengewehren!
HÖFLING: Die Roten verhaften, erhängen, erschießen!
PRESSE: Das wäre so ein Geschäft, dafür möchte ich schreiben, das gäbe einen feinen Leitartikel.
HÖFLING: Aber wie soll man es anfangen?
KAPITAL (tritt auf, modern gekleidet, spricht mit leichtem Berliner Akzent. Schaut die drei an und fängt an zu lachen.) Hier sieht es ja etwas mittelalterlich aus! Ihr zerbrecht euch wohl den Kopf darüber, wie ihr wieder zur Macht gelangen könnt?
HÖFLING: Ja, dieser Zustand ist ja nicht mehr zu ertragen. Der Pöbel regiert. So darf's nicht weitergehen.
GENERAL: Wir werden sie ausrotten mit Mann und Maus.
PRESSE: Ich freue mich schon, ich habe schon eine feine Lügensuppe in meinem Kessel.
KAPITAL: Das klingt ja alles wunderschön. Aber wenn ihr euch dem Volke zeigt, dann werden sie euch erschlagen, und ihr werdet nicht das Geringste ausrichten.
HÖFLING: Ja, wir beraten eben darüber, aber wir finden keinen Ausweg.
GENERAL: Bombenkreuzelement!
PRESSE: Ich spritze Gift und Galle!
KAPITAL: Paßt auf, ich weiß einen Weg. Ihr habt mir bisher brav gedient, gedenke euch auch weiter in meinen Diensten zu behalten, nur müssen wir mit der Zeit gehen. Der neue Kapitalismus ist die Zeit der Rationalisierung, der technischen Vervollkommung, der Radiotelegraphie, der Luftschiffe, Trusts, Konzerne. Wir müssen den Betrieb umstellen, meine Herren, wir wollen das Volk auf fortschrittliche Art und

Weise unterdrücken. Reklame, das ist die Hauptsache! Die Ware ist Nebensache. Das Wort »Republik« nehmen wir als Markenschutz unseres Artikels: »bürgerlicher Klassenstaat«. Die Herrschaft des Bürgertums verbreiten wir unter der beim Volke so beliebten Marke »Demokratie«. Sie, meine Herren, müssen maskiert auftreten, und wenn das Volk auf die Maskierung nicht draufkommt, möchte ich für den Erfolg garantieren. Nehmen Sie diese Masken!
(Er reicht jedem eine Maske. Es wird völlig dunkel. Sobald es wieder hell wird, sieht man den General in der Heimwehrmaske, den Höfling in der Seipelmaske, die Presse in der *Freiheit.*)
KAPITAL (spricht weiter): Wenn Sie so vor das Volk treten werden, Sie, der General der Reaktion, als Beschützer der Heimat, Sie, der Wegbereiter des schwärzesten Klerikalismus, als friedliebender Demokrat, und Sie, die lügnerische Hetzpresse, mit dem Rufe »Freiheit«, dann kann der Erfolg nicht ausbleiben.
GENERAL: Wir schützen die Heimat. Ha, ha!
PRESSE: Die *Freiheit, Freiheit.* Wir befreien das Volk (lacht).
HÖFLING: Ich bin der Vertreter der wahren Demokratie (lacht).
KAPITAL: Großartig, meine Herren, Sie sind nicht zu erkennen, und wegen des Wortes »Republik« brauchen Sie sich nicht weiter zu ängstigen, es ist doch nur die Schutzmarke, den Sinn des Wortes, den müssen wir verdrehen.
(Vorhang)

Anmerkungen: Auch in dieser Szene ist der Einfluß der *Letzten Tage der Menschheit* von Karl Kraus deutlich zu erkennen. Der »Mulatschak«, dem der General nachtrauert (eigentlich Mulacság), ist ein ungarischer Ausdruck für eine weinselige Unterhaltung. In dem gleichlautenden Gespräch zwischen vier Offizieren an der »Sirk-Ecke« der Kärtner Straße in Wien, mit dem jeder Akt der *Letzten Tage* beginnt, sagt der eine Offizier immer: »Gestern hab ich mulattiert«, eine Weiterbildung von »an einem Mulacság teilgenommen«. Nun war beim Zuhörer des Politischen Kabaretts im Wien von 1928 nicht mehr vorauszusetzen, daß er den Begriff »Mulacság« von der österreichisch-ungarischen Armee her

kannte, wohl aber aus den »*Letzten Tagen der Menschheit*, die ja bei der intellektuellen sozialistischen Jugend dieser Zeit sozusagen Pflichtlektüre waren.
Die antisozialistische Zeitung *Die Freiheit* wurde von dem aus Ungarn gebürtigen Journalisten Alexander (»Sandor«) Weisz gegründet, der vorher ein leitender Redakteur des linkssozialistischen *Abend* gewesen war. Alexander Weisz wandte in der *Freiheit* den gleichen provokant heftigen Ton an wie vorher im *Abend* – nur jetzt nicht von der linken, sondern von der rechten Seite. Für die Sozialdemokraten war die *Freiheit* der Inbegriff eines rechtsradikalen Hetzblattes, dessen Name ihnen als besonderer Hohn erschien. Deswegen erscheint im Politischen Kabarett das Blatt *Die Freiheit* immer als die Verkörperung der »bösen« bürgerlichen Presse.

Vierte Szene: Mitternachtsspuk im Bundeskanzleramt

(An der Rückwand Bilder in goldenem Rahmen: Steidle, Ahrer, Schmitz, Vaugoin, Seipel, Schober, Pistor, Aberbach, Weisz. Unter jedem Bild ein Zettel mit Namen und Insignien. Unter Pistors Bild »Achtung bissig« etc. Kammerdiener und Zofe stauben die Bilder ab und machen sich daran zu schaffen.
ZOFE: (hängt gerade bei Pistor den Zettel, den sie abgestaubt hat, an): Ich weiß nicht, die kann man abstauben, so viel man will, immer san sie wieder staubig!
DIENER: Besonders der Weisz ist nicht zum Reinwaschen.
ZOFE: Aber heut' müssen alle auf den Glanz hergerichtet werden, morgen ist ja der große Tag. Zehn Jahre bürgerliche Republik. Da muß doch wenigstens etwas glänzen.
DIENER: Ja, morgen ist der große Empfang. Bei Republikfeiern im Bundeskanzleramt machen die Leut' immer so a G'sicht wie die ungeduldigen Erben von an reichen Mann, die zu seiner Geburtstagsfeier kommen und sich denken: Lebt der alte Trottel denn noch immer!?Aber tummeln wir uns lieber, daß ma fertig werden. Ich möcht auch amol schlafen gehen. Es ist gleich zwölfe.
ZOFE (läßt eine Vase fallen).
DIENER: Na was ist denn?
ZOFE: Zwölf Uhr: die Geisterstunde. Ich bleib net länger da!

DIENER: Aber plausch net, Pepi! I bin schon fünfzig Jahr da im Haus und hab noch nie die Spur von an Geist bemerkt.
ZOFE: Aber – Franzl, ich mein doch Gespenster, heut' is a besondere Nacht. Zehn Jahre Republik! – Ich hab gehört, da werden die Bilder hier im Saal alle lebendig und erleben, was ihre Originale in den zehn Jahren gemacht haben. Schlag zwölf erwachen die Geister und beginnen zu spuken.
DIENER: Aber geh weg, wer soll denn da spuken? Jetzt staub ich noch den Vaugoin ab, und dann geh ma!
(Regie: Es schlägt zwölf. Beim ersten Schlag niest Vaugoin, der mit dem Abstauber in der Nase gekitzelt wurde.)
(Es wird dunkler.)
ZOFE (schreit auf): Es spukt schon! (Beide ab).
(Wieder heller.)
Marsch: Zehn Republikgirls mit den Jahreszahlen marschieren auf.
(Melodie: »Oh, du mein Österreich!«)

Zehn Jahre Republik,
Oh, wer beschreibt das Glück,
Zehn Jahre Republik
Das is a großes Glück.

1928 (kommandiert): Halt!
VAUGOIN (aus dem Bilde): Habt acht! Aber was fällt euch denn ein, mit republikanischen Mützen und roten Kleidern hereinzukommen? Wir sind doch eine bürgerliche Republik. Das muß man euch auch ansehen – schwarze Zylinder, schwarze Kleider. Habt acht, alle zehn Jahre, rechts schaut!
(Marsch:)

Oh, du mein Österreich,
Du bleibst halt immer gleich,
Ob du jetzt Republik bist
Oder Monarchie.

(Strophe noch einmal, die Bilder singen mit.)

VAUGOIN: Habt acht, alle zehn Jahre, rechts schaut! Wir veranstalten jetzt aus Anlaß des zehnjährigen Bestandes der Republik Kaisermanöver. Seid's ihr alle beim Wehrbund?
GIRLS: Ja!
VAUGOIN: Dann kriegt ihr alle Würstel! So, und jetzt werd'

ich einen neuen Kommandanten vorstellen. Er ist das Muster eines Soldaten, denn ein Soldat soll gehorchen und braucht nicht zu denken. Der denkt überhaupt nicht, deshalb hab ich ihn zu eurem Kommandanten ernannt.

WEHRBÜNDLER (tritt auf):

Mein Vater hat zu mir gesagt:
»Zur Arbeit bist zu blöd!«
Da wär' i gern ein Pfarrer wor'n,
Doch war 's dazu zu spät.
Mein Vater hat zu mir gesagt:
»Zu blöd bist zum Studier'n,
Die Theologie und 's Börsenspiel,
Das geht net in dein Hirn.«

Der Vater hat den Pfarrer g'fragt
»Was machen wir mit dem Vieh?«
Der Pfarrer sagt: »Das seh ich gleich,
Der Bub ist ein Genie.
Den schicken wir zum Militär,
Der wählt wenigstens nicht rot.
Und unser Wehrbund braucht ein' Mann
Als wie ein Stückel Brot.«

Wir san vom k. und k. Wehrbund-Würstelverein
Und uns kommandiert General Bumstatera.
Wir san vom k. und k. Wehrbund-Würstelverein
Fromme Kerzelschluckerbuam san wir.

(Unter den Klängen des »k. und k. Wehrbund-Würstelvereins«, nach der Melodie des Deutschmeisterliedes, marschieren Girls und Soldat ab.)

Anmerkung: Der Vorwurf, Heeresminister Vaugoin habe unter den Soldaten für den christlichsozialen »Wehrbund« geworben, indem er jedem Soldaten für die Teilnahme an der Fronleichnamsprozession und anderen religiösen Veranstaltungen eine Extraportion Würstel habe verabreichen lassen, wurde von sozialistischer Seite allgemein erhoben. »Kerzelschlucker« bedeutet übertrieben fromme Burschen.

VAUGOIN: Das nenn ich Tradition!

SEIPEL (aus dem Bilde): Glänzend, Herr Kollege Vaugoin! Nachdem wir uns jetzt die Wehrmacht angeschaut haben, wollen wir uns an die Sanierung erinnern! Wo ist denn unser Freund Ahrer, der Finanzminister der Regierung?
ABERBACH (aus dem Bilde): Jakob, wo bist du?
AHRER: Hier! (Steigt heraus, singt nach der Melodie »Ich red' mir ein, es geht mir gut«):

Vor allem hab ich mich selbst saniert,
Es geht mir ausgezeichnet, es geht mir wunderbar,
Die Sparer allerdings haben gespürt,
Wie ich nach Kuba bin schnell abkutschiert,
Denn es wanken
Steirerbanken,
Pleite machen,
Banken krachen,
Doch die Hauptsach ist, ich bin saniert,
Es geht mir wunderbar, ausgezeichnet . . .

ABERBACH (steigt aus dem Rahmen).
AHRER: Servus, Aberbach, wie geht's der Sanierung?
ABERBACH: Ahrer, du bist da? Ich bitt dich, verrat nichts!
AHRER: Aber na, was machen unsere alten Freunde, der Mataja, der Rintelen?
ABERBACH: Der Mataja hat zwamol umgesattelt, zuerst war er beim Tabakgeschäft, jetzt ist er in der Heimwehrbranche, außerdem ist er Redaktionsdiener beim *Neuen Wiener Journal.*
AHRER: Na, und der Rintelen?
ABERBACH: Der hat sich in Wetzelsdorf beim Frankenfälschen so ausgezeichnet, daß er zum Landeshauptmann von Steiermark ernannt worden ist.
AHRER: Also, mit einem Wort, allen Bankensanierern geht es gut.
(Duett Ahrer-Aberbach.)
SEIPEL: So, nachdem wir jetzt die wohltätigen Formen der Bankensanierung gesehen haben, wollen wir jetzt auch von der Seelensanierung sprechen!
SCHMITZ (kommt): Bei der Schule ist die Hauptsache, daß die Kinder zu braven Staatsbürgern und gottesfürchtigen Menschen erzogen werden; weil sie sich aber über die

Wirtschaft im Staat Gedanken machen könnten, so ist die Hauptsache, daß man ihnen das Denken abgewöhnt. Ich werde ihnen jetzt meine Erziehungsmethode sofort vorführen!

(VIER SCHÜLERGIRLS kommen. – Melodie: »Es klappert die Mühle am rauschenden Bach«):

Wenn wir nicht sagen, was der Lehrer sagt, krieg ma an Krach, klippklapp,
Drum sagt er uns an Unsinn, wir plappern ihn nach, klippklapp,
Sie können sich vorstell'n, es freut uns das Lernen enorm,
Viel mehr als bei der Glöckelschen Schulreform, klippklapp, klippklapp.

Drum lernen wir jetzt nach dem Schmitzschen Grundsatz, schmitzschmatz
Und alles, was ma lernen, das ist für die Katz, schmitzschmatz,
Und wenn wir dann kommen vom Schmitz seiner Lehr,
Sind wir alle dreimal so dumm wie vorher, schmitz schmatz, schmitz schmatz.

SCHMITZ: Sehr gut, nur so weiter, dann werdet ihr brave Christlichsoziale werden. Aber zu kurz angezogen seid's ihr mir. Wenn das der Bischof von Linz sieht! – Also, jetzt werd' ich euch was prüfen! Wer ist der größte Staatsmann?

1. GIRL: Dr. Ignatius Seipel!

SCHMITZ: Warum?

2. GIRL: Der Herr Lehrer hat's gsagt.

SCHMITZ: Sehr richtig. – Jetzt etwas aus der Geographie: Wo gedeihen die besten Hüter der Ordnung?

3. GIRL: In Scheibbs und in Mistelbach!

SCHMITZ: Was geschieht, wenn man einem Hüter der Ordnung sagt, daß er ein Scheibbser oder ein Mistelbacher ist?

4. GIRL: Dann wird man eingesperrt.

SCHMITZ: Warum?

4. GIRL: Weil's wahr is.

SCHMITZ: Jetzt kommt die Rechenaufgabe: Was bekommt ein Mann, der im Jahr 1917 10.000 Kronen Kriegsanleihe gezahlt hat, bei siebenprozentiger Verzinsung nach fünf Jahren?

1. GIRL: Nix.
SCHMITZ: Ist das gerecht?
1. GIRL: Ja!
SCHMITZ: Warum?
2. GIRL: Er hätte nicht so blöd sein sollen.
SCHMITZ: Und was kriegt ein Hausherr, der sich vor dem Krieg aus ausgeliehenem Geld ein Haus gebaut hat?
3. GIRL: Auch nix.
SCHMITZ: Ist das gerecht?
3. GIRL: Nein!
SCHMITZ: Warum?
4. GIRL (plappert): Der Mieterschutz ist eine Erfindung der Teufel und Bolschewiken, er untergräbt unsere Kreditfähigkeit, er stört den Fremdenverkehr, er ist ein Verstoß gegen den christlichen Glauben und die kapitalistische Wirtschaftsordnung. Er muß daher so schnell als es geht abgeschafft werden, damit die Hausherren wieder zu ihrer Rente kommen und blühen und gedeihen zum Wohle des Volkes. Punkt, Ausrufungszeichen, Anführungsstricherl unten.
PISTOR (ruft aus dem Bilde heraus): Das is amol a Red'! Ich gratuliere, Herr Schmitz, zu Ihrer Unterrichtsmethode! Ich komme gleich herunter, ich muß Sie umarmen!
SCHMITZ: Geht's jetzt z'haus, Kinder, und singt's was, was ihr bei der religiösen Erziehung gelernt habt's!
(Melodie: Hallelujah! Schülerinnen unter Gesang ab.)
PISTOR: Es freut mich, zu sehen, daß Ihre Kinder zum Mitleid mit uns armen Hausherrn erzogen werden. Es geht uns auch wirklich schlecht. Denken sie nur:
(Couplet nach der Melodie: »Z'Lauterbach hab' i mein Strumpf verlurn . . .«)

Den Friedenszins ham ma schon lang verlurn, lang verlurn
Ohne ihn freut uns ka Lebn, ka Lebn,
Drum muaß ma schnell abbaun den Mieterschutz, Mieterschutz,
Vorher wer ma kan Frieden net gebn.
Wir brauchen a private Bautätigkeit, – tätigkeit
Das is es, was i immer scho sag, ja sag,
Und wenn erst der Mieterschutz abgschafft ist, abgschafft ist,
Falln die Häuser bei uns zsamm wie in Prag.

PISTOR: Es freut mich, daß wir alle amol beisammen sind! Servus, Wogehsthin, du edler Ritter!
VAUGOIN: Servus, Pistor! (Allgemeine Begrüßung.)
SCHMITZ: Aber wo ist denn unser Hort der Republik?
VAUGOIN: Schober, kumm oba!
SCHOBER: I kann net!
AHRER: Na, was ist denn mit dem Hannes?
SCHMITZ: Na, Schoberhannes, komm runter!
ALLE SINGEN:

Schober, komm her, die Polizei ist stets dabei,
Hans, komm her, es ruft die Republik,
Mit'n Knüppel, mit'n Gwehr, mit'n Panzerauto,
Hans komm her, die Polizei ist stets dabei,
Hans, komm her, es ruft die Republik!

SCHOBER: I kann net!
VAUGOIN: Warum denn?
SCHOBER: I pick!
SCHMITZ: Ja, wo denn?
SCHOBER: Auf meinem Sessel!
STEIDLE (vom Bild aus): Reiß di runter, vielleicht geht's mit Gewalt.
SCHOBER (kommt mit Sessel).
AHRER: Wo hast denn so lang g'steckt?
SCHOBER: I hab a Demissionsgesuch geschrieben.
ABERBACH: Wozu denn, wenn ich fragen darf?
SCHOBER: Damit es abgelehnt wird. (Singt. Melodie: »Droben im Oberland«:)

Droben am Schottenring,
Hei, da ist es munter fein,
Dort steht der Polizei
Immer das Schiaßen frei.
Und i bin der Polizeipräsident,
Schiaßen, das is meine Freud.

Suach i an Autodieb,
Find ihn oder find ihn net,
Find ich ihn, dann ist es gut,
Find ich ihn net, krieg i a Wut,
I bin der Polizeipräsident,
Schiaßen, das is meine Freud.

I bin der Hort der Republik,
Das hab ich schwarz auf weiß,
Für viele is's was Neu's,
Hauptsach, es weiß der Weisz,
I bin der Polizeipräsident,
Schiaßen, das is meine Freud.

WEISZ: Meine Verehrung, Herr Polizeipräsident, kann ich Ihnen vielleicht mit irgend etwas dienen?
SCHOBER: Sie sind doch gebildet, Herr Weisz!? Ich weiß nämlich nicht, was ich bei der zehnjährigen Feier der Republik sagen soll. Wissen Sie nicht vielleicht, was der Rückert bei so einer Gelegenheit gesagt hat?
WEISZ: Nach Rückert müssen Sie sich anläßlich des Jahrestages einen hohen Orden verleihen, denn er sagt: »Wenn die Rose selbst sich schmückt, schmückt sie auch den Garten.»
SCHOBER (hängt sich einen Orden an): »Wenn die Rose selbst sich schmückt, schmückt sie auch den Garten.«
SCHMITZ: Aber meine Herren, wir sind noch immer nicht komplett. Wer ist denn der oben links noch im Rahmen?
STEIDLE: (singt) Weißt du, was das heißt: Heimwehr?
ALLE: Bravo, Steidle! Hoch der schönste Mann von Innsbruck!
PISTOR: No, ham S' schon den Abbau des Mieterschutzes durchgesetzt?
STEIDLE: Na, der Pabst hat gsagt, wir müssen no a bissel warten.
(Anmerkung: Waldemar Pabst, der aus Deutschland zugewanderte Stabschef der Heimwehr.)
PISTOR: Aber *Sie* sind doch der starke Mann, die Hoffnung der Hausherren!
STEIDLE: Aber ich brauch doch nicht päbstlicher sein als der Pabst.
SEIPEL: (von oben) Ruhe, meine Herren! Die Regierung, das bin ich, hat beschlossen, anläßlich des zehnjährigen Bestandes der Republik allen ihren Getreuen, das sind vor allem Sie, meine Herren, trotz deren Mitarbeit sie sich entwickelt hat und noch immer besteht, eine kleine Aufmerksamkeit zu verehren. Ich bitte Sie, sich hier aufzustellen, damit Ihnen die Geschenke überbracht werden!

(Acht Girls mit Polstern. Seipel kommt herunter. Melodie: »Die Banda kommt!«)
(Republiklied der Girls aus der Revue:)

Heut freun sich alle Leut',
Es ist Geburtstag heut',
Von unserem Volkesstaat,
Von dem das Volk nix hat.
Denn solang wir regier'n,
Wird's zu nix Gutem führ'n,
Dem Bürgertum geht's gut
Unter Seipels Hut.

Refrain:
Solang der Seipel uns regiert,
Der Kienböck 's Geld verspekuliert,
Der Vaugoin unsre Truppen führt,
Der Schmitz sei' Lehrer ministriert,
Solang der Steidle exerziert,
Der Alex Weisz Artikel schmiert,
/: So lange, so lange, gefällt uns die Republik. :/

Noch viel mehr möcht's uns gfreun,
Wär'n in Östreich wir allein,
Doch rennen, 's ist a Schand,
Die Roten umanand,
Wenn die zur Macht mal kommen,
Ist alle Freud uns g'nommen,
Es freut die Republik
Uns ja doch nur:
Refrain:
So lang der Seipel uns regiert,
(usw.)

1. GIRL (zu Vaugoin) (Rolle und Wappen): Unserem verehrten Minister gegen Heerwesen übergeben wir eine Lebensversicherungspolizze als Heeresminister und das Recht, sämtliche Vögel zu Brieftauben abzurichten, und ab heute soll das österreichische Wappen eine doppelköpfige Brieftaube sein.
2. GIRL (zu Ahrer) (Kuba-Zigarren): Unserem Freund, den wir leider so lange vermißten, eine Schachtel Kuba-Zigarren.

3. GIRL (zu Aberbach) (Gebetbuch): Herrn Aberbach, dem treuen Regierungshelfer von der anderen Konfession, das Neue Testament.
4. GIRL (zu Schmitz) (silbernes Rohrstaberl): Minister Schmitz, der, soweit seine schwachen Kräfte reichen, den Unterricht unserer Kinder verhindert, und da doch auf dem Lande die Prügelstrafe wieder eingeführt wird, ein silbernes Rohrstaberl.
5. GIRL (zu Pistor) (Ziegelstein): Herrn Pistor einen Ziegelstein zur Belebung der privaten Bautätigkeit!
6. GIRL (zu Schober) (kleines Taschenpanzerauto): Herrn Schober ein Taschenpanzerauto.
7. GIRL (zu Weisz) (Revolver): Dem Regierungschefredakteur, Alexander Weisz, einen sechsläufigen Presserevolver und die volle Erpreßfreiheit für die *Freiheit.*
8. GIRL (zu Steidle) (ein Buch und gordischen Knotenstock): Und unserem lieben Hausfaschisten Steidle Mussolinis Buch *Wie marschiere ich nach Rom*, sowie zur Erinnerung an Wiener Neustadt einen gordischen Knotenstock.
STEIDLE: Ich glaube, im Namen aller zu sprechen (beim Reden wird immer eingesagt und geholfen), wenn ich unseren verehrten Bundeskanzler Seipel, den Milden, hochleben lasse, er lebe hoch, hoch, hoch!
(Allgemeines Geschrei. Girls wiederholen »Die Banda«. Umzug der Girls, dann Weisz:)
WEISZ: Aber was ist, Herr Seipel, Sie sind ja ganz leer ausgegangen?
SCHMITZ: Hast du dir denn gar nichts geschenkt?
ABERBACH: Haben Sie sich gar nichts zu wünschen am zehnten Jahrestag der Republik?
SEIPEL: Ich wünsche mir (mit Augenaufschlag), daß Gott, der Allmächtige, mich erlösen möchte von ihr!
VAUGOIN: Na, besser war's schon früher, soviel Tradition!
SEIPEL: Viel bequemer war das Regieren!
ABERBACH: Was nützt das Reden, meine Herren, vorbei ist vorüber!
VAUGOIN: Aber wenn wir an Kaiser hätten, wär mir die Republik doch noch lieber!
SCHOBER: An Kaiser, wie lang ist das her!
ALLE SINGEN (Melodie: Lang, lang ist's her):

Schön war sie doch, die gute alte Zeit, lang lang ist's her,
lang, lang ist's her,
Es war halt doch alles viel schöner als heut, lang, lang ist's
her, lang ist's her.
Erzherzög, Durchlaucht und Majestät,
Das war halt noch a Autorität,
Schön war halt doch die gute alte Zeit, lang, lang ist's her.
lang ist's her.

Kämen noch einmal die Zeiten zurück, lang lang ist's her,
lang, lang ist's her,
Es wär wieder Monarchie, oh welches Glück, lang, lang ist's
her, lang ist's her.
Die Republik könnt gestohlen uns wern,
I machert ka Verlustanzeig, wir glauben das gern,
Oh, kämen die alten Zeiten zurück, lang, lang ist's her, lang
ist's her.

(Es schlägt eins, das Licht verlöscht, es wird langsam heller, es sind alle wieder in den Rahmen. Diener kommt mit Zeremonienstab, klopft dreimal feierlich.)
DIENER: Zur Festversammlung anläßlich des zehnjährigen Bestandes der Republik Österreich nahen sich: Seine Exzellenz der Bundeskanzler Dr. Ignaz Seipel, Seine Exzellenz der Minister für Heerwesen Karl Vaugoin, Seine Exzellenz der Polizeipräsident von Wien . . .
(Vorhang fällt.)

Fünfte Szene: Öffentliche und private Bautätigkeit

(Die Szene spielt im Zimmer des Architekten. In der Mitte Kohlenzeichnung mit Darstellung der Verbauung eines Grundes durch einen Gemeindebau. Rundherum Fassaden, Perspektiven etc. von Gemeindebauten.)
DER ARCHITEKT (allein; er zeichnet einen großen grünen Hof auf einen Verbauungsplan): So, damit wäre der Verbauungsplan des Platzes am Margaretengürtel fertiggestellt. Vierzig Prozent verbaute Fläche, sechzig Prozent Gartenhof. Ich freue mich immer, wenn ich eine so große Fläche mit grüner Farbe ganz anstreichen kann. Das bedeutet Kinder-

spielplätze, Gartenbänke, Bäume, Rasen, Licht und Luft für alle Wohnungen.

GEHILFE (stürzt mit einem Zeitungsblatt herein): Herr Architekt, eine große Neuigkeit. Da schauen Sie, die Extraausgabe der *Reichspost!* Der Mieterschutz ist aufgehoben, jetzt kriegen wir die private Bautätigkeit, das wird jetzt ein Geschäft werden!

ARCHITEKT: Ein Schmarr'n wird werden. Lassen Sie einmal anschauen: »Bürger und Bürgerinnen! Endlich ist es gelungen, die bolschewistische Schmach auszurotten. Das Bürgertum hat einen vollen Sieg errungen, der Widerstand der Sozialdemokraten ist überwunden, der Mieterschutz ist abgeschafft. Endlich kommt dadurch die Privatwirtschaft auch im Wohnhausbau zu ihrem Recht. Die freie Mietzinsbildung wird eine ungeheure Belebung der Bautätigkeit zur Folge haben. Es lebe die freie Mietzinsbildung bis zum 22.000fachen! Es lebe die private Bautätigkeit, die uns von den Zinskasernen, von den roten Wanzenburgen befreien wird, um so mehr deshalb, weil es durch das neue Abgabengesetz der Roten nicht mehr möglich sein dürfte, unsere Stadt mit ihren geschmacklosen Kasernen zu verschandeln . . .« So, na, jetzt schau'n ma gut aus. Franz, da können Sie die ganzen Verbauungspläne für den Margaretengürtel in den Papierkorb schmeißen. (Er setzt sich.) Warten wir halt auf die private Bautätigkeit.

(Regie: Beide setzen sich, die Hände im Schoß. Lange Pause, ihre Köpfe sinken immer tiefer, und sie schlummern ein. Eine Gestalt mit der Tafel: »10 Jahre« geht über die Bühne. Es läutet.)

GEHILFE (stürzt hinaus und kommt wieder herein): Herr Architekt, die private Bautätigkeit ist draußen!

ARCHITEKT: Bautätigkeit! Das gibt's auch noch. Sie soll sofort hereinkommen.

HAUSHERR UND FRAU (treten ein): Habe die Ehre, Herr Architekt, mein Name ist Zinsgeier. I bin aus der guten alten Zeit und will mir bei Ihnen ein Haus bauen lassen.

ARCHITEKT: Sehr erfreut, Herr Zinsgeier. Küß die Hand, gnädige Frau. Bitte Platz zu nehmen, meine Herrschaften.

HAUSHERR: Sie können sich auch setzen, Herr Architekt. Also, wie ich Ihnen schon gesagt hab, will ich mir zu Ehren des

Geburtstags meiner Frau und zur Belebung der privaten Bautätigkeit ein neues Zinshaus bauen lassen.
ARCHITEKT: Private Bautätigkeit! Gibt's das endlich? Zehn Jahre habe ich darauf gewartet.
HAUSHERR: Ja, mein Lieber, so geschwind geht das nicht. Zehn Jahre haben wir keine Wohnungen gebraucht, denn durch die freie Mietzinsbildung war's gleich aus mit der Wohnungsnot. Da hat's g'haßen, zuısammenrucken, damit man den Zins zahlen kann, und glei war'n Wohnungen frei. Alstern, jetzt will ich's amal versuchen, ob's net wieder geht mit der Spekulation auf dem Wohnungsmarkt. – Also passen S' auf. I hab den Grund am Margaretengürtel kauft, wo die Roten hab'n amal an Hausbau machen wollen. Und weil i g'hört hab, daß Sie die Pläne eh schon g'macht haben, hab i ma gedacht, da kannst vielleicht was dersparn.
FRAU ZINSGEIER: I hab mir gedacht, Herr Architekt . . . (zu ihrem Mann): Du kommst doch auf gar ka solche Idee. – Wissen S', er is nämlich a ganz a gescheiter Mann, mein Wastl, nur a biss'l schwer beim Denken.
HAUSHERR: Sei ruhig, Sali, das brauchst du dem Herrn Architekten gar net sagen, das merkt er schon selber. Also, Herr Architekt, zeigen S' ma amal die Pläne.
ARCHITEKT: Ja, die Pläne . . . Es ist schon lange her, aber ich glaube, sie sind auch heute noch gut. Hier sehen Sie den Verbauungsplan. Mein Stolz, vierzig Prozent Verbauungsplan, sechzig Prozent Hof.
HAUSHERR: Sagen Sie, welche Vorteile hat eigentlich diese Verbauung?
ARCHITEKT: Oh, sehr große. Dadurch wird ein großer Hof mit Garten gewonnen, alle Wohnungen haben genügend Licht, man sieht immer ins Grüne.
FRAU ZINSGEIER: Ich kann Grün nicht ausstehen.
HAUSHERR: Das ist ja ganz schön, aber ich meine, was ist eigentlich der Gewinn bei dieser Verbauung?
ARCHITEKT: Der Gewinn – das sind glückliche Familien, die sich in ihren Wohnungen wohl fühlen, gesunde Kinder, die nicht auf der Straße zu spielen brauchen, gesunde, freie Menschen in allen Wohnungen.
HAUSHERR: Aber gehn S', das interessiert mich doch nicht. Ich meine, was hat man davon?

GEHILFE: Daß Sie das nicht verstehn: Davon hat man, daß die Menschen glücklich und freier werden, daß die Tuberkulose und andere Volkskrankheiten bekämpft und zurückgedrängt werden.

FRAU ZINSGEIER: Ich möchte wissen, was der Lausbub zu reden hat, der g'hört ja no in die Schul'. So studierte Sachen daherreden! Das sollt mein Bub amal versuchen.

HAUSHERR: So, Herr Architekt, entweder wollen S' mi net verstehn, oder Sie san zu dumm. Mich interessiert net, was de Herrn Mieter in dem Haus machen, ob S' g'sund oder krank sind, sondern ich will wissen, ob bei der Verbauung das Haus was tragt, ob's Bauen dafür steht oder, wie man sagt, a Rentabilität hat. Verstengen S'?

ARCHITEKT: Ich glaub, die Rentabilität wäre allerdings bei einer dichteren Verbauung größer, aber –

FRAU ZINSGEIER: Na, glauben Sie vielleicht, wir san Wohltäter? Da gibt's ka Aber, da müssen S' verbauen, so viel geht, meinetwegen dreihundert Prozent.

ARCHITEKT: Über fünfundachtzig dürfen wir nicht gehen. Das verbietet das Gesetz.

HAUSHERR: Na, wir werden's uns schon richten. Aber mindestens fünfundachtzig Prozent. Streichen S' es amal schwarz am Plan. Und jetzt sagen S' amal, wie viele Wohnungen san denn drin in dem Haus?

ARCHITEKT: Dreihundert Wohnungen, eine Zentralwaschküche, ein Bad, zwei Kindergärten, eine Lesehalle, ein Gartenhof, in dem ein Planschbecken, im Winter ein Eislaufplatz ist, Spielplätze, mit einem Wort, alles, was man braucht.

HAUSHERR: Geh, zwick mi amal in die Nas'n, damit i weiß, ob i net tram. Na – i bin wach. Ja sagen Sie, san Sie vielleicht verruckt geworden? Wozu brauch ma denn a Planschküche und an Badehort und a Lesebad und was Sie alles für depate G'schichten hab'n? So a Blödsinn! Geh, hau ma ane runter, Alte, sonst krieg i an Lachkrampf. Und das versteh i net, daß Sie net mehr Wohnungen in dem Haus unterbringen. Ich will nur derweil a Drittel verbauen, aber da müssen a so viel hinein. Wir groß san denn die Wohnungen?

ARCHITEKT: Oh, es sind nur Kleinwohnungen, Zimmer, Kabinett, Vorzimmer, Wohnküche, Klosett.

HAUSHERR: Was, a Klosett habn S' in der Wohnung?

Vielleicht gar no a Wasserleitung und vielleicht a Vorzimmer für die noblichten Herrschaften! Des kunnt ma pass'n; na, wir bleib'n beim altbewährten System. De Zimmer-Kuchl-Wohnung; alle schön aufgefädelt auf einem Gang, zu zehn Parteien g'hört an Abort und ane Wasserleitung, alles andere ist ein unsittlicher Luxus.

FRAU ZINSGEIER: Jekusch, jekusch, is das a narrischer Architekt! Jedem dahergeloffenen Prolet'n will der ane herrschaftliche Wohnung machen! Na, das ist unerhört.

HAUSHERR: Also, i seh schon, Sie verstehn nix von dem G'schäft, da muß i schon selba das Programm machen. Alstern, da in dem Eck, da baun ma a schen's Zinshaus. Auf der an Seiten machen S' ma an herzigen klan Lichthof, in der Mitt'n die Stiegn, auf jeder Seit'n an Gang mit zwanzig Wohnungen, die Kuchln brauchen nur Fenster am Gang hab'n, und geh ma, geh ma, der Plan kann in zwei Stunden fertig sein! Das Haus muß fünfzehn Prozent jährlich netto trag'n – können S' dann glei ausrechnen, was jede Wohnung Zins zahlen muß. So, jetzt wissen S' alles. Geh ma, Sali.

ARCHITEKT: Ich wollte nur noch fragen, ob Sie irgendwelche Wünsche haben wegen der äußeren Gestaltung.

HAUSHERR: Die Fassade meinen S'? Die is ma ganz Plunz'n. Was hab'n S' Ihna denn vorgstellt?

ARCHITEKT: Ich dachte an freundliche Farben, die durch glatte Flächen wirken.

FRAU ZINSGEIER: Na, da hab i was zu reden, in der Kunst kenn i mi aus. Machen S' ma recht viel Dacheln und schene Säulen, und am Eck an hochen Turm, in ana Form – wie soll i Ihna denn das g'schwind sagen – wie an Indianerkrapfen, denn den iß i so gern, und in ana Nisch'n, mit an Lorbeerkranz aus goldenem Blech, ane Büste vom heiligen Ignatius.

ARCHITEKT: Ich weiß schon, was Sie meinen. Jetzt wird mir alles klar. Mir scheint, die Zeit ist, während ich geschlafen habe, zurückgegangen. Franz, bringen S' mir den Plan von 1896. (Franz bringt die Rolle und staubt sie ab.)

ARCHITEKT: Das wird für Sie das Richtige sein! Da hab'n Sie a schöne Fassad'!

HAUSHERR UND FRAU: Ja, das is schön. So können S' das machen. Jö, die herzigen Engerln und die schönen Frauen, de was den Sockel tragen!

FRAU ZINSGEIER: Sofort wirst wegschau'n.
HAUSHERR: Alstern, auf Wiederseh'n und baun S' es recht g'schwind, damit ma kan Zins verliern. Morgen kommen S' mit dem Voranschlag zu mir. Habe die Ehre!
ARCHITEKT: Diese Schande! Das habe ich einmal gebaut – und das (zeigt auf das Zinshaus) soll ich jetzt bauen. Franzl, wenn das Haus fertig ist, nehmen wir unseren Strick und hängen uns an der Säule auf.
FRANZL: Da wer'n ma kan Glück haben. Die gibt nach. Die ist wie das ganze Gerede von der privaten Bautätigkeit – Blech.
(Vorhang.)

Anmerkungen: An sich hat diese Szene mit dem zehnjährigen Jubiläum der Republik Österreich nichts zu tun. Sie ist vermutlich hineingenommen worden, um das Programm nicht einseitig werden zu lassen und ihm mehr aktuellen Propagandawert zu geben.
Dafür ist die Szene eine interessante Darlegung der Wiener Baugesinnung in der Zeit, in der die berühmten Gemeindebauten der Ersten Republik errichtet wurden. Immer wieder ist vom Margaretengürtel die Rede, wo der Reumannhof und andere bedeutende Bauten dieser Kategorie stehen. Dabei zeigt sich schon die Zuneigung des Architekten – des Sprechers für die Gemeindebauten – für jene grünen »Höfe«, deren Fehlen bei vielen Bauten der Zweiten Republik in den letzten Jahren kritisiert worden ist. In diesem Sinn ist der Architekt von 1928 vielen Architekten der Zeit nach 1945 um ein Stück voraus!
Vorsichtig wird auch auf die Kleinheit der Gemeindewohnungen hingewiesen – und auf die Tatsache, daß sich im Haus nur ein einziges Bad befindet. Die Vorliebe für glatte Wandflächen und die Abneigung gegen die Karyatiden, »die schönen Frauen, die den Sockel tragen«, entspricht dem Zug der von Adolf Loos beeinflußten Zeit.

Telefon-Konferenz

(Vor dem Vorhang ein Telefon. Diener. Telefon läutet.)
DIENER: Hallo, hier Völkerbund Genf – ja, wer dort? – Oh,

Mister Money – untertänigster Diener! – Wen wollen Sie sprechen? Kellogg? Der hält gerade eine Rede für die Abrüstung – Sie müssen ihn dringend sprechen? Ja da müssen Sie etwas warten – aber regen Sie sich doch nicht so auf – es kann keine zwei Minuten dauern, er ist schon am Schluß seiner Rede, aber regen Sie sich doch ab! Sofort wird er kommen. (Legt das Telefon nieder, zum Publikum:) Wie der sich aufregt! Den trifft noch der kleine Schlag, er hat nämlich Munitionsaktien der Rüstungsindustrie und Unmengen von Aktien der Waffenfabriken, Kriegsschiff-Werften und so weiter, und jetzt hat er natürlich Angst wegen der Abrüstung, daß die Papiere fallen könnten. (Geheimnisvoll:) Wahrscheinlich wollte er dem Kellogg zureden, nicht zu viel für die Abrüstung zu sprechen. Vielleicht wäre es ihm sogar gelungen, er zahlt gut, aber jetzt ist es zu spät. Kellogg hält drinnen seine große Abrüstungsrede, die Rüstungsaktien des Herrn Money werden fallen, fallen, fallen . . . Der arme Kerl, na, da kannst nix machen.
(Durch den Vorhang ab. Man hört hinter dem Vorhang die Rede Kelloggs.)
KELLOGG: Und so wollen wir gesitteten Nationen der Erde den Krieg in Acht und Bann erklären, in friedlichem Einvernehmen sollen die Völker alle Fragen bereinigen. Wir wollen sofort zur völligen Abrüstung schreiten! Weg mit den Kanonen, mit den Panzerkreuzern, Kampfflugzeugen, Tanks! Weg mit den Gewehren ist unser aller Parole! (Lauter Beifall hinter der Szene).
KELLOGG (kommt ans Telefon): Hallo, oh, Mister Money – ich habe gerade eine großartige Rede gehalten – fabelhafter Beifall – ja, für die allgemeine Abrüstung – ja, alle waren begeistert. Na, was haben Sie denn? Worüber erschrecken Sie so? Rüstungsaktien? Aber deshalb brauchen Sie sich keinerlei Sorgen zu machen, wir haben doch die Vorbehalte. Im Gegenteil, ich möchte Sie bitten, für mich für 200.000 Dollar Rüstungsaktien zu besorgen! Ja, herzlichen Dank! Es lebe der Friede!

Anmerkung: Das Gespräch zwischen Mister Money und dem amerikanischen Außenminister Frank Kellogg steht anstelle einer Conférence zwischen zwei Szenen. Mit der Zehnjahrfeier der Republik Österreich hat die Szene nichts zu tun, aber sie ist aktuell, da der amerikanische Außenminister in jenem Jahr 1928 einen internationalen »Kriegsächtungs-Pakt« vorschlug, der auch prompt von den Großmächten unterschrieben wurde. Die pessimistische Beurteilung dieser »Kriegsächtung« seitens des Politischen Kabaretts wurde durch die Ereignisse in den darauffolgenden Jahren vollauf bestätigt.

Sechste Szene: Der »Patentwiener«

Ort: Heurigenschenke. Hintergrund: Weinlaube mit Lampions etc. Oben drei aus Weinlaub gebildete Öffnungen. Vordergrund: Tisch mit Windlicht, sechs Sessel.
Personen: Heurigenwirt (christlichsozialer Mandatar), Wirtin (frühere Operettenschauspielerin), Herr Pamsti (Wiener Hausherr), Frau Pamsti (Sittlichkeitsfanatikerin), Herr Novotny (Schneidermeister mit böhmischem Akzent), eine Lady aus Amerika (der Fremdenverkehr).
Regie: Beim Aufgehen des Vorhangs sitzen Herr und Frau Pamsti am Tische und Herr Novotny mit einer Klampfen; sie singen die letzten Takte von »Ja, ja, der Wein ist gut . . .«.
HERR PAMSTI: Ja, ja, sehr guat ist der Wein, aber was hab i davon, wenn er net da is? Wo bleibt denn die Frau Wirtin so lang? Hallo, Wirtschaft!
WIRTIN (kommt mit Flaschen und Gläsern): Bin schon da, meine Herrschaften. – Alstern, da bring i Ihna a Weinderl, no scho tulli – der 1928er is guat g'raten.
HERR PAMSTI: Na, da bin i neugierig (kostet). Net schlecht, aber so gut wie der 1895er is er halt do net!
HERR NOVOTNY: Na, was wulln S' den, Herr von Pamsti, war'n das auch noch andere Zeiten wie jetzt. Fir a Republik, herrje, ise Wein ganz ausgezeichnet.
FRAU PAMSTI: Wolln S' Ihna net a biss'l zu uns herplacieren, Frau Wirtin? Wo steckt denn heut Ihna Mann?
HERR NOVOTNY: Ja, wo ise denn, der olte Gauner?
WIRTIN (beleidigt): Der alte Gauner – Mein lieber Herr von Novotny, der is bei aner Konferenz, wann S' wissen, was dös is! Seitdem er gwählt worn is, hat er sehr häufig Konferenzen.
FRAU PAMSTI: Dös kenna ma schon. Mein Mann hat a immer

Konferenzen im Hausbesitzerverband, wann er a Ausred' braucht.

HERR PAMSTI (tut, als ob er nichts gehört hätte, zu Novotny): A tulli Weinderl für die stieren Zeiten.

WIRTIN: Bei mein Mann ist dös anders. Der hat wirkli Konferenzen, und wissen S' a, wo? Bei Seiner Exzellenz, dem Herrn Finanzminister!

NOVOTNY: Exzellenz kann mi gar nicht so besonders imponieren! Gott, wenn ich denk, was ich friher fir Anzig gmacht hab und Uniformen fir Exzellenzen! Na ja, ise jetzt vorbei. Gewesen is vorieber.

WIRTIN: Bülden S' Ihna nur nix ein, Herr Novotny, wie i no beim Theater war als erste Naive, da hab i viel Exzellenzen gkennt, sogar sehr guat. Zwa ham ma sogar »Du« gsagt – aber mei Mann, meine Herrschaften, der is jetzt, wia ma sagt, bei der höchsten Politik, wo s' alles ausschnapsen mitanander gegen die Roten. Meine Liaben, das is net nur a Exzellenz, durt san lauter große Viecher! Aber durt kommt mei Mann ja scho selber . . .

HERR PAMSTI: Servas, Franzl! No was habts denn ausgeschnapst beim Finanzminister?

WIRT: Was mir ausgschnapst ham, meine Herrschaften? Mir ham ausg'schnapst, daß der Breitner gschnapst is, verstengen S'?

HERR NOVOTNY: Breitner is abg'schnapst? Aber gehn S', glaub ich Ihne nicht, ise viel zu tichtige Kedl.

WIRT (steigt auf einen Sessel): Bürger und Bürgerinnen! I und der Finanzminister, mir ham heute an historischen Beschluß gfaßt. Mir wern die Abgabenteilung so arrangieren, daß ma die Abgaben, was Wean aufbringt, auf die Länder verteiln werden. Wir nehmen dem Breitner ganz anfach das ganze Gerstl weg, nachher kann er schaun, wie er Volkswohnhäuser baun kann und Fürsorge und lauter solchen Blödsinn!

HERR NOVOTNY: Bravo, das ise recht gesprochen. Gerstl wegnehmen, das ise amol gute Idee. Hab ich immer schon gsagt, missens ma die Ignatiative ergreifen gegen das rote Wien! (Inzwischen ist die Fremde eingetreten und betrachtet interessiert mit Operngglas die Gesellschaft.) Mißme so schaun, daß aus rote Wien bankrotte Wien wird, frieher ise ka Ruh!

HERR PAMSTI: Also großartig, daß uns dös net schon lang eingfallen ist! Wann mir der Gemeinde Wien die Marie wegnehmen tan, nachher können s' kane Wohnungen mehr baun, und wenn s' kane Wohnungen mehr baun können, nachher muß der Mieterschutz abgschafft wern, da gibt's kane Spompanadeln.

FRAU PAMSTI: Und wann mir der Gemeinde Wien das Geld wegnehmen, nachher können s', o wie werde ich danken Gott im Himmel, kane Bäder baun, wos hingengen, die ausg'schamten Weaner, alser Nackerter baden, pfui Teufel! Weil s' net wissen, daß dem Reinen alles rein ist, auch ohne Baden und Waschen.

NOVOTNY: A sehr gescheit ise das, aber natirlich, na da schau me, wenn die kan Geld mehr ham, nachher wird alles versaun und verschlampen. Ah, wunderschön, die Elektrischen und Stadtbahn und Gaswerk und Häuser, alles wird zsammfalln. Ah, ich freu ich mich schon, und mi wern s' schimpfen, no schimpfen wer me auf die schlampete Wirtschaft, no da können S' sich auf mich verlassen, schimpfen kann ich großartig.

WIRT: Jawohl, meine Herren, eine neue Phase hat begonnen in unserem Kampf gegen das rote Wien! Aushungern wer ma die Gesellschaft, kan Heller mehr für Wien! (Regie: Freude.) Mir brauchen's Geld in die Länder viel notwendiger zur Sanierung christlicher Banken. Zugrundgehn solln s' mit den ganzen modernen Gschichten, mit der Fürsorgeinflation und Bädern und Volkswohnhäusern und dem ganzen neumodischen Zeug!

FREMDE (unterbricht ihn, spricht mit englischem Akzent): Oh, Sie wollen entschuldigen mich, ich sein eine Fremde, und man hat mir gesagt, ich werde hier finden die Wiener Gemütlichkeit, aber ich glaube, ich sein gekommen zu ein fremdes Volk, was ist in Krieg mit die Wiener.

WIRT: Was hat s' gsagt?

NOVOTNY: Kinder, paßts auf, das is a Fremdenverkehr, musse gehoben werden. Da muß me höflich sein! Bittschen, was ham S' sagt, Fräulein? Drucken S' Ihne besser aus!

FREMDE: Oh, ich möchte so gerne Wiener seh'n, echte Wiener mit die berühmte Wiener Gemüt, aber leider ich sein gekommen, ich glaube, zu ein feindlich Volk von die Wiener.

Seien Sie ein wilde Volksstamm, das wäre sehr interessant, vielleicht Hottentotten?
HERR PAMSTI: Aber Fräul'n Fremdin, was fällt Ihna denn ein? Sie san schon recht bei der Weaner Gmüatlichkeit, mir san echte Weaner!
FRAU PAMSTI: Das will i maner! Geh, ruck weg von ihr, Franzl, die is so kurz anzogen!
FREMDE: Oh, Sie sind Wiener? Oh, ich das nicht verstehen, Sie wollen doch Wien vernichten, kaputt machen und so . . .
WIRT: Aber na, Fräul'n, mir san die echten, die einzig echten, patentierten Ur-Weaner vom guten alten Schlag! Und damit Sie's glauben, wer ma Ihnen was vursingen, a echt's Weaner Liad: Wien, Wien, nur du allein.
FREMDE: O yes, Wien nur du allein.
NOVOTNY: Platzens S' Ihna her, Freilein!
ALLE (singen)

Wien, Wien, nur du allein
Sollst bei der Abgabenteilung die Wurzen sein,
Der Breitner braucht Geld, das wissen wir schon,
Doch nur für die Fürsorgeinflation.
Wien, Wien, nur Wien vor allen
Darf dem Staat die meisten Steuern zahlen,
Und weil die Finanzen der Länder san hin,
Zahlt Wien, Wien, nur Wien.

FREMDE: Ich hab nicht alles verstanden, aber es war sehr fein, so viel Lärm, ich lieben das! Aber ich kann noch immer nicht verstehen, warum Sie auf Wien geschimpft haben?
WIRT: Schaun S', das is so, Fräul'n, mir san die echten alten Wiener und wir lieben Wien, wie's früher war.

Lied:

Wie schön war doch Wien in vergangener Zeit,
Wie war halt doch alles viel schöner als heut.
Man hat net mehr braucht als an heurigen Wein.
Jetzt freili tuat's anderster sein.

Oh du alte Kaiserstadt
Wie bist du jetzt rot geworn!
Ist denn das nicht mehr das Wien

Dorta, wo mir sind geborn.
Wo man hinschaut, steht a Graus,
So a neuchs Volkswohnhaus.
Neue Gsichter, neue Leut,
Pfüat di Gott, du alte Zeit!

FREMDE: Aber es kann doch nicht immer gleich bleiben, vielleicht hat dem Wiener die gute alte Zeit auch nicht gefallen? Wer kann wissen, was gesungen hat der Wiener aus die berühmte Backhendlzeit?

WIENER AUS DER BACKHENDLZEIT:
Wie schön war doch Wien in
vergangener Zeit,
Wie war doch alles viel schöner als heut!

FREMDE: Und man kann nicht wissen, vielleicht in viel früherer Zeit haben manche Menschen auch geglaubt, früher war es schöner!

RITTER AUS DEM MITTELALTER:
Wie schön war's als Ritter in früherer Zeit,
Wie war doch alles viel schöner als heut!
Unter Karl dem Großen war's schöner als heut!

FREMDE: Meine Herrschaften, ich glaube, es hat immer Menschen gegeben, die nur das Vergangene schön gefunden haben.

ÄGYPTER (5000 v. Chr):
Wie schön war's als Pharao in früherer Zeit!
Wie war doch alles viel besser als heut!
Bei mein' Vorfahr'n dem Rhamses war's besser als heut!

ALLE:
Man hat net mehr braucht wie an heurigen Wein.
Jetzt freili tuat's andersten sein.

FREMDE: Sehr schön, dieses Wiener Lied, aber auch sehr traurig! Ich habe heute schon eine andere echt Wiener Lied gehört. Es hat anders geklungen, so mehr für die Zukunft! Warten Sie, Sie werden es auch kennen! Wie war es nur . . . ? Es fällt mir nicht ein, oh – da, da – ich höre es, das schöne neue Wiener Lied.

(Regie: Man hört leise, langsam stärker werdend:)
Wir sind jung, die Welt ist offen,
Oh, du schöne, weite Welt . . . usw.

(Die Wiener halten sich die Ohren zu und gehen ab, die Fremde singt die letzten Verse mit.)
(Vorhang)

Anmerkungen: Die Moral dieser Szene ist eigentlich recht versöhnlich. Sie soll zeigen, daß das »Raunzen« der Wiener über die gegenwärtigen Zustände keine Besonderheit der Wiener von 1928 war, sondern daß es auch zu anderen Zeiten ähnlich gewesen sein dürfte. Daß die Gelegenheit nicht versäumt wird, den politischen Gegnern möglichst viel Spott anzuheften, ist selbstverständlich. Der »böhmische« Akzent des ehemaligen Schneiders Novotny erinnert daran, daß ebenso wie im gleichzeitigen Wiener Volksstück das »Böhmakeln« als ein legitimes Objekt des Spottes angesehen wurde. »Tulli«: im Wienerischen von 1928 so viel wie großartig, ausgezeichnet, etwa gleichbedeutend mit dem gleichzeitigen »Leinwand«. »Gerstl« und »Marie«, die der Wiener sozialdemokratischen Verwaltung weggenommen werden sollen: das Geld. »Wurzen« bedeutet im Wienerischen ausbeuten, schröpfen.
Der Streit um die »Ertragsanteile« zwischen Wien und den Ländern wurde dadurch verschärft, daß bei der »Abgabenteilung«, dem Steuerausgleich zwischen Bund, Land und Gemeinden, Wien als eigenes Bundesland mit der größten Bevölkerungszahl und gleichzeitig als Gemeinde den Löwenanteil kassieren konnte. Hiezu kam, daß alle großen Industriekonzerne ihre Zentralen in Wien hatten, wo auch die nach Anzahl der Arbeiter berechneten Abgaben gezahlt wurden, obwohl die einzelnen Werke ihren Sitz in den Bundesländern hatten. Daß diese von der Wiener Verwaltung eingenommenen Beträge für sozialistische »Experimente« verwendet wurden, steigerte natürlich die Wut der Christlichsozialen über diesen Zustand. (Siehe auch Helmut Andics, *Der Staat, den keiner wollte,* Seite 306). Daß aus der Haltung der Autoren des Kabaretts keinerlei Sympathie für den Standpunkt der anderen Bundesländer zu erkennen ist, beleuchtet den Unterschied gegenüber der Zweiten Republik, in der von Anfang an der sozialistische Einfluß auch in anderen Bundesländern zu merken war.
Daß der Pharao Rhamses im Text des Regiebuchs als Vor-

fahre eines »Ägypters von 5000 v. Chr.« angegeben wird, während er in Wirklichkeit erst um 1300 v. Chr. regierte, ist eine dichterische Freiheit, mit der nicht gestritten werden soll. In einer Handschrift des Regiebuchs sagt der Ritter: »Wie schön war das Rittersein in vergangener Zeit«, was vielleicht deutlicher ist als die Form »Wie schön war's als Ritter«, aber wegen des Metrums geändert wurde. Eine Bleistiftnotiz im Regiebuch erwähnt einen »blauen Scheinwerfer« beim geisterhaften Auftreten der Figuren aus der Vergangenheit.

Siebente und Schlußszene

(Steidle, Seipel, *Freiheit* stehen links auf einer erhöhten Rednertribüne, Kapital im Souffleurkasten.)
FREIHEIT (mit Rednergebärde gegen das Publikum, Kapital sagt ein): Freiheit fordern wir, Freiheit der Überzeugung, das ist die Grundbedingung des Arbeitsfriedens, Schluß mit dem roten Terror! Wir sind beileibe nicht gegen die Arbeiter, die sind nur verhetzt von den roten Bonzen, die sich an den Organisationsbeiträgen bereichern, deshalb Schluß mit dem Organisationszwang, Freiheit! Freiheit!
STEIDLE: Schluß mit dem roten Terror! Auch wir fordern das Recht auf die Straße! Wir schützen die Heimat, damit sie nicht vernichtet werde durch die Gelüste der roten Machthaber. Das Parlament muß arbeitsfähig gemacht werden! Auf nach Wien! Wir müssen den gordischen Knoten entwirren! Im Namen der Ordnung, zum Schutze der Heimat!
SEIPEL: Nur die wahre Demokratie kann uns helfen, wir brauchen vor allem Ruhe und Ordnung! Deshalb müssen die Stützen der Ordnung, Polizei und Militär, stark genug sein, um die Autorität des Staates zu schützen, eine unpolitische Wehrmacht, eine unpolitische Polizei, das ist es, was wir brauchen! Hinaus mit der Politik aus den Betrieben, damit der Arbeitsfriede gedeihe! Kampf gegen alle Elemente, die ihn stören wollen, im Namen der Demokratie!
(Regie: Sie steigen von der Tribüne herunter, das Kapital klettert aus dem Souffleurkasten.)
KAPITAL: Sehr gut, meine Herren. Sie haben sich glänzend in Ihren Rollen eingelebt! (Zu Seipel): Wie schön Sie schon von Demokratie reden können, und die Masken sitzen ausgezeich-

net, wie angegossen! Sehen Sie, das hätten Sie vor zehn Jahren, als Sie die Masken umnahmen, nicht gedacht! Daß die Farben Schwarz-Gelb auch die Republik beherrschen werden, zwar nicht als Fahne, aber als Macht im politischen Leben. Unsere Kraft ist das Bündnis des Schwarz der Reaktion mit dem Gelb der Heimwehr und der gelben Unternehmergewerkschaften. Schwarz-Gelb wird uns wieder die Macht geben, die wir einst besaßen. Wenn es Ihnen gelingt, durch die Masken das Volk, na sagen wir, zu beruhigen –

ARBEITER (auf der anderen Tribüne): Ja, wenn!

(Kapital, Seipel, Freiheit, Steidle ziehen sich auf ihre Tribüne zurück.)

ARBEITER: Ja, wenn es Ihnen gelingt, aber es soll Ihnen nicht gelingen! Wir haben eure Masken durchschaut, und wir führen unseren Kampf um die Seele des Volkes, indem wir es aufklären über euer wahres Wesen und euer Bündnis mit dem da, von dem ihr jeden Befehl und jede Parole empfangt – vom Kapital! Daß wir unseren Kampf mit Erfolg führen, zeigen die Wahlen seit 1920!

(Wahlstatistik)

Und wir führen den Kampf weiter. Das Proletariat durchschaut eure Reden. Wenn ihr sagt: Flottmachung des Parlaments, dann meint ihr

(große Tafel: ABBAU DES MIETERSCHUTZES).

ARBEITER: Wenn ihr sagt: Heimatschutz, dann meint ihr

(Tafel: FASCHISMUS).

Wenn ihr sagt: Arbeiterfrieden, Klassenversöhnung, dann meint ihr

(Tafel: UNTERDRÜCKUNG DER ARBEITER).

Eure Macht ist groß, ungeheure Kräfte stehen euch zur Verfügung, aber auf unserer Seite ist die Begeisterung für den Sozialismus, die Jugend und die internationale Solidarität des Proletariats. Wir haben die Republik vor zehn Jahren geschaffen, und *unser* muß sie werden als sozialistische Republik des arbeitenden Volkes, dafür wollen wir kämpfen! Wacht auf, Verdammte dieser Erde . . .

Die Vorfälle im Café Prückl

Im Oktober 1928 kam es im Café Prückl, einem Ringstraßen-Kaffeehaus in der Nähe der Wollzeile, zu einem Streik des Personals. Die Eigentümer versuchten den Streik zu brechen, indem sie Streikbrecher anstellten. Das war für die damalige Zeit in Österreich ein ungewöhnlicher Vorgang. Gruppen von sozialistischen Studenten versuchten den Streikenden zu helfen, indem sie das Kaffeehaus als Gäste besuchten und die Streikbrecher schikanierten. Sie bestellten zum Beispiel ein Glas Sodawasser, blieben den ganzen Nachmittag sitzen, verlangten Zeitungen und benahmen sich schlecht. Wahrscheinlich löste die Gelegenheit, im Interesse einer guten Sache Schabernack zu treiben, in den sozialistischen Studenten verborgene Aggressionen aus. Die Polizei griff mehrmals ein, und einige Ruhestörer wurden später auch vor Gericht gestellt.

Die Angelegenheit trug sich kurz vor der Premiere des sechsten Programms zu, das sich mit dem zehnjährigen Bestand der Republik beschäftigte. Es war ein aktuelles Thema, und vielleicht war auch die Gelegenheit verlockend, »Prückl« auf »Republikel« zu reimen. Zwei Fassungen einer Liedstrophe, die sich damit beschäftigen, finden sich in den Papieren Victor Gruens. Sie wurden entweder später in den Text eingefügt oder bald wieder gestrichen, denn in den Regiebüchern, die Walter Harnisch aufgehoben hat, sind sie nicht enthalten. Beide Strophen gehen nach der Melodie des Liedes »Droben im Oberland«, das Polizeipräsident Schober in diesem Programm singt. Im ursprünglichen Text von »Droben im Oberland« singt der Jäger:

Hei, da möcht' ich gerne Oberjäger sein!
Schießen, das ist meine größte Freud'!

Im Text des Politischen Kabaretts singt Polizeipräsident Schober:

Ich bin der Hort von Republikel,
Das weiß doch jedermann,
Drum schütz' ich auch das Café Prückl,
Daß man dort streikbrechen kann.
Trinkt wer a Sodawasser,
Verhaft' ich den Ordnungshasser.

Ich bin der Polizeipräsident,
Schießen, das ist meine Freud'.

Die andere Fassung findet sich handschriftlich unter den Papieren Victor Gruens. Ob sie je bei Aufführungen verwendet wurde oder nur einen Entwurf darstellt, läßt sich nicht feststellen:

Ja, dort beim Café Prückl
Schützt er das Republikel.
Ja, da möcht ich gerne Schoberjäger sein!
Schießen, das is meine Freud!

Wenn das jemand anderer singt als Schober selbst, könnte der Wunsch, »Schoberjäger« zu sein, vielleicht als eine Drohung gegen Schober aufgefaßt werden. Möglicherweise wurden diese Verse deswegen unterdrückt.

Jessas na, die Remasuri

Aufmärsche der Heimwehr in Arbeiterstädten hatten den Zweck, die Sozialdemokraten zu provozieren und einzuschüchtern. Der berühmteste in der Serie dieser Aufmärsche war der Marsch der Heimwehr durch Wiener Neustadt am 7. Oktober 1928. Die Sozialdemokraten kündigten einen Gegenaufmarsch an. Ein Zusammenstoß wurde durch ein starkes Aufgebot der bewaffneten Exekutive zwischen den beiden feindlichen Gruppen vermieden.
Auf diesen Marsch der Heimwehr in Wiener Neustadt bezieht sich das folgende Lied, das (wegen der Zeitbestimmung) als Einlage im Sechsten Programm gesungen worden sein muß. Der wienerische Ausdruck »Remasuri« bedeutet eine lärmende Unterhaltung.

1. Jessas na, die Remasuri,
Alles lauft schon her und hin,
Heimwehr-Steidle, Pabst und Pfrimer
Wolln nach Wiener Neustadt ziehn.
Vaugoin schickt seine Truppen,
Schober schickt die Polizei,
Und bald füllt die stillen Straßen

Waffenklirren – Kriegsgeschrei.
Herr Seipel ist zufrieden,
Bet' für den innern Frieden,
Denn er ist ein guter Christ
und dazu noch Pazifist.
2. Bald vernichtet sind die Roten
Steidle hofft's mit frohem Sinn,
Wir entwirr'n den gordschen Knoten
Und marschieren dann nach Wien.
Dort wer'n wir dann Ordnung machen,
Geg'n die Roten hilft uns nur
Eine schwarz und gelb gestreifte
Mussolini-Diktatur.
Herrn Seipel paßt das grad
Er ist ja Demokrat
Und schützt den Staat vor
dem roten Terror!
3. Ging's nach dem Wunsch der Herren
Von Industriellenverband
Hätten erst mal die Heimwehren
Unbeschränkte Macht im Land.
Bei Hungerlöhnen sollt ihr fasten,
Abbau der sozialen Lasten,
Alle Roten außi g'haut,
Mieterschutz auch abgebaut!
Dann wäre Arbeitsfrieden,
Der Himmel hernieden,
Wie Herr Seipel ihn möcht'.
Ja, das wäre ihm halt recht.
Ja, das möchten die Herrn,
Wenn wir uns nicht wehr'n.

Anmerkung: Die Erklärung des Heimwehrführers Steidle, man müsse den »gordischen Knoten« durchschneiden, wurde als seine Absicht gedeutet, die politischen Probleme in Österreich durch einen Gewaltstreich zu lösen. Der reichsdeutsche Putschist Waldemar Pabst war sein Stabschef, Walter Pfrimer war der Leiter der als besonders radikal geltenden steirischen Heimwehr. Der »Marsch auf Wien«, das Ideal der österreichischen Faschisten, war durch Mussolinis berühmten »Marsch auf Rom« im Jahr 1922 inspiriert.

Das siebente Programm: »Hallo, hier Klassenharmonie!«

Erstaufführung: 23. Februar 1929

Die Ballade vom »guten« Kapitalisten

Das Jahr 1929 war für viele Menschen im Rückblick das letzte Jahr einer »guten alten Zeit«. Für die österreichischen Sozialisten hatte dieses Jahr noch einen besonderen Glorienschein. Im Sommer fand in Wien das Internationale Jugendtreffen statt, das viele Tausende von jungen Leuten aus zahlreichen Ländern in die österreichische Hauptstadt brachte und in einem großen Festzug der internationalen Jugend über die Ringstraße gipfelte.

Auch in der Literatur dieser Zeit ist etwas vom »goldenen Zeitalter« zu spüren. Allerdings will das Politische Kabarett zeigen, daß nicht alles Gold ist, was glänzt. Immerhin fühlte sich Prälat Dr. Seipel veranlaßt, knapp nach Ostern 1929 sein Amt als Bundeskanzler niederzulegen – nach Meinung namhafter Historiker, um die politischen Gegensätze zu mildern und die von den Sozialdemokraten nach dem 15. Juli 1927 eingeleitete Kirchenaustrittsbewegung abzustoppen. Sein Nachfolger, der Industrielle Dr. Ernst Streeruwitz, war ein Mann der Verständigung. Die Sozialdemokraten blieben in der Opposition, aber es kam ein Arbeitsprogramm zustande, und das Parlament wurde wieder aktionsfähig.

»Hallo, hier Klassenharmonie!« kam zwar noch vor dem Rücktritt Seipels heraus, atmet aber schon den sanfteren Geist dieses Zeitabschnitts. Nach seiner ersten öffentlichen Aufführung* in den Pan-Spielen am 24. Februar 1929, die gleichzeitig ein Jubiläum, nämlich die hundertste Aufführung des Politischen Kabaretts, war, wurde in den Zeitungen hervorgehoben, daß es eigentlich eine »Revue« sei, das heißt, ein Stück mit einer durchlaufenden Handlung. Und diese Handlung, die im Feenreich beginnt, hat deutliche Verwandtschaft mit den Märchenspielen Ferdinand Raimunds.

* Dieser war eine Nachtaufführung am 23. Februar vor geladenem Publikum vorausgegangen.

So spielt denn auch die erste Szene im Feenpalast. Allerdings hat dieser Palast, in dem der Geisterkönig regiert, auch gewisse Züge von einem Wiener Kaffeehaus – es ist das »Café Geisterhof«. Hier gibt es als passenden Aufputz die acht »Pikkolo-Girls«. Der Geisterkönig ist erzürnt über ein Geister-Ehepaar – die »Geistin« Li und den Geist Lo, die miteinander streiten. In dem Konflikt des Geister-Ehepaars findet man vielleicht einen Anklang an den Streit zwischen Oberon und Titania in Shakespeares *Sommernachtstraum*. Der Geisterkönig geht auf die Scheidungswünsche des Ehepaars nicht ein. Er verurteilt sie dazu, auf die Erde zu reisen und den Menschen zu finden, der den verrücktesten Wunsch äußert, ihm diesen Wunsch zu erfüllen und ihn glücklich zu machen.

Li und Lo reisen zur Erde und finden zunächst einen Mann, der den Mieterschutz aufheben will. Er ist aber gar nicht so verrückt: er ist nämlich ein Hausherr. Der nächste Mann, den sie finden, wünscht, daß Schober Polizeipräsident bleiben soll. Aber auch er ist gar nicht so verrückt, wie es auf den ersten Blick aussieht. Er ist nämlich ein Autodieb.

Schließlich kommen die beiden Geister zum Generaldirektor Camillo Goldschieber. Dieser schwärmt für die »Klassenharmonie« und den »Wirtschaftsfrieden«, wozu allerdings sein Vorname, der eine Anspielung auf den Spekulanten Camillo Castiglioni zu sein scheint, nicht ganz paßt. Jedenfalls wünscht sich Goldschieber, ein einfacher Arbeiter zu werden, um den Arbeitern eine Lehre zu geben und zu zeigen, wie weit es ein tüchtiger Arbeiter bringen kann.

Die Geister erfüllen ihm den Wunsch, und Goldschieber wird über Nacht ein Kohlenschaufler. Er erlebt allerdings herbe Enttäuschungen. Seine Erfahrungen mit der »gelben« Gewerkschaft, mit den Behörden und mit der bürgerlichen Presse machen ihn schließlich zu einem »Roten«.

Programm zu »Hallo, hier Klassenharmonie«

1. *Skandal im Café Geisterhof.* Geisterkönig: Alois (Wagner). Li, eine Fee: Liesl Brunner, Lo, ihr Gemahl: Viktor (Grünbaum). Redakteur des »Geisterbote«: (Karl) Sobel. Zauberer: (Franz) Punz. Alte Geistin: Klara Kaiser. Geister-Ober:

Viktor Grünbaum mit Piccolo-Girls (Siebentes Programm)

Arnold Meiselmann als Diktator Goldschieber mit Walter Harnisch als Horthy, Fritz Halpern als Mussolini und Willy Steiner als Alexander von Jugoslawien (Siebentes Programm)

Alois Wagner als Hausherr und andere, die aus den Fenstern schauen (Zehntes Programm)

Heilige drei Könige und Hausherr (Zweites Programm)

Fabrikanten-Ehepaar im Himmel (Zweites Programm)

Zeichnungen aus dem „Kleinen Blatt“

Löwe, Lamm und Compagnie (bei der Aufführung in Sankt Pölten) (Fünftes Programm)

Szene in Sankt Pölten (Fünftes Programm)

Mitglieder der Truppe in Sankt Pölten

Kurt Zinram als Seipel (Fünftes Programm)

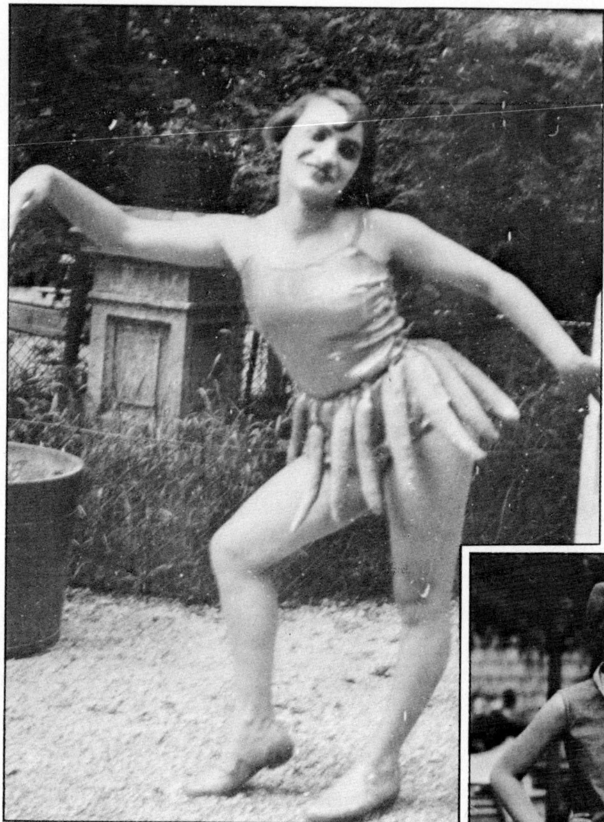

Lotte Stockhammer als »Josephine Baker«
(Besitz Robert Lammer)

Hexl Kramer als »England« (Völkerbund-szene) (Fünftes Programm)

Paul Malles (Mitte) und Kollegen

Bua und Deanderl (Fünftes Programm)

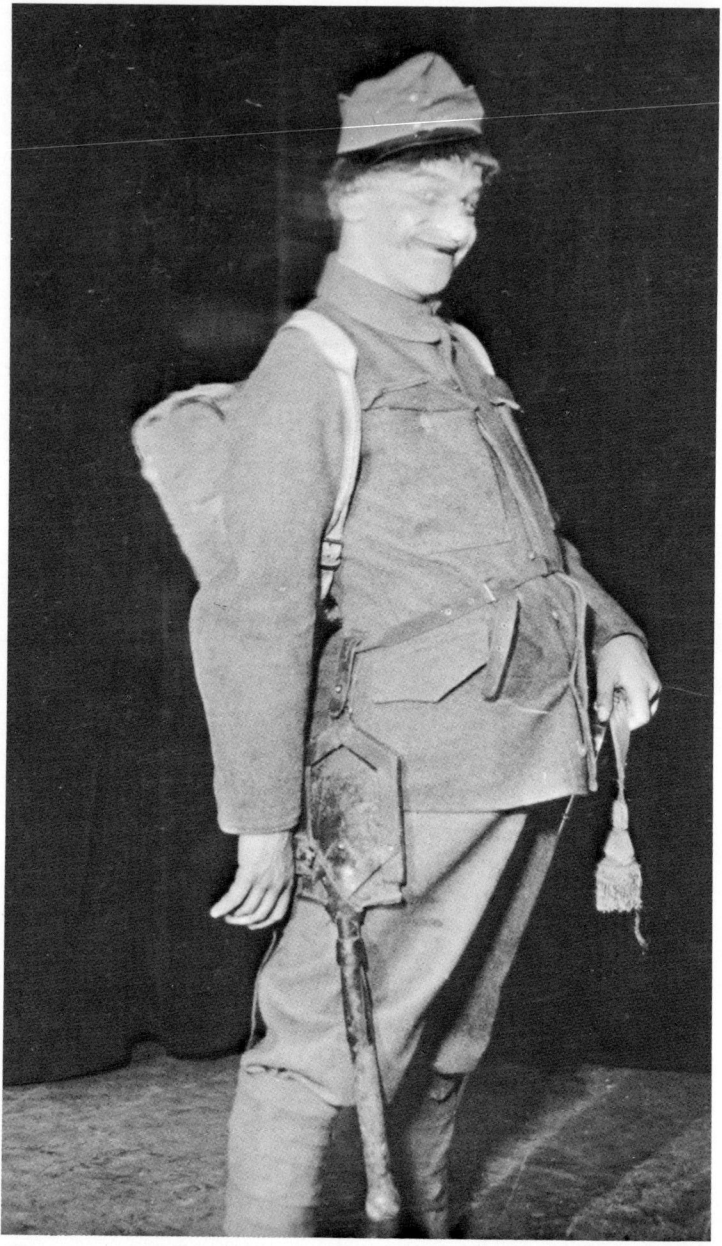

Der brave Soldat Schwejk (Achtes Programm) (Besitz Richard Zimbelius)

SOZIALISTISCHE VERANSTALTUNGSGRUPPE

50. AUFFÜHRUNG DES „POLITISCHEN KABARETTS"

VOR GELADENEN GÄSTEN

SAMSTAG 3. DEZEMBER 1927, BEGINN 1/2 8 UHR
IN DEN „KUNSTSPIELEN" I., RIEMERGASSE 11

PROGRAMM

1. *Prolog*
   2 Greise / 2 Wickelkinder / Alexander Weiß / 3 Hausherren / The Kerzelweibergirls.

2. *Schwarz-Weiß Revue*
   Die schwarze Schlange (Häuptling und Medizinmann) / Tohuwabohu (Richterhäuptling) / Ramasuri (Kriegerhäuptling) Wu (Stubenmädchen bei der schwarzen Schlange) / Pu (Krieger des Ramasuri) Fu (Stubenmädchen bei Tohuwabohu) / Ein Weißer / Ein Gendarm / Weissagerin.
   Ort der Handlung: Honolulu

3. *Als Zwischenspiel: Ein Stiefel*
   Ein Stiefel / Stark (dessen Besitzer) / Pistor / Andere Hausherren.

4. *Christlichsozialer Parteitag*
   Vorsitzender / Redner / Teilnehmer am Parteitag.

P A U S E

5. *Erbauungsstunde*
   D R E I L E S E B U C H S T Ü C K E*)

   A) Wo die Not am höchsten, ist Gottes Hilfe am nächsten.
   2 Kraftwagenlenker / Ein vermummter Herr.

   B) Die Seinen behütet Gott im Schlaf.
   Eulalia (eine katholische Jungfrau) / Schutzengel / Schutzmann / Drei Traumerscheinungen.

   C) Wohltun trägt Zinsen.
   Ein wohlhabender Mann / Ein Engel / Ein Vertreter / Ein Familienkreis.

   *) In sämtlichen Lesebuchstücken mitwirkend: DIE MORAL

6. *Der Funder von Konnersreuth*
   Kleiner Bub / Frau Sopherl / Frau Reserl / Frau Blaschke / Frau Bampfinger / Zeitungsausrufer.

7. *Schach*
   Rote und schwarze Schachfiguren.

8. *Schlußszene*

Preis des Programmes 30 Groschen

Für den Text des Programms verantwortlich: Ludwig Wagner, XVI., Wiesberggasse 9. — Druck von Jahoda & Siegel, Wien III.

Programm der 50. Aufführung (Viertes Programm) (Besitz Robert Lammer)

Alois Wagner als Vaugoin (Neuntes Programm) (Bildseite aus »Der Kuckuck«)

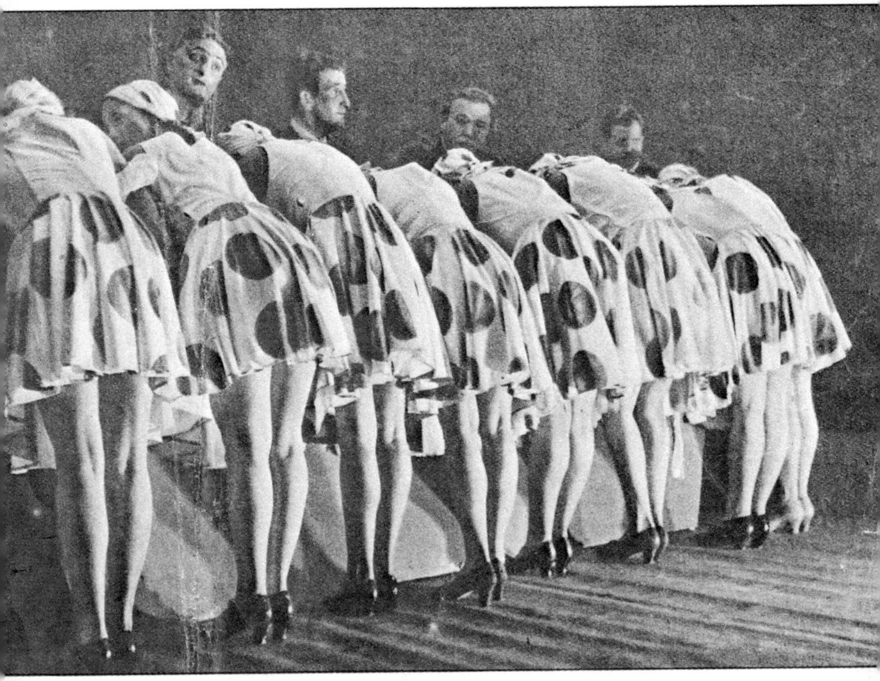

Die Wäschermädel (Neuntes Programm)

DIE 2. Jahrgang Dezember 1933 / Nummer 12 V. b. b

POLITISCHE BÜHNE

Herausgegeben von der Sozialistischen Veranstaltungsgruppe Wien

Ins neue Jahr

Titelseite der »Politischen Bühne«. »Totentanz« von Franz Masereel (Dreizehntes Programm)

Girls (aus einem der dreizehn Programme)

Zehn Jahre bürgerliche Republik

1. Vorspiel

   Das Bürgertum und die Republik 1918–1928

2. Kaiser Karl der Erste u. Letzte

   Kaiser Karl / Kaiserin Zita / General Pupperl / Ordonnanz / Kammerdiener

3. Nach dem Umsturz

   General / Höfling / Die Presse Kapital

4. Mitternachtsspuck im Bundeskanzleramt, eine Revue

   Die Seelennöte des Prälaten Seipel
   Vaugoin / Schmitz / Schober / Ahrer
   Aberbach / Steidle / Pistor / Weisz
   Wehrbündler / Kammerdiener
   Zofe
   Zehn Republikgirls, Schülergirls

PAUSE

5. Öffentliche oder private Bautätigkeit

   Der Architekt / Sein Gehilfe / Herr und Frau Zinsgeier

6. Der Kelloggpakt, ein Zwischenspiel

   Kellogg / Diener

7. Die „Patent-Wiener"

   Heurigenwirt / Wirtin / Herr und Frau Pumsti / Herr Nowotny / Die Lady aus Amerika / Drei Erscheinungen aus der Vergangenheit

8. Schlußszene: Das Hahnenschwanzel wird geknickt

   Seipel / Steidle / Weisz / Das Kapital Arbeiter

Programm »Zehn Jahre Bürgerliche Republik« (Sechstes Programm) (Besitz Leo Mistinger)

Zwei Kerzelweiber (aus der Broschüre »Das Politische Kabarett 1929«)

Programm der Erstaufführung von »MM 1« (Dreizehntes Programm)

SOZIALISTISCHE VERANSTALTUNGSGRUPPE

DAS **POLITISCHE KABARETT** BRINGT:

MM1

ODER: DER TRIUMPH DER TECHNIK

EINE POLITISCHE REVUE

ERSTAUFFÜHRUNG: 19. Februar 1933, zweite Aufführung (VIERHUNDERTSTE AUFFÜHRUNG des Politischen Kabaretts): 25. Februar 1933, weitere Aufführungen: 26. Februar, 2. März, 4. März, 5. März 1933 • Diese Aufführungen finden in den Kunstspielen, Wien I, Riemergasse 11, statt und beginnen um 19.30 Uhr

Wir würden uns sehr freuen, Sie bei einer dieser Aufführungen begrüßen zu können • Karten zum Preise von S 1·- bis S 2·80 sind in der Sozialdemokratischen Kunststelle, Wien V, Sonnenhofgasse 6, und im Kartenbüro Lanyi, I, Kärntnerstraße 44, erhältlich • Freikarten werden prinzipiell nicht ausgegeben

Chefredaktion des Herrn Sligowitz (Zehntes Programm)

Fritz Steiner. Acht Pikkolo-Girls: 1. Lotte (Stockhammer), 2. Maria (Löbel), 3. Käthe (Gold), 4. Vally (Lemberger), 5. Hilde Hajek, 6. Marianne (Zerkowitz), 7. Trude (Kleebinder), 8. Herta (Swoboda).
2. *Zwölfmal um die Erde.* Li: Liesl Brunner. Lo: Viktor Grünbaum. Ein Hausherr: Alois (Wagner). Autodieb: (Karl) Sobel. Acht Eisenbahnergirls wie Pikkolo-Girls. Kondukteur: Willy Steiner. Ein reicher Mann: Fritz Steiner. (In einem späteren gedruckten Programm kommen in dieser Szene nur »Li und Lo« und »Menschliche Wünsche« vor.)
3. *Herr Generaldirektor hat Gäste.* Generaldirektor Goldschieber: Arnold (Meiselmann). Frl. Puderdose: Monette (Schober). Frl. Lippenstift: Hexl (Kramer). Frl. Augenbraue: (Gerti) Schnofel. Herr von Welt: Fritz Steiner. Ein Diener: Walter Harnisch. Erster Arbeiter: Punz. Zweiter Arbeiter: (Robert) Lammer.
4. *Hallo, hier wird abgehorcht.* Amtsrat Schwarzhörer: Alois (Wagner), Diener: Walter (Harnisch), Li: Liesl (Brunner), Lo: Viktor (Grünbaum), Geräusche: Viktor Grünbaum, Fritz Steiner. Meiselmann. Lotte Stockhammer. Klara Kaiser. (Im gedruckten Programm fehlen die »Geräusche«. Statt dessen steht: »Ein Lautsprecher«.)
5. *Jeder ist seines Glückes Schmied.* (Eine gar erbauliche Geschichte von der Belohnung des Fleißes und dem Sieg der Tugend und der Beharrlichkeit.) Ein armer Stiefelputzer: Alois (Wagner). Ein feiner Herr: Fritz Steiner. Dodo (die schöne Unbekannte!!): Vally (Lemberger). Vier Schuhwichsgirls: 1. Hanna, 2. Käthe (Gold), 3. Herta (Swoboda), 4. Marianne (Zerkowitz).
Kurze Pause
6. *Verhaftet!* Li: Liesl Brunner. Lo: Viktor (Grünbaum). Erster Wachmann: (Robert) Lammer. Zweiter Wachmann: Willy Steiner. Der Hort: Fritz Steiner.
7. *Entsetzliches Erwachen.* Generaldirektor Goldschieber: Arnold (Meiselmann). Frau Dracherl, Hauswirtin: Lise (Popp-Halpern).
8. *Arbeitssuche.* Goldschieber: Arnold (Meiselmann), Beamter: Alois (Wagner), Ein rettender Engel: Monette (Schober).
9. *Träumerei:* Generaldirektor Goldschieber: Arnold (Meisel-

mann). Frau Dracherl: Lise (Popp-Halpern). Erster Arbeiter: (Robert) Lammer, Zweiter Arbeiter: (Walter) Heider. Fünf Traumgirls: 1. Monette (Schober), 2. Schnofel, 3. Käthe (Gold), 4. Vally (Lemberger), 5. Hexl (Kramer). Mussolini (ein Freund des Papstes): Fritz Halpern. Horthy (ein Freund seines Volkes): Walter Harnisch. Alexander, König von Jugoslawien (ein Freund rascher Entschlüsse): Willy Steiner. Erster Hausherr: Alois (Wagner), Zweiter Hausherr: (Karl) Sobel, Dritter Hausherr: Fritz Steiner, Schmitz mit seinen Ehereformhosengirls: Punz und 1. Lotte (Stockhammer), 2. Hanna, 3. Herta Swoboda, 4. Marianne Zerkowitz. Drei Großdeutsche (1. Robert Lammer, 2. Walter Heider, 3. Karl Sobel). Vaugoin (im gedruckten Programm als C. V.-K. V. bezeichnet): Alois (Wagner). Der Hort: Fritz Steiner. Zwei Kerzelweiber: 1. Klara Kaiser, 2. Trude Kaiser.
Längere Pause
10. *Der gelbe Paß No. 6,000.005.* Ein Sekretär der gelben Gewerkschaft: Fritz Halpern. Goldschieber: Arnold (Meiselmann).
11. *Massage-Salon Madame Sligowitz.* (Für die reifere Jugend bearbeitet). Chefredakteur Sligowitz: (Karl) Sobel. 1. Redakteur: Fritz Halpern. 2. Redakteur: Fritz Steiner. Redakteur Pöffel: Punz. Redaktionsdiener: Walter Harnisch. Tippfräulein: Hexl (Kramer). Generaldirektor Goldschieber: Arnold (Meiselmann). Erster Wachmann: (Robert) Lammer. Zweiter Wachmann: Willy (Steiner). Li: Liesl Brunner. Lo: Viktor Grünbaum.
12. *Gelb bis in die Knochen.* Drei Gelbe: 1. Alois (Wagner), 2. Fritz Steiner, 3. (Karl) Sobel. Drei Hahnenschwänzler: 1. Walter Harnisch, 2. Punz, 3. Walter Heider, Zwei Polizisten: 1. Robert Lammer, 2. Willy Steiner, Ein Gelbschnabel: Lizzi (Kardos), Li (Liesl Brunner), Lo: Viktor (Grünbaum).
13. *»Ende gut, alles gut« oder »Was beißt mich«.* Fräulein Puderdose: Monette (Schober), Fräulein Lippenstift (Hexl Kramer), Fräulein Augenbraue: Schnofel, Herr von Welt: Fritz Steiner, Drei Lautsprecher: 1. Fritz Halpern, 2. (Karl) Sobel, 3. Alois (Wagner), Sechs »Happy-end«-Girls: 1. Lotte (Stockhammer), 2. Vally (Lemberger), 3. Hilde (Hayek), 4. Käthe (Gold), 5. Marianne (Zerkowitz), 6. Trude (Kleebinder). Goldschieber: Arnold (Meiselmann).

14. *Die ganze schöne Klassenharmonie geht flöten.* Generaldirektor Goldschieber: Arnold (Meiselmann), Seine Frau Klara (Kaiser). Herr von Welt: Fritz Steiner. Erster Verwaltungsrat: Willy Steiner. Zweiter Verwaltungsrat: (Karl) Sobel, Erster Arbeiter: (Robert) Lammer. Zweiter Arbeiter: Punz.
Schluß

Lied der Piccolo-Girls im Café Geisterhof
(Mitgeteilt von Victor Gruen)

Kaffee mit Schlag
Und Tee mit Rum
Den ganzen Tag
Rennt man herum.
Die Engelsflügerln tun ein'm weh!

Dritte Szene: Herr Generaldirektor hat Gäste

GENERALDIREKTOR GOLDSCHIEBER (liegt im Lehnstuhl, trinkt Kognak und ißt Brötchen, singt Couplet)

Das Lied vom gesunden Menschenverstand

Manchmal sitz' ich beim Souper und ich fühle mich wohl,
Denn die Weine sind gut und die Damen frivol
Und ich spür': Ich bin reich und ich hab' es weit gebracht!
Und ich sehe durch das Fenster, und da draußen ist Nacht,
Und da draußen geh'n im Schritt und im Tritt und im Trott
Demonstranten durch die Straße – ach du lieber guter Gott!
Und sie sind ganz zerlumpt, und da draußen ist's kalt –
Warum geh'n sie hinaus, man verkühlt sich so bald –
Und sie klopfen an das Fenster, und sie drohen und schrei'n
»Gebt uns Arbeit und Brot, ihr seid schuld an unserer
Pein!«
O, du meine Güte!
Ja, das sagt einem doch der gesunde Menschenverstand:
Den letzten, den beißen die Hunde,
Die letzten geh'n immer zugrunde,
Die ander'n leben gemäß ihrem Stand –
So war es zu jeglicher Stunde.
Wer's ändern will, ist hirnverbrannt,
Das sagt einem doch der gesunde Menschenverstand!

Wenn mir mal etwas gelang, und ich zähl den Gewinn,
Und ich lächle und streiche vergnügt mir das Kinn,
Denn ich hab mit besonderem Glück spekuliert,
Und ich ernte die Früchte, die Firma floriert –
Ach, da schreibt so ein Blatt, ich verschulde die Not,
Weil ich Braten ess' und Torte, hätten andere kein Brot,
Und ich beute das Volk aus, das krank ist und friert,
Und ich fahre nach Sankt Moritz, und der Arbeiter krepiert,
Doch es komme der Tag, da das Volk sich befreit,
Dann seien alle gleich in Brüderlichkeit! –
O du meine Güte!
Ja da sagt einem doch der gesunde Menschenverstand:
Den letzten, den beißen die Hunde,
Die letzten geh'n immer zugrunde,
Die andern leben gemäß ihrem Stand –
So war es zu jeglicher Stunde,
Wer's ändern will, ist hirnverbrannt,
Das sagt einem doch der gesunde Menschenverstand!

DIENER: Die Gäste der gnädigen Frau wollen Sie in Ihrem Arbeitszimmer aufsuchen.

GOLDSCHIEBER: Einen Moment! (Er wirft Akten auf seinem Schreibtisch durcheinander, zieht den Arbeitsrock an und vertieft sich in die Arbeit.)

(Fräulein Puderdose, Fräulein Lippenstift, Fräulein Augenbraue und ein kultivierter Herr treten ein. Die drei Damen stellen sich im Vordergrund auf, der Herr stellt sich tiefsinnig daneben.)

FRÄULEIN PUDERDOSE: Die Bevorzugung von Weiß-Schwarz ist eine typische Riviera- und Vorfrühlingsangelegenheit. Die Dame der Gesellschaft kann nur Puder aus Paris benützen. (Sie pudert sich aus einer überlebensgroßen Puderdose.)

FRÄULEIN LIPPENSTIFT: Das Neueste auf dem Gebiete der Lippe ist Rouge für die Oberlippe, Karmin für die Unterlippe. Verwechslungen sind von nun an auszuschließen. (Sie schminkt sich die Lippen.)

FRÄULEIN AUGENBRAUE: Augenbrauen werden jetzt lang

und geschwungen getragen. (Sie streicht sich die Augenbrauen mit Pinsel und Palette.)

DER HERR: Mich bewegen wichtigere Probleme. Der einzige Hut zum Frack ist der Zylinder, und mit dem sitzt man ja nicht am Volant. Was soll man also tun, wenn man sich im Frack an den Volant setzt? Ein unlösbares Problem.

DIE DAMEN IM CHOR: Sehr richtig.

FRÄULEIN LIPPENSTIFT: Und was macht unser lieber Herr Direktor? Sie hätten wir in unseren Sorgen fast vergessen.

FRÄULEIN AUGENBRAUE: Der Arme, denken Sie, er arbeitet!

DER HERR: Gott, wie interessant. Sagen Sie einmal, nur der Wissenschaft halber, langweilen Sie sich nicht dabei?

FRÄULEIN PUDERDOSE: Was haben Sie denn da Schönes?

GOLDSCHIEBER: Mein neuester Artikel für die Zeitungen.

ALLE: Vorlesen, bitte vorlesen!

GOLDSCHIEBER: Wenn es Sie interessiert, will ich Ihnen die wichtigsten Sätze vorlesen. Der Artikel ist ein großes Werk im Interesse des Werkfriedens: Arbeiter der Maschine und des Scheckbuches gehören zusammen. Die Wirtschaft schreit nach der Zusammenarbeit der Klassen. Arbeitsfrieden, Werkgemeinschaft, Schutz der Arbeitswilligen, das ist das Gebot der Stunde. Der tüchtige Arbeiter wird sich durch Fleiß, Arbeitswilligkeit und zähe Ausdauer durchsetzen. Er wird den Forderungen des Unternehmers volles Verständnis entgegenbringen. Wenn die Arbeiter sich nicht mehr von den Marxisten verblenden ließen, wer weiß, was die Zukunft bringen würde.

HERR: Also, welchen Hut trägt dann eigentlich der elegante Herr am Volant?

FRÄULEIN PUDERDOSE: Puder nur aus Paris.

FRÄULEIN AUGENBRAUE: Augenbrauen nur lang und geschwungen.

FRÄULEIN LIPPENSTIFT: Lippenrouge und Karmin.

DIENER: Herr Generaldirektor, eine Abordnung der Arbeiter aus der Fabrik.

GOLDSCHIEBER: Nicht einen Moment hat man Ruhe. Aber sie sollen hereinkommen, wenigstens sehen auch meine Gäste einmal, wie schwer ich es habe, mit diesen verhetzten Menschen auszukommen.

(Arbeiter treten ein.)
GOLDSCHIEBER: Was führt Sie zu mir?
1. ARBEITER: Wir haben Ihnen die Forderungen des Betriebes zu übergeben. (Überreicht ihm eine Denkschrift.)
2. ARBEITER: Erhöhung des Grundlohnes um zehn Prozent und Erhöhung der Akkordsätze. Genauere Einhaltung der Arbeiterschutzgesetze.
GOLDSCHIEBER: Ihre Forderungen beweisen leider immer wieder Ihre vollkommene Verständnislosigkeit für die Lage des Betriebes. Sie machen mich ja konkurrenzunfähig. Es geht nicht an, daß nur ich immer Opfer bringe, die Wirtschaftslage erfordert auch Opfer der Arbeiterschaft. Wie sagt doch ein berühmter Wirtschaftsführer: »Arbeiter der Maschine und des Scheckbuches gehören zusammen.«
1. ARBEITER: Sie haben leicht reden. Wissen Sie, was das heißt, am Samstag nach der Auszahlung den ganzen Lohn zum Greißler tragen, um Schulden zu bezahlen, und zu Hause haben die Kinder nichts zu essen.
GOLDSCHIEBER: Der tüchtige Arbeiter wird sich durch Fleiß, Arbeitswilligkeit und zähe Arbeit durchsetzen, er wird daher den Forderungen des Unternehmers volles Verständnis entgegenbringen.
1. ARBEITER: Da gibt's keine Verständigung. Ich möchte es Ihnen nicht wünschen, in unsere Lage zu kommen. Da möchte es mit Ihrer Bereitschaft zum Arbeitsfrieden auch nicht weit her sein.
GOLDSCHIEBER: Was? Wenn ich Proletarier wäre, würde ich zeigen, wie man sich als Arbeiter zu benehmen hat. Ich würde das Unternehmen fördern, wo es nur geht, zum Wohle der Volkswirtschaft, auch wenn ich die schwersten Opfer bringen müßte. Ich würde auch beweisen, was alles geleistet werden kann, wenn Arbeitnehmer und Arbeitgeber Hand in Hand arbeiten. Ja, ich rufe euch zu, im Bewußtsein der Tragweite meiner Worte: Um das alles beweisen zu können, möchte ich ein einfacher Proletarier sein, das ist mein heißester Wunsch!
(Donner, Gekreisch, Pfeifen, Finsternis)
FEE LI (vor dem Vorhang): Hipp, hipp, hurra, der narrischste Wunsch ist da! Das muß ich gleich meinem Mann telefonieren.

Fünfte Szene: Jeder ist seines Glückes Schmied

Eine gar erbauliche Geschichte von der Belohnung des Fleißes und dem Siege der Tugend und der Beharrlichkeit

Es war einmal ein armer Stiefelputzer, der seinen Stand in einem Haustor hatte, dort, wo sich zwei belebte Verkehrsstraßen kreuzen. Er war immer hungrig und müde, nichtsdestoweniger war sein Herz von einer stillen Heiterkeit erfüllt. Eines Tages ereignete es sich nun, daß eine reizende junge Dame, nach der letzten Mode gekleidet, auf ihn zutrat. (Der Vorhang öffnet sich.)

STIEFELPUTZER (putzt einer eleganten Dame die Schuhe): Darf ich Ihnen, schöne Unbekannte, ein zartes Geständnis machen?

DAME: Wenn Sie mich dadurch nicht lange aufhalten, bitte.

STIEFELPUTZER: Glauben Sie nicht, daß es in der Seele eines Stiefelputzers pechschwarz ist, wie in einer Schuhwichsschachtel, o nein, es kann ein Glanz darin sein, der den Glanz der mit allen Finessen der Kunst gewichsten Lackschuhe übertrifft. Unser Metier kennt zwar nur eine Farbenskala, die gar nicht viel Regenbogenartiges an sich hat, sie bewegt sich im wesentlichen nur zwischen Schwarz und Braun. Aber in unserem Innenleben ist eine Farbenpracht, die kein Straßenstaub und Dreck verdeckt. Oh, wenn Sie doch in meine Psyche blicken könnten!

DAME: Also mit einem Wort, Sie wollen mir eine Liebeserklärung machen?

STIEFELPUTZER: Trauen Sie mir einen so großen Stiefel zu? Glauben Sie, ein Stiefelputzer ist so vermessen, in wahnsinnigem Liebesschmerze aufzuschreien, auch wenn ihm die schönste aller Schönen auf die erotischen Hühneraugen steigt? O nein, unsereins muß sich beherrschen können. Das ist doch klar wie Schuhwichs. Aber es ist etwas ganz anderes. Ich liebe –

DAME: Also doch!

STIEFELPUTZER: Ich liebe mit der ganzen Inbrunst meines heiligen jungen Lebens meine Arbeit, ja, fürwahr, ich liebe sie, wie ich nichts anderes auf der Welt liebe. Ich liebe die Borsten dieser Bürsten, wie ein anderer das Haar seiner Geliebten liebt, diese Dosen und Schachteln sind Gefäße der

Seligkeit für mich, und der Staub, den ich von den Schuhen bürste, ist eine Wolke der köstlichsten Wohlgerüche. Und wissen Sie, warum? Weil Gott meine Arbeit lohnen wird, weil jeder für seine Arbeit den gerechten Lohn erhält, und wer tüchtig und fleißig ist, der muß es weit bringen im Leben. Und so weiß ich denn, daß ich, wenn ich im Jahr so meine 5000 Paar Stiefel putze, damit unabwendbar auf der sozialen Stufenleiter des Lebens aufwärtsklettere, von der ordinären Wichs zur feinsten Creme der Gesellschaft. Gott sieht mich arbeiten, er kann mich nicht vergessen.
DAME: Er *hat* dich nicht vergessen. So wisse denn, ich bin die Tochter des größten Schuhwichsfabrikanten dieses Reiches. Dein Arbeitseifer, dein Glaube an die Gerechtigkeit dieser Gesellschaftsordnung haben mein soziales Gefühl gerührt. Ich will dir zeigen, daß dein Gottvertrauen gerechtfertigt war, und ernenne dich zu meinem Sekretär.

Und so geschah's. Aus dem armen Stiefelputzer wurde der Sekretär der schönen Fabrikantentochter. In der Tiefe hatte er begonnen, nun stand er schon merklich höher. Eines Tages ereignete es sich, daß er folgendes Gespräch mit der schönen Fabrikantentochter führte:
SEKRETÄR: Erinnern Sie sich noch, wie Sie mich als armen Stiefelputzer auf der Straße auflasen?
DAME: Ob ich mich erinnere!
STIEFELPUTZER: Seit damals ist der Glaube unradierbar in das Stenogrammheft meines Bewußtseins geschrieben, daß jedes Verdienst in der Kartothek Gottes eingetragen wird und termingemäß seine Belohnung findet. Glauben Sie an meinen Glauben?
DAME: Ob ich glaube!
SEKRETÄR: Mein Kredit bei der sozialen Gerechtigkeit ist merklich gestiegen. Sie waren das Werkzeug dieser Gerechtigkeit! So hören Sie denn, ich liebe Sie, ich liebe Sie wahnsinnig! Sie tippen auf der Klaviatur meiner Gefühle wie auf einer Schreibmaschine, Sie sind das »Mit Gott« im Geschäftsbuch meines Lebens wie das Saldo im Gebet. Wenn Sie mir diktieren, wünschte ich, daß Sie mir ewig diktieren als Chefin meines Herzens. Und ich erwarte nur *eine* Bestätigung meines heutigen von Ihnen, um selig zu sein, *eine* Unterschrift auf den

Wechsel meiner Liebessehnsucht, um ihn gegen das Glück meines künftigen Lebens einlösen zu können – liebst du mich?
DAME: Ob ich dich liebe!
(Sie umarmen sich.)

So wurde die beharrliche Arbeit dieses Mannes belohnt. Und als sein Schwiegervater starb, übernahm er die Fabrik. Aus dem armen Stiefelputzer wurde der reiche Schuhwichsfabrikant. Vergnügt sah er auf der Höhe seines Lebens und seiner Karriere seinen Aufstieg und sprach die wohl zu beherzigenden Worte:
FABRIKANT: Glaubet nicht den Irrlehren der Marxisten, die da behaupten, ein Arbeiter sei ausgeschlossen vom Aufstieg in der bürgerlichen Gesellschaft. Nehmet meine Worte für bare Münze, sie sind klingendes Gold. Arbeitet, arbeitet und murret nicht, was zähe Arbeit zuwege bringt, erkennt ihr an meinem Beispiel. So, Kinder, jetzt habt ihr genug gefaulenzt, marsch an die Arbeit, ich muß verdienen, marsch! Marsch! Marsch! Marsch! Marsch!

Siebente Szene: Entsetzliches Erwachen

(Personen: Generaldirektor Goldschieber / Frau Dracherl, eine Zimmervermieterin.)
Ein ärmliches Zimmer, ein Eisenbett, Kisten, Kleiderhaken.

GOLDSCHIEBER (auf dem Bett, erwacht, gähnt): Ah! Guten Tag! – Guten Morgen, Herr Goldschieber! – Hahaha, lustig, wenn man zu sich selber spricht. – Gut geschlafen Herr Direktor? Was, schlecht? Unruhig? Sie müssen wieder auf einen Monat an die Riviera, die Nerven ausruhen. – Naja, frühstücken wir! Johann, das Frühstück. – Teufel, das Bett ist heut' hart. Ich hab einen Schlaf, wo bleibt denn der Johann? Johann! Diese Domestiken sind nicht zu ertragen, wenn sie ein Jahr im Hause sind. Johann, Johann! Ja, was ist denn das? Das ist ja gar nicht mein Bett. Mir scheint, ich stehe aus einem ganz anderen Bett auf, als ich mich niedergelegt habe. Johann, ich muß mal läuten (er drückt auf die Wand). Was ist denn, läutet's nicht? Pfui, jetzt hab ich geglaubt, ich drück auf die Klingel, dabei drück ich auf eine Wanze. (Schweigen, dann springt er mit einem Satz aus dem Bett und rast durch das Zimmer, von einer Wand zur anderen, dann ganz leise:) Was ist denn das, das ist ja nicht mein Zimmer! Wo sind denn die Kasten, wo ist mein Bett? Mir scheint, da hat einer einen Witz gemacht. Was hab ich denn da für Fetzen an? Wo ist mein Pyjama? Ich hab doch nicht in den Lumpen geschlafen. Johann! (Angstvoll, er horcht.) Nichts rührt sich! Ist denn kein Mensch im ganzen Haus? Mir scheint, in der Nacht war der Breitner da und hat mich zum Bettler gemacht. Oder nein, ich war ja auf dem Lumpenball. Das ist die Lösung. Aber jetzt Schluß mit dem Blödsinn, Johann, Johann!

HAUSWIRTIN (kommt): San S' verruckt? Ob S' verruckt san. Der Plafond in der Kuchel hat an Sprung kriegt von Ihrer Schreierei!

GOLDSCHIEBER: Verzeihen Sie, in was für einem Ton reden Sie denn zu mir? Wer sind Sie denn eigentlich?

HAUSWIRTIN: San S' b'soffen? Ob S' b'soffen san? Oder wolln S' Ihna drucken von dem Zins, den Sie mir schon vier Monat schuldig san? Drei Tag ham S' geschlafen.

GOLDSCHIEBER: Was?

HAUSWIRTIN: Drei Tag ham S' geschlafen, ich wollt schon die Polizei holen, wissen S', warum ich die Polizei nicht geholt hab? Weil ich mit der Politik nichts zu tun haben will. Wissen S', das ist mein Stolz. Um die Politik scher ich mich net. Ich bin net schwarz, i bin net rot, ich geh schön den graden Weg, bis ins Himmelreich.

(Couplet)

Jessas, jetzt hätte ich vor lauter Politik fast vergessen, da ist ein Brief für Sie gekommen. Per Rohrpost, in zwei Stunden war er da. Das geht bestimmt nicht mit richtigen Dingen zu. So, da ham Sie, und wenn i bis morgen abend net mein Zins hab, dann fliegen Sie. Das is mei letztes Wort, länger wart i net! (ab)

GOLDSCHIEBER (sieht den Brief an): Stempel aus dem Geisterreich? (Er liest:) Sie haben es sich gewünscht, ein einfacher Arbeiter zu werden. Ihr Wunsch ist in Erfüllung gegangen, werden Sie glücklich. Aber unbedingt, es hängt, nebenbei gesagt, das Glück einer Ehe davon ab. Hochachtungsvoll der große Unbekannte samt Gemahlin. Aber um Gottes willen, so auf's Wort war das gar nicht gemeint! (Er

setzt sich aufs Bett.) Gar kein Geld (sucht), ganze 20 Groschen, wenigstens eine Zigarette. Johann, bringen Sie mir französische Zigaretten! (Schlägt sich auf die Stirn.) Ach so! (Findet in der Tasche Stummeln.) Sogenannte Tschiks. Jetzt beginnt das neue Leben, akkurat das, was ich mir gewünscht hab. Gehn ma's an. (Er zieht sich die Weste glatt, sie rutscht bis auf den Boden.) Kalt ist es hier, brrr! (Er niest.) Hoffentlich hab ich ein Taschentuch. (Sucht, findet Zeitungsartikel . . .) Mein Artikel, ja, ich will ihn praktisch erproben, ich will beweisen, daß ich recht hatte, ich will zeigen, wie sich ein Proletarier zu benehmen hat, wenn er ein nützliches Mitglied der menschlichen Gesellschaft sein will. Ich will zeigen, daß der einzige Weg zum Glück in der Zusammenarbeit mit dem Unternehmer liegt. Vor allem such ich mir eine Arbeit.
(Couplet)
(Sucht seinen Hut, findet nur eine Krempe und setzt sie auf. Ab.)

Am Abend. Dasselbe Zimmer wie vorhin. (Vor dem Vorhang:) Zwei Arbeiter tragen Goldschieber auf einer Tragbahre herein.
1. ARBEITER: So a Krüpperl!
2. ARBEITER: Der braucht schon nach einem Tag Arbeit einen Erholungsurlaub. (Beide ab.)
GOLDSCHIEBER: Nette Leute das, ich glaub, ich hätt' ihnen ein Trinkgeld geben sollen. Au, mir tun alle Knochen weh. Wenn ich das früher gewußt hätt, daß das Arbeiten eine solche Schinderei ist . . . Aber so ein Reicher ist ja zu bedauern, der hat ja keine Ahnung vom Leben.
HAUSWIRTIN (kommt): Was is mit dem Zins? Was is mit dem Zins, frag i.
GOLDSCHIEBER: Jetzt hab ich kein Geld bei mir. Morgen früh laß ich durch meinen Sekretär eins aus der Bank beheben.
HAUSWIRTIN: Wolln S' mi frotzeln? Ob S' mi frotzeln woll'n? Marsch, jetzt bleiben S' keinen Augenblick mehr da, schaun S', daß Sie weiter kommen! Hungerleider brauch ich keinen.
GOLDSCHIEBER: Haben S' doch ein Erbarmen. Sie sehn doch, ich kann mich gar nicht mehr rühren.

HAUSWIRTIN: Mich werden S' auch nicht rühren. Packen S' Ihnere sieben Zwetschken und lassen S' Ihnen von der Gemeinde so eine zusammengefallene Wohnung geben.
GOLDSCHIEBER: Ja um Gottes willen, gibt es denn keinen Mieterschutz? Ist man denn diesen Zinsgeiern wehrlos ausgeliefert?
HAUWIRTIN: Was, a solcher sind Sie? A Sozi? A roter Hund? Wissen S', wenn i net unpolitisch wär, möcht i jetzt ein Klassenjustizurteil gegen Sie heraufbeschwören.
GOLDSCHIEBER: Wollen Sie mich beleidigen, Haustyrannin? Keine Farbe liegt mir so stagelgrün auf wie die rote. Ich mache Ihnen einen Vorschlag zur Güte. Ich zahl Ihnen den Zins bis Ende der Woche, wenn ich meinen Lohn ausgezahlt krieg. Und jetzt, bittschön, lassen S' mich allein, ich bin schon ein halbe Leich'.
HAUSWIRTIN: Und bringen S' mir net immer den ganzen Dreck ins Zimmer! Alles machen S' einem schwarz. Sie müssen eine gute Kinderstube hinter sich haben!
GOLDSCHIEBER: Ich wünschte Ihnen, Sie hätten die Kinderstube noch vor sich, die ich hinter mir habe.
HAUSWIRTIN: Also, bis Samstag wart ich, weil ich ein weiches Herz hab. Aber dann keine Minute länger. Ham S' mich verstanden? Ob S' mich verstanden ham?
GOLDSCHIEBER (liegt auf dem Bett): Jetzt will ich der Welt beweisen, was alles geleistet werden kann, wenn der abscheuliche Klassenkampf aufhört. Das wichtigste ist jetzt, daß wir Arbeiter die Notwendigkeiten der Wirtschaft einsehen, daß wir lernen, den Unternehmern ihre schwierige Lage zu erleichtern. Ich will allen Arbeitern mit leuchtendem Beispiel vorangehen ... Wann man's genau nimmt, war mein Wunsch sehr blöd. Ich hätt mir elf Kinder wünschen können. Dann wäre ich jetzt Bundespräsident. Oder ich hätt' Diktator werden können ... Dann würde ich den Klassenkampf verbieten. Die Roten möchten aufgehoben werden ... Ich möchte ... Ich möchte ...

Anmerkung: Die große Kinderzahl bezieht sich auf den neugewählten Bundespräsidenten Miklas.

Traumrevue

Goldschieber wird Diktator

FEER LO (spricht einleitende Worte).

TRAUMGIRLS (bunte Kostüme, Papiersonnenschirme, auf denen die Buchstaben T, R, A, U, M sichtbar sind, singen):

Träume, kleines Menschlein,
Erträume dir im Traum,
Was du im Leben
Erleben wirst kaum.
Es träumt die Gans vom Kukuruz,
Vom fetten Gras die Kuah,
Der Seipel träumt von Schund und Schmutz
Und ei – von Diktatur.

(Vorhang auf. Auf Goldschiebers Bett sitzen: Horthy [Reichsverweser von Ungarn], Alexander [König von Jugoslawien], Mussolini [Diktator von Italien]. Goldschieber setzt sich im Nachthemd auf.)

DIE DIKTATOREN (zusammen):

Wir sind als Diktatoren jedem gut bekannt,
Wir haben gerettet jeder unser Vaterland.

MUSSOLINI:

Italien ist glücklich und gesund
Und das hab ich geleistet mit dem Mund.

ZUSAMMEN (wie vorher).

HORTHY:

Budapest liegt an der Donau, das ist gut.
Wie leicht kann da ertrinken mancher Ju.. Vaterlandsverräter.

ZUSAMMEN: (wie vorher).

KÖNIG:

Wenn sich die Serben und Kroaten liegen in die Hor,
Freut sich der Dritte, in dem Fall der Diktator.

MUSSOLINI: Die Diktatur ist überhaupt die einzige Regierungsform, in der ich leben kann! Nun, Signore Kollega Diktatore von Austria: zeigen Sie uns, was Sie schon geleistet haben!

GOLDSCHIEBER: Ich – groß geschrieben – habe auch schon

manches getan. Dem Beispiel meines Freundes von Jugoslawien folgend, habe ich übrigens heute meine vornehmsten Untertanen zum Ball eingeladen, damit sie tanzen, wie ich pfeife. Sie werden gleich erscheinen.
FEER LO: Eurer diktatorischen Majestät gestatte ich mich als Zeremonienmeister vorzustellen. Ich werde die Gäste ansagen! Das Fest beginne! Als erste nahen die Retter des Vaterlandes, die Stützen der Macht: die Heimwehr!
(Es erscheinen: Steidle auf einem Pferd, Pabst mit Kanone, Hahnenschwänzler mit Gasmaske. Sie singen nach der Melodie: »Wenn die Soldaten . . .«):

1. Wozu haben die Heimwehrn Giftgasgranaten?
Maschinengewehr, Stahlhelm und Spaten?
Ei warum?
Ei darum!
Ei bloß wegen des Tschindarassa bum –
2. Warum gibt die Industrie denn so viel Geld her
Für die tapfere Heimwehr und ihr Feldheer?
Ei warum? (und so weiter).
3. Warum kann sich der Vaugoin vom Steidle nicht trennen?
Warum muß sich Seipel zur Heimwehr bekennen?
Ei warum? (und so weiter).

STEIDLE: Sie sehen also, wir sind die harmlosesten Leute, die man sich vorstellen kann. Unsere Maschinengewehr' – sind Nähmaschinen, unsere Gasbomben – sind Fahnenstangenhülsen. Wir sind ungeheuer musikalisch – und machen alles nur wegen dem Tschindarassa – Herr Kollega Pabst, was machen Sie denn mit dem Revolver?
PABST: Na, Mensch, siehste denn das nicht? Tschindarassa, Tschindarassa!
STEIDLE:

1. Ich war ein Provinzadvokat,
Die Justiz in der Provinz war mir z'fad.
Da warf ich mich auf die Kritik
Von Kunst und Theaterstück.
2. Ich fühlte, ich bin a Genie,
Nur wußt' ich noch nicht, wo und wie.

Wie ich so im Ung'wissen wart'
Da wachst mir auf einmal a Bart.
3. Jetzt mach ich dem Staat den Prozeß,
Bin in der Politik eine Größ'.
Ins Theater geh ich nimmermehr 'nein,
A Theater mach ich schon allein.

PABST:
Wollt ihr wissen, wer ich bin –
Ja, da sag ich Spaß
Und ich zeige euch schnell
Meinen falschen Paß etc.

FEER LO: Der Faschismus ist das Mistbeet, aus dem eine neue Kultur hervorsprießt, eine Kultur nicht verseucht durch die Sittenlosigkeit der Roten. Gestatten Sie, daß ich Ihnen die Sitten vorstelle!
(Sittlichkeitsgirls in Schulreformkleidung. Sie singen nach der Melodie »Hänschen klein«:)

Sittlichkeit,
Jederzeit
Zeigt auch unser Turnerkleid,
Sehen Sie,
Wie man nie
Sehn kann unsere Knie.
Der Bischof von Linz, der freut sich sehr
Unsittlichkeit gibts keine mehr,
Da ab heut
Jederzeit
Wir tragen dieses Kleid.

FEER LO: Erlauben Eure Majestäten, daß meine Zöglinge in der neuen sittlich einwandfreien, von der hohen Geistlichkeit approbierten Kleidung einiges vorturnen.
HORTHY: Sehr fesche Maderln, möcht ich gleich Prügelstrafe einführen bei alle.
GOLDSCHIEBER: Turnet nun, meine Lieben!
1. MÄDCHEN: Ein Hoch unserem verehrten Diktierer! Wir

wollen ihn mit unserem alten Turnerspruch erfreuen. Frisch, fromm, fröhlich, frei!
FEER LO: Werd's net ruhig sein! Frei geht doch net!
2. MÄDCHEN: Es ist nur wegen dem F. Also schrein mir halt: Frisch, Fromm, Fröhlich, Fromm!
FEER LO: Das ist schon besser! Aber Frisch, Fröhlich paßt net. Das müssen wir unterdrücken.
3. MÄDCHEN: Es ist nur alles wegen dem F. Das ma's Monogramm nicht ändern müssen. Ah, wißt's was? Schrei: Fromm, Fromm, Fromm, Fromm!
FEER LO: Sehr gut! Sehr brav! Also jetzt turnt's was!
1. MÄDCHEN: Ich werde vorturnen: Habt acht! Tiefe Kniebeuge! Habt acht! Brust heraus, Bauch hinein, Hände an die Hosennaht!
FEER LO: Aber mein Gott, was ist denn das? Mir scheint, in die ist ein Teufel gefahren. Na wart! Also paßts gut auf, jetzt werde ich kommandieren! Habt acht! Tiefe Beuge! Tiefes Beugel! Habt acht! Gerade stehen! Oberoberkörper (Körper ist auch schlecht) Oberoberteil heraus, Unteroberteil hinein! Hände an die Unaussprechlichkeitsnaht. Linke Unterextremität vorstrecken, eins, zwei! Habt acht! Ruht! Was streckst du denn deinen Sesselabnützungsteil no vor? Habt acht! Eins zwei! Zum Gebet! Eins, zwei! So! In der Stellung könnts bleiben, bis ihr geläutert seids! Na, was sagen Sie zu mir, Majestät?
KÖNIG VON JUGOSLAWIEN: Großartig, so muß bei mir die ganze Bevölkerung parieren! Ich kommandiere: Parlament auflösen, eins, zwei! Gewerkschaften auflösen, eins zwei! Parteien auflösen, eins, zwei! Das klappt.
GOLDSCHIEBER: Auch ich habe das Parlament natürlich abgeschafft. Ich kenne keine Parteien mehr, ich kenne nur Christlichsoziale und Großdeutsche.
MUSSOLINI: Eja – eja – Großdeutsche auch abbauen, werden manchmal frech. Weiß ich schon – allala!
GOLDSCHIEBER: Schaun S', ich bin ein demokratischer Diktator. Opposition muß sein. Und die fallen eh gleich um.
(Drei Großdeutsche. Helme, Schilde etc.)
1. GROSSDEUTSCHER: Deutsche Belange verlangen seit langem Verlängerung des Volksschulgesetzes auf das Burgenland.

2. GROSSDEUTSCHER: Weh, wie wund ward mein Herz, wir wollen wimmermehr wulden die Schmach der Welschen in Südtirol.
3. GROSSDEUTSCHER: Lasset uns schwören bei Wotan und Wotawa: Ehe das Ehereformgesetz beschlossen wird, ehe wollen wir verlangen Ehereform!
(*Anmerkung*: Wotawa war, wie schon bemerkt, der tschechisch klingende Name eines großdeutschen Abgeordneten. Die Rede mit dem wiederholten Wortbeginn »W« spielt offenbar auf die großdeutsche Verehrung Richard Wagners an. Das Auftreten König Alexanders von Jugoslawien erklärt sich dadurch, daß dieser kurz vorher durch einen »kalten Putsch« in Jugoslawien die Parlamentsdemokratie abgeschafft und die Königsdiktatur eingeführt hatte. Der Satz: »Ich kenne keine Parteien mehr«, zitiert den Ausspruch des deutschen Kaisers Wilhelm bei Kriegsausbruch 1914: »Ich kenne keine Parteien mehr. Ich kenne nur noch Deutsche.«
(Die drei Großdeutschen singen und tanzen:)

Ringel, Ringel, Reiher,
Sind wir unser dreier
Kommt der Seipel husch, husch, husch
Mach ma alle kusch, kusch, kusch.
(Sie fallen auf die Erde.)

(Vaugoin, Schober und Kunschak treten auf.)
VAUGOIN: (Tambourmajor-Uniform, Trommel, Tschako, vorne Monogramm C. V.)
SCHOBER: (Tafel »Bester Polizeipräsident der Welt. Zahlreiche Anerkennungsschreiben. Auf vielen Ausstellungen prämiiert«.)
KUNSCHAK: (Zylinder, darunter Pülcherkappel. Frack, darunter Arbeiterrock, Tafel »I. Wiener Volks- und Fremdenführer«)
FEER: Ah, da schau her, Kunschak, der Hort und der edle Ritter sehen sich um ein Engagement bei der neuen Herrschaft um!
VAUGOIN (trommelt): Majestät erlauben Sie, daß ich Euch in kurzen Worten begrüße!

Zur Aufrichtung der Diktatur
Wünsch' ich das Allerbeste nur.

(Melodie »Tatara, hat Äpfel g'stohlen«)

Ich bin der Carl Vaugoin
Und hab die Tradition.
Ich kämpfte bei Scheibbs und siegte in Wien
Bei der Fronleichnamsprozession.

(Radetzkymarsch)
Die Diktatur lieb ich schon aus Tradition,
Ist so gut wie Monarchie, Monarchie.
Ich gründ a faschistische Würstellegion
Und verlasse dich nimmer und nie.

(Volkshymne, Schluß)
Gott erhalte, Gott beschütze
Den Diktator unserem Land.
Ewig bleib mit deinem Sessel
Österreichs Geschick vereint.

SCHOBER: Ich offeriere Ihnen, sehr verehrter Herr Diktator, freibleibend einen Hort der Diktatur, einen besten Polizeipräsidenten der Welt, mit europäischer Figur, etwas lange benützt, gebrauchsfertig, alles in einer Person vereinigt, ab befestigtem Lager Wien, Schottenring. Referenzen beim Bundeskanzleramt, Industriellenverband, bei Lippowitz & Co. Prospekt (große Rolle). Es gibt nur einen einzigen echten Original-Hort der Republik, beziehungsweise Diktatur: Johannes Schober. Alle anderen sind Fälschung. Man achte auf die Schutzmarke: »Panzerauto«. Gebrauchsanweisung: Man setze den Hort in das Polizeipräsidium, worauf er sofort eine segensreiche Tätigkeit beginnt. Diese besteht in Schießen und Herstellen von Demissionsgesuchen. Letztere sind nur zum Ablehnen geeignet. In allen Kulturstaaten patentiert. Bester Schutz für Verbrecher, klebt, leimt, kittet alles.
HORTHY: Joij, istenem, Schober bacsy, kerem szepen. Mein Hansi, mein Präsidenti, mein Horti der Republik. Mir sind doch verwandt. Ich Horthy, du Horti.
KUNSCHAK: Ich ersuche Sie, mich als Ersten Arbeiterführer anzustellen und diktatorisch als solchen zu ernennen. Ich habe dafür große Eignung und das passende Kostüm. Mein Ruf ist der beste. Seinerzeit wurde sogar ein Mehl nach mir benannt. In letzter Zeit habe ich durch die Aufstellung der christlichen Arbeiterwehr meinem Vaterlande einen zwar mit dem unbe-

waffneten Auge nicht bemerkbaren, aber um so wichtigeren Dienst geleistet.

GOLDSCHIEBER: Ihr seid alle engagiert.

KÖNIG VON JUGOSLAWIEN: Wo steckt denn deine große Kanone, der Seipel?

GOLDSCHIEBER: Der ist doch eh da!

MUSSOLINI: Wo denn, ich hör' ihn gar nicht?

GOLDSCHIEBER: Hier – er ist meine rechte Hand. So, jetzt wollen wir tanzen.

(*Anmerkung*: In einer späteren Fassung, die Robert Lammer aufbewahrt hat, tritt Kunschak überhaupt nicht auf. Offenbar bestand für das Kabarett ein Grund, den katholischen Arbeiterführer zu schonen. Es erscheint zunächst nur Vaugoin, der sich mit den Worten einführt: »Eia, eia, Eierspeis. Majestät, erlauben Sie, daß ich Euch in kurzen Worten begrüße.« Vaugoin singt dann sein Gstanzl. Daraufhin steckt Steidle dem Vaugoin den Hahnenschwanz auf den Hut und sagt: »Raum ist auf dem kleinsten Hute für den schönsten Hahnenschwanz.« Es kommt dann Schober, der seine Rede hält. Nach den Worten des ungarischen Reichsverwesers: »Ich Horthy, du Horti«, kommt gleich die Frage des Königs von Jugoslawien: »Wo steckt denn deine große Kanone, der Seipel?«, und Seipel erscheint. Daran schließt sich ganz unvermittelt das Lied der beiden Kerzelweiber:)

1. Manchmal erbebt mir das Herz vor Leid
Denk ich der vergangenen schönen Zeit,
Als noch ein Erzherzog mich verführt,
Weil er sich in dem Kostüm geirrt.
Monarchie, Monarchie
Und die glorreiche Dynastie,
Ihr seid fort,
Ich halt Wort,
Bleib euch treu und vergeß' euch nie.
Bleibt mit Elektrizität mir vor Leib,
Ich bleib ein ewiges Kerzelweib.
Bet für dich, Dynastie,
Daß ich dich wiederseh, Monarchie.
2. Eisernes Stahlbad war uns der Krieg,
Und zum glorreichen Ausgang fehlt' nur der Sieg.

Wichtiger war noch die Uniform,
Auch war die Tradition ganz enorm.
General, Feldmarschall,
Schlimmstenfalls auch ein Korporal,
Groß und fesch,
Flink und resch
Waren immer mein Ideal.
Darum haß' ich die Roten alle,
Denn sie haben keine Idealle.
Gott erhalte, Gott beschütz'
uns die Ideale vom Lippowitz.

(Anmerkung: Lippowitz war der Chefredakteur der antisozialistischen Tageszeitungs *Neues Wiener Journal*)

3. Endlich nun ist die Stunde genaht
Und wir alle spüren eine starke Hand hier im Staat,
Und alle Trotteln, die machen still
Begeistert, was ein einziger will.
Diktatur, Diktatur,
Nur dir gilt unser Treueschwur.
ALLE:
Diktatur, Diktatur,
Unsres Handelns Richtungsschnur,
Unsere Sehnsucht erstand im Traum,
Fällt zusammen wie Seifenschaum,
Diktatur, Monarchie,
Wie ein Traum in der Früh verfliegen sie.
(Vorhang.)

Das Steidle-Lied

(Melodie: »In Gries-Bozen, in Gries-Bozen, in Tirol«)

Nach Meidling zog mit seinem Heer
Der Herr Steidle, der Herr Steidle aus Tirol.
Um zu werben für die Heimatwehr
Des Herrn Steidle, des Herrn Steidle aus Tirol,
Kamen mit Trompetenblasen,
Ab'zogen sind s' mit langen Nasen
Samt dem Steidle, samt dem Steidle aus Tirol.

Die Faschisten sind halt sehr beliebt,
Auch Herr Steidle, auch Herr Steidle aus Tirol.
Gegen die Lieb' es nur ein Mittel gibt,
Für Herrn Steidle, für Herrn Steidle aus Tirol.
Jeder von die Herrn Faschisten
Hat hint' und vorn ein' Polizisten,
Auch Herr Steidle, auch Herr Steidle aus Tirol.

Und es war eine große Werbeaktion
Für Herrn Steidle, für Herrn Steidle aus Tirol.
Es hilft dabei die Polizeidirektion
Dem Herrn Steidle, dem Herrn Steidle aus Tirol.
Und damit zum Werben mehr sein,
Müssen die Straßen erst ganz leer sein
Für Herrn Steidle, für Herrn Steidle aus Tirol.

Später konnte man dann reden sehn
Pichl, Pfrimer, Steidle aus Tirol.
Sie brüllten »Heil!«, man konnt' kein Wort verstehn
Von Herrn Steidle, von Herrn Steidle aus Tirol.
Und es denkt die ganze Heimwehr:
Wenn ich endlich schon daheim wär'
Mit Herrn Steidle, mit Herrn Steidle in Tirol.

Und es zieh'n zum Schluß die Heimatwehr'n
Mit Herrn Steidle, mit Herrn Steidle aus Tirol.
Mussolini will er taktvoll ehr'n,
Herr Kollega Steidle aus Tirol,
Hält den allerletzten Schwatz
Grad am Südtiroler Platz,
Der Herr Steidle, der Herr Steidle aus Tirol.

Fünf Schilling kriegns' dann per Stück
Vom Herrn Steidle, vom Herrn Steidle aus Tirol.
Geben die Windjack' und die Kappeln z'rück
Dem Herrn Steidle, dem Herrn Steidle aus Tirol.
Schluß ist's mit dem Heimwehrmarsch,
Jeder setzt sich auf den Zug,
Fährt mit Steidle, fährt mit Steidle nach Tirol.

Anmerkung: Richard Steidle, der Tiroler Landesrat mit dem feschen schwarzen Spitzbart, war im Februar 1929 noch der anerkannte Bundesführer der rechtsradikalen Heimwehr. Der Aufmarsch in Wien, auf den sich dieses Lied bezieht, fand am Anfang des Jahres statt und wurde mit einem Aufmarsch des Schutzbundes beantwortet. Schon damals waren Steidles gute Beziehungen zum italienischen Faschismus und zu Mussolini, der die österreichische faschistische Heimwehr finanzieren half, ein Anlaß zu Angriffen auf ihn – wegen der Situation der Südtiroler. Diese pro-italienische Verbindung war es auch, die im darauffolgenden Jahr zur Absetzung Steidles als Bundesführer und zu seiner Ersetzung durch Starhemberg führte. Steidle blieb bei den Nazis unbeliebt. Er starb in der Hitlerzeit als Gefangener im Konzentrationslager Buchenwald.

»Ausgerechnet dem Breitner«

Der Conférencier (Viktor Grünbaum) steht, als Schieber verkleidet, auf der Bühne und singt (zur Melodie von »Ausgerechnet Bananen«):

Kommt einmal ein schöner Herr in das schöne Wien,
Um zu heben den Verkehr, geht er ins Tabarin,
Und er soll dort Steuer zahlen, wie wird er sich kränken!
Er wird künftig uns was malen und er wird sich denken:
Ausgerechnet dem Breitner, dem Breitner soll ich was spendieren!
Was tun mich denn die Wohlfahrt und die Kinderfürsorg' interessieren?
Was brauch ich a Windl?
Ich bin doch kein Kindl!
Was brauch ich a Volkswohnhaus?
Wir wohnen viel lieber in Villen
Und denken im Stillen:
Ausgerechnet dem Breitner – dem Breitner soll ich was spendieren!

Anmerkung: Das ist einer der Fälle, wo ein Lied vom Conférencier gesungen wurde, also ohne direkten Zusammenhang mit der Handlung. Hier war der Conférencier kostümiert – als ausländischer Schieber, der sich über die hohe Lustbarkeitsabgabe beschwert, die im Nachtlokal Tabarin bezahlen

mußte und die, wie andere vom Wiener Finanzstadtrat Breitner eingehobenen Steuern, für Wohlfahrtszwecke wie Wohnungsbau und Säuglingsfürsorge verwendet wurden. »Ausgerechnet Bananen« war damals als Schlager noch so neu, daß die Verwendung der Melodie als mutig und aktuell angesehen werden konnte. »Jemanden etwas malen« heißt jemanden nicht beachten – der vornehme Fremde wird nicht mehr nach Wien kommen.
Quellen: Artikel »Hinter den Kulissen des Politischen Kabaretts« von Viktor Neon (Grünbaum) in der *Arbeiter-Zeitung* vom 24. Februar 1929, sowie Mitteilung von Gusti Bienstock-Kollman.

»*Was brauchen wir . . .*“

Ein Hungriger geht zu einer Versammlung hin,
Da steht ein Prälat auf der Rednertribün',
Der sagt, daß der Mieterschutz d' Wirtschaft ruiniert,
der Schutzbund das ganze Volk terrorisiert.
An allem ist sicher der Breitner nur schuld,
Den Christlichsozialen reißt bald die Geduld.

Was brauchen wir Proleten ein' Prälat, Prälat,
Es wär' net schad, wär der Prälat schon stad, schon stad,
Er zieht bei jeder Tat im Staat den Draht, den Draht,
Und glaubt, der Staat lebt nur von seiner Gnad', ja Gnad'!
Baut Wien ein Wohnhaus oder baut die Stadt, die Stadt,
Ein Bad, schreit der Prälat gleich Hochverrat, Verrat!
Er möchte gar zu gerne auch im Rat-, im Rat-
haus herrschen so wie im Prälatenstaat, ja Staat.

In der *Reichspost,* in der *Press'* und im *Wiener Journal*
Da heul'n die Redakteure voll Verzweiflung und Qual,
Denn er ist gegangen, der große Prälat,
Der Staatsmann von europäischem Format.
Doch während vor Trauer zerfließen sie schier,
Sind wir schon getröstet, und froh fragen wir:

Was brauchen wir Proleten ein' Prälat, Prälat,
's ist gar net schad, daß der Prälat sich draht, sich draht!
Er zieht bei jeder Tat im Staat den Draht, den Draht

Und glaubt, der Staat lebt nur von seiner Gnad', ja Gnad'!
So ist es denn auch wirklich gar net schad, ja schad,
Daß endlich ist der Herr Prälat jetzt stad, jetzt stad,
Wir hoffen, er lebt ferner nur privat, privat,
Am besten wohl beim Papst im Kirchenstaat!

Anmerkung: Melodie »Der Mensch ist kein Krowot«. Quelle: Broschüre *Das Politische Kabarett.* Datierung: Seipels Rücktritt am 4. Mai 1929.

Bis auf das, was uns noch fehlt

Dieses von Walter Harnisch aufbewahrte Lied, als »Couplet« bezeichnet, war eine Einlage im siebenten Programm, was aus der Zeitbestimmung hervorgeht, daß Heeresminister Vaugoin »jetzt schon acht Jahr' dient« – er trat sein Amt als Heeresminister im Jahr 1921 an.

Der Seipel meint, seid's doch zufrieden!
Ihr habt es doch so schön hinieden
Und kriegt's im Himmel noch was drauf,
Schlagt ihr nur fromm die Augen auf!
Drum will ich schnell amal hergehn,
Sing' ein Couplet mit dem Refrain:
Wir hab'n doch alles auf der Welt
Bis auf das, was uns noch fehlt!

Wir ham's sehr guat in Österreich,
's is kaner arm, a jeder reich
An Hoffnungen und Gottvertrau'n.
Tun froh wir in die Zukunft schau'n!
Denn meine Damen, meine Herr'n –
Viel schlechter kann's ja nimmer wer'n!
So ham wir alles auf der Welt,
Bis auf das, was uns noch fehlt!

Wir ham Minister wunderbar:
Der Vaugoin dient jetzt schon acht Jahr'
Und auch der Kienböck is a Held,
Kämpft tapfer um der Wiener Geld –
Er gibt's dem Staat, dort braucht man's schon,

Dort ham ma a Mordskorruption,
Kurz, wir ham alles in der Welt,
Bis auf das, was uns noch fehlt!

Mir ham den Steidle, ham den Pabst,
Wenn die net wär'n, wär Österreich g'schnapst!
So ham wir über all's a Freud
Und strahlen voll Zufriedenheit.
Und nun, Herr Seipel, noch zu dir –
Gestatte diese Worte mir:
Hätt'n wir auch alles in der Welt,
Hätt' doch der Seipel uns gefehlt:
Wir ham wohl alles auf der Welt,
Doch der Seipel hat uns g'fehlt!
(Melodie: Wiener Lieder und Tänze, Seite 83)

Szenen zu »Hallo, hier Klassenharmonie«

12. Szene: Gelb bis in die Knochen

Als »gelb« werden seit jeher jene »Gewerkschaften« bezeichnet, die, statt die Interessen der Arbeiter zu vertreten, von den Unternehmern gegründet werden und im Interesse der Unternehmer tätig sind. Der Titel der Szene *Gelb bis in die Knochen* ist offenbar eine Anspielung auf die Parole »Schwarz-Gelb bis in die Knochen« der Legitimistischen Partei des Obersten Gustav Wolf. Dieser Oberst Wolf, ein extremer Monarchist, war persönlich ein konzilianter, liebenswürdiger Mann und stand lange Zeit im Briefwechsel mit Dr. Oscar Pollak, dem Chefredakteur der sozialdemokratischen *Arbeiter-Zeitung.*

Im Szenen-Manuskript aus dem Besitz Robert Lammers lautet der Titel der Szene einfach »Bei den Gelben«. Außerdem treten in dieser Fassung vier »gelbe« Arbeiter, ferner auch vier »Hahnenschwänzler« (Heimwehrler) auf, während das von Walter Harnisch aufbewahrte Personenverzeichnis nur je drei Arbeiter und »Hahnenschwänzler«, dafür aber auch zwei Polizisten enthält. Das Wort »Gelbschnabel« ist offenbar eine Anlehnung an »Grünschnabel«. Die Rolle wurde von einem Mädchen dargestellt (laut Personenverzeichnis von der anmutigen Lizzi Kardos, die im selben Jahr Viktor Grünbaum heiratete).

(Personen: Vier Gelbe, vier Hahnenschwänzler, ein Gelbschnabel, Generaldirektor Goldschieber, Feer, Feein.)
Im Hintergrund eine Wand mit aufgemalten Telefonen, daneben Pappendeckelhörmuscheln, darüber Aufschrift: »Direkte Verbindung mit dem Schwarzenbergplatz«. (*Anmerkung:* Auf dem Schwarzenbergplatz in Wien befand sich – und befindet sich heute noch – das Hauptquartier des Österreichischen Industriellenverbandes.)

(Erster, zweiter, dritter und vierter Gelber stehen im Vordergrund. Sie sprechen abwechselnd.)

1. Das	2. muß	3. einmal	4. festgestellt
werden.	Wir	sind	eine
vollkommen	unpolitische	und	vor
allem	vollkommen		

ALLE: unabhängige Gewerkschaft.

1. Wir handeln	2. nur im	3. Interesse	4. der

ALLE: Arbeiterschaft!

(Telefone läuten). 1., 2., 3., 4. (hintereinander): Bitte mich einen Moment zu entschuldigen
(Alle vier stehen mit dem Rücken zum Publikum beim Telefon, sprechen unter tiefen Bücklingen. Auf dem Hosenboden Aufschrift: »Eigentum des Industriellenverbandes«.)
ALLE ZUSAMMEN: Alleruntertänigster Diener, Herr Generaldirektor, selbstverständlich, Ihr Wunsch ist mir Befehl, gehorsamer Diener, meine tiefste Verehrung, wir erwarten Ihre weiteren schriftlichen Befehle und verbleiben hiemit hochachtungsvoll, in Erwartung Ihres Allerwertesten.

(Sie treten wieder vor)

1. Wir	2. sind	3. eine	4. vollkommen
unpolitische	und	vor	allem

ALLE: unabhängige Gewerkschaft.

1. GELBER: Meine Herren, ich möchte mir erlauben, Ihnen mein neuestes Produkt vorzuführen. Ich habe in Unterhinterstoißen ein Mädchen von seltenen Fähigkeiten, sozusagen ein zweites Wunder von Konnersreuth, aufgefunden. Im Schweiße meines Angesichts habe ich sie zu einer vollkommen unpolitischen gelben Gewerkschaftlerin erzogen. Nun ist ihre Erziehung vollendet, gestern wurde sie fertiggestellt, und ich möchte mir erlauben, sie Ihnen vorzustellen.

GELBSCHNABEL (tritt auf):

Politik schon immer etwas Böses war, das ist klar,
Und die Roten tun durch Hetzen die Gesetzen stets verletzen.
Na, das ist doch unerhört
Weil's den Wirtschaftsfrieden stört,
Wo das Volk in Seipels Hut,
Hat's so gut.
Doch obwohl sie froh sein sollen,
Stets den Klassenkampf sie wollen.
Na, das ist doch fürchterlich.
Oder nicht?

Warum wollen sie denn nicht mal zufrieden sein,
Warum tun sie denn nur immer Hunger schreien?
Warum wollen sie denn nicht hoffen auf das Paradies,
Wo sie einst nach dem Tod werden leben süß?
Warum woll'n sie denn nicht retten ihre Seelen?
Warum woll'n sie denn nicht unsern Seipel wählen?
Warum woll'n sie nicht, warum woll'n sie nicht?
Daran sind die Sozi schuld, 's ist a böse G'schicht.

Wenn man sieht, wie sich die armen Reichen plagen, nicht zum Sagen,
An der Riviera in der Hitzen tun sie sitzen und dort schwitzen
Wegen der sozialen Lasten müssen schuften sie und hasten,
Doch dafür haben sie noch lang keinen Dank.

Und sie wären Kapitalisten, sagen die Austromarxisten.
Hat man sowas schon gesehen, bitteschön?
(Refrain: Warum wollen sie . . .)

2. GELBER: Sehr brav mein Kind, wie heißt du?
GELBSCHNABEL: Gelbschnabel, bitte sehr.
3. GELBER: Ich werde dir gleich auf den Zahn fühlen. Was weißt du über den Streik?
GELBSCHNABEL: Der Streik ist eine Frucht, bitte sehr, eine Frucht planmäßiger Wühlarbeit, und wächst auf einem Zaun, bitte sehr, von dem er in mutwilliger Weise gebrochen wird, bitte sehr.
4. GELBER: Und was machen wir mit dem Streik?
GELBSCHNABEL: Da er eine Frucht ist, müssen wir ihn natürlich brechen.
1. GELBER: Was wollen die gelben Gewerkschaften?
GELBSCHNABEL: Wirtschaftsfrieden auf Erden, und dem Seipel soll's wohlgefallen, bitte sehr.
2. GELBER: Worin besteht der Wirtschaftsfrieden?
GELBSCHNABEL: Im Staat ist a Wirtschaft, und die Arbeiter geben an Frieden. Alle vertragen sich, und die größten Schafe, bitte sehr, weiden neben den Löwen, das ist bitte sehr der Herr Generaldirektor. Kurz, es wird sein wie im Paradies, und wir Gelben werden unseren Lohn vom Baum der Erkenntlichkeit der Herren Generaldirektoren pflücken, bitte sehr.
(Ein Hahn läuft über die Bühne, mit heftigem Geschrei. Hahnenschwänzler rennen ihm nach, und reißen ihm Federn aus und singen nach der Melodie: Klagenfurter san ma ja«):

Hahnenschwänzler san ma ja
Die Federn auf'n Huat.
An Spaten tragn ma in der Hand,
Das steht an' jeden guat.
In die rote Breitnerstadt
Zieh'n wir am 1. Mai.
Schluß ist mit den Mieterschutz
Und mit der Breitnerei.
Und wenn ma dann dort fertig san,
Geh'n mir no lang nicht z' Haus,
Dann haun ma aus der Weanerstadt
G'schwind alle Juden 'naus.

(Telefone läuten. Hahnenschwänzler laufen zu den Telefonen.)

1. HAHNENSCHWÄNZLER: Meine Verehrung, Herr Generaldirektor Kohn!

2. HAHNENSCHWÄNZLER: Gschamsterdiener, Herr Direktor Pollak!

3. HAHNENSCHWÄNZLER: Habe die Ehre, Herr Kommerzialrat Löwy!

4. HAHNENSCHWÄNZLER: Gut Jontef, Herr Sekretär Margaretha!

(Anmerkung: Die Hahnenschwänzler drücken unmittelbar nach der Ankündigung, sie wollten die Juden vertreiben, ihre Verehrung für drei Direktoren mit jüdischen Namen aus und begrüßen mit einem jüdischen Glückwunsch den nichtjüdischen Sekretär des Industriellenverbandes, Margaretha.)

1. HAHNENSCHWÄNZLER: Oh, mit Vergnügen, mit dem Streik bei Nagerl & Schraube werden wir gleich Schluß machen.

2. HAHNENSCHWÄNZLER: Soll uns ein Vergnügen sein, können wenigstens einmal ordentlich dreinhauen.

3. HAHNENSCHWÄNZLER: Geht in Ordnung, wird gemacht.

4. HAHNENSCHWÄNZLER: Wir werden genügend Streikbrecher zu Verfügung stellen.

1. GELBER: Wir werden gleich wegen des Streiks bei Nagerl & Schraube einen Entschluß fassen. Zuerst wollen wir aber unser Gewerkschaftslied singen . . .

ALLE:

Wir dienen treu dem Kapital
Und treu der Bourgeoisie,
Damit auf Erden allzumal
Herrscht tiefe Klassenharmonie.
Gelb bis in die Knochen, gelb bis in die Knochen,
Gelb bis in die Knochen sind wir ja.
Es zahlt der Industriellenverband
Gar gern unsere Spesen,
Dafür sind treue Helfer wir
Bekanntlich stets gewesen.
(Refrain: Gelb bis in die . . .)

1. GELBER: Ich beantrage folgende Resolution: Die unpolitische Gewerkschaft fordert die Firma Nagerl & Schraube auf, sich nicht in den Streik hetzen zu lassen, weil zu erwarten ist, daß die Direktoren, wenn sie den guten Willen der Arbeiter sehen . . .

GOLDSCHIEBER (stürzt atemlos herein): Hilfe, Hilfe, sie sind mir auf den Achillesfersen!

1. GELBER: Ruhe, jetzt rede ich . . . viel leichter zu Zugeständnissen bereit sein werden.

GOLDSCHIEBER: Wie die mir nachgerannt sind, ich hab meinen ganzen Atem verloren!

1. GELBER: Sprechen Sie unter »Eventuelles« in der Debatte. Jetzt lassen Sie mich endlich zu Ende lesen . . . Auch werden die Sympathien der Öffentlichkeit und der Presse viel eher auf unserer Seite sein.

GOLDSCHIEBER (reißt sich los) Das ist nicht wahr, ich war eben bei der Presse. Die Presse ist auf der Seite der Direktoren. Die Presse ist immer für die Unternehmer, dort haben sie mich beschimpft und mir die Polizei auf den Hals gehetzt.

1. GELBER: Schweigen Sie, oder ich lasse Sie hinauswerfen!

GOLDSCHIEBER: Ich denke nicht daran zu schweigen. Bei Nagerl & Schraube muß gestreikt werden. Unsere sozialen Errungenschaften stehen auf dem Spiel.

1. HAHNENSCHWÄNZLER: Wir werden ihn gleich unschädlich machen.

GOLDSCHIEBER: Schämts euch, ihr wollts Arbeiter sein!

1. HAHNENSCHWÄNZLER: Vorwärts, packts ihn!

(Von rechts zwei Polizisten)

1. POLIZIST: Da ist er!

2. POLIZIST: Endlich haben wir ihn erwischt!

GOLDSCHIEBER (wehrt sich): Und wenn ihr mich einsperrts und mich totprügelts, es bleibt dabei, die Roten haben recht!

1. HAHNENSCHWÄNZLER: Wir bringen dich um, du Falott!

GOLDSCHIEBER: Das is mir egal . . . haben doch recht.

2. POLIZIST: Gfreu di auf die Watschenmaschine!

GOLDSCHIEBER: . . . doch recht.

FEER und FEEIN (erscheinen oben)

FEER: Ruhe, ihr irdischen Geschöpfe! Lieber Goldschieber, deine Verzauberung ist vorbei. In der nächsten Stunde wirst du wieder reich sein und über alle Macht verfügen, die du früher hattest.

GOLDSCHIEBER: . . . doch recht.

FEER: Du bist leider durch die Erfüllung deines närrischen Wunsches nicht glücklich geworden, wie wir es gerne gesehen hätten, aber wir hoffen, du hast viel gelernt. Erhebe dich nun zu uns, auf daß wir in deine Villa fliegen. (Vorhang)

13. Szene: »Ende gut, alles gut« oder »Was beißt mich«

Personen: Fräulein Puderdose, Fräulein Lippenstift, Fräulein Augenbraue, ein Herr von Welt, drei Lautsprecher, sechs Happy End-Girls.

(Die drei Fräulein, der Herr von Welt.)

FRL. LIPPENSTIFT: In Amerika werden die Lippen jetzt golden getragen.

FRL. PUDERDOSE: Hollywood ist ohne Zweifel der einzige Ort, wo Puder richtig aufgelegt wird.

FRL. AUGENBRAUE: An den Augenbrauen erkennt man die Seele einer Frau.

HERR VON WELT: Die Frage, welchen Hut man trägt, wenn man sich im Frack an den Volant setzt, kann nur dahingehend beantwortet werden, daß es unstatthaft ist, sich im Frack an den Volant zu setzen.

(Die Bühne verfinstert sich, Rampenlicht aus. Drei Lautsprecher, unsichtbar.)

ERSTER LAUTSPRECHER: Wie wir soeben erfahren, ist Generaldirektor Goldschieber, der vor einer Woche auf so geheimnisvolle Weise verschwunden war, wieder in seiner Wohnung eingetroffen. Der beliebte Finanzmann erfreut sich der besten Gesundheit, und wir freuen uns, daß er auch weiterhin wie bisher tatkräftig in die Geschichte Österreichs eingreifen wird. Wir verehren in Generaldirektor Goldschieber nicht nur eine der markantesten Erscheinungen der Nachkriegszeit, sondern auch eine Persönlichkeit von tiefem Verständnis für die wirtschaftlichen Notwendigkeiten der Zeit. Sein klardenkender Kopf hat als einer der ersten die Schäden erkannt, die die nach bolschewistischen Grundsätzen arbeitenden Parteien der Linken durch ihren dogmatischen, blindwütigen Krieg gegen das Bürgertum und die Industriekreise anrichten. In vielen öffentlichen Reden, aber auch in geistsprühenden Artikeln in den Spalten unseres Blattes hat Generaldirektor Goldschieber den Steuersadismus der Gemeinde Wien einer vernichtenden Kritik unterzogen und Stadtrat Breitner aufgefordert, auf seine Angriffe zu antworten. Stadtrat Breitner hat es vorgezogen, zu schweigen. Wir freuen uns, daß sich alle über Generaldirektor Goldschieber ausgestreuten Gerüchte als falsch erwiesen haben und er im Vollbesitz seiner Schaffenskraft wieder in unserer Mitte weilt, als unser allgemein geliebter Generaldirektor Goldschieber.

ZWEITER LAUTSPRECHER: Die Optimisten haben recht behalten. Allen Munklern und Miesmachern sei verraten: Generaldirektor Goldschieber ist heute wieder in seiner Wohnung eingetroffen. Zum Schrecken seiner Konkurrenz, der recht geschieht, wenn sie nun durch sein Wiederauftauchen erschreckt, ganz betropetzt über den Verlustkonten sitzt. Die Gestalt Goldschiebers läßt sich aus unserem Wirtschaftsleben nicht mehr fortdenken. Er ist für unsere Börse ungefähr das, was Herr Polizeipräsident Schober für die Ordnung Österreichs ist: eine europäische Figur. Durch dick und dünn gehen alle vernünftigen Menschen der besseren Kreise mit Goldschieber, dem Wirtschaftsführer, dem Marxistenschreck, dem Zurückgekehrten. Wir bringen ihm mit diesem Artikel den Ausdruck unserer tiefen Verehrung entgegen und wünschen nur, daß sein klarleuchtender Verstand alle Finsternis durchdringen wird, die jetzt noch so viele politisch benebelte, bolschewistisch verseuchte Hirne erfüllt. Die ragendste Gestalt unter den österreichischen Finanzgrößen ist zweifellos Generaldirektor Goldschieber.

DRITTER LAUTSPRECHER: Generaldirektor Goldschieber ist heute zurückgekehrt. Über seine einwöchige Abwesenheit ist vorläufig noch der Schleier des Geheimnisses ausgebreitet. Man erzählt sich, daß er in der Zwischenzeit Transaktionen von äußerster Wichtigkeit durchgeführt habe, die dem österreichischen Wirtschaftsleben bald ihr Gepräge geben werden. Wer Goldschieber kennt, zweifelt nicht, daß er der Mann ist, solche weitausgreifenden Erwartungen zu erfüllen. Generaldirektor Goldschieber ist bekannt als der Mann des geraden Weges, als der Mann des hohen Zieles, als der Hasser der

Feinde unserer Wirtschaft, mögen sie auch im Rathaus dieser Stadt sitzen. Wir bekennen uns zu ihm, laut und vernehmlich sagen wir: Der kommende Mann ist Generaldirektor Goldschieber.

(*Anmerkung:* Die drei Lautsprecher sind wohl als Radio-Lautsprecher aufzufassen. Das Radio lag damals noch in den Anfängen. Trotzdem deuten Ausdrücke wie »in unseren Spalten« oder »in diesem Artikel« an, daß die Sprecher im Namen von Zeitungen und nicht im Namen des staatlichen Rundfunks sprechen. »Betropetzt« ist ein jüdischer Ausdruck für »betrübt«. Aus der folgenden Bemerkung, daß die Lautsprecher »gleichzeitig enden«, kann man schließen, daß die drei Redner sich satzweise abgewechselt haben, wobei das letzte Wort »Goldschieber« besonders betont wurde.)

(Alle drei Lautsprecher endigen gleichzeitig. Vorhang auf. Auf der Bühne eine große elegante Gesellschaft, in der auch Feer und Fee zu sehen sind. Prunkhintergrund. Transparent »Happy End«. Musik, Gesang: »Hoch soll er leben, hoch soll er leben, dreimal hoch!«)
FEER (zu Goldschieber): Jetzt bist du also zurückverwandelt, und unsere Aufgabe ist damit erfüllt. Wir können wieder ins Geisterreich zurückkehren.
FEE: Du mußt nämlich wissen, wir wollten uns scheiden lassen, weil wir uns nicht mehr schmecken konnten. Der Geisterkönig erlaubte dies nur unter der Bedingung, daß wir einem Menschen den narrischesten Wunsch erfüllten und ihn damit glücklich machten.
FEER: Der Mensch mit dem narrischesten Wunsch warst du. Allerdings haben wir nur den ersten Teil der Bedingung erfüllt, der zweite, dich in deiner Armut glücklich zu machen, ist uns nicht gelungen. Das macht aber nichts, wir sind gar nicht traurig darüber, denn wir haben uns ausgezeichnet unterhalten, während wir dir zusahen, und haben uns dabei so lieb gewonnen, daß wir gar nicht mehr auseinandergehen wollen. Gelt?
FEE: O du lieber Schneck, komm her, kriegst ein Busserl!
(Sie umarmen sich und küssen sich)
GOLDSCHIEBER: Meine lieben Freunde! Auch an mir ist die

Zeit nicht spurlos vorübergegangen, da ich ein armer Proletarier war. Ich habe viel gelernt, ich habe gesehen, daß auch die Proletarier Menschen sind und daß wir sie menschlicher behandeln müssen. Ich werde von nun an für jeden Arbeiter ein freundliches Wort übrig haben, ich werde mich sogar bemühen, meinen Betrieb zu einem vorbildlichen zu machen. Es ist die heilige Pflicht der Unternehmer, zu verhindern, daß die Arbeiter im Gefühl des an ihnen begangenen Unrechtes zur Gewalt greifen oder auch nur mit dem Gefühl des Klassenhasses herumgehen. Darum habe ich beschlossen, die Konsequenzen zu ziehen und meinen Arbeitern in allem so weit entgegenzukommen, wie sie es als Menschen verdienen.
(Musik, es kommen die Rosenroten Girls.)
Die Rosenroten Girls (Melodie: »Servus, meine Herren«, Kremser, S. 166):

Ist das nicht ein schöner Schluß?
Schluß ist's nun mit dem Verdruß.
Neue Liebe ist erwacht.
Glück und Reichtum sehen Sie,
Das gehört doch zur Revue.
Und der Liebe Sonne lacht.
Brauchen wir a Politik?
Alles ist ja voller Glück,
Und selbst Seipel spricht den Segen,
Denn die Ordnung bleibt bewahrt,
Und an Weihrauch wird nicht gespart,
Und das kommt ihm wirklich stets gelegen.

Rosenrot ist diese Welt,
Alles ist so schön bestellt,
Wie man's nur im Traum begehrt.
Brauchen wir ein' Klassenkampf?
Alles geht ja eh per Dampf,
Wie man's in der Schul gelehrt.

Bitte sehr, in der Revue,
Meine Herren, sehen Sie,
Wie der Idealismus siegt
Wenn die Unternehmer nur
Menschenfreundlicher Natur
Und die Menschenliebe nicht versiegt.

Was brauchen wir denn noch a Revolution?
Der Herr Direktor ist so lieb und sozialisiert doch schon,
Es gibt kein Elend, keine Not,
Und alles glaubt an den gerechten lieben Gott.

Allen sei nun dargebracht
Recht ein herzlich Gute Nacht!
Proletarier des Lands,
Herr'n des Industrieverbands,
Reicht die Hände euch hiemit.
Das ist der Schluß des Kriegsgestampfs:
Dieses ist das Wiegenlied
Für den Schlaf des Klassenkampfs!

(Feer singt ein Couplet. Girls mit Kulisse ab.)

14. Szene: Die ganze schöne Klassenharmonie geht flöten

(Eine Arbeiterdelegation tritt ein. Alle schweigen betreten und weichen zurück. Die Gäste und die Girls verschwinden allmählich.)

GOLDSCHIEBER: Was führt Sie zu mir?

1. ARBEITER: Jetzt sind vier Wochen vorüber, und wir holen uns Ihre Antwort auf unsere Forderungen.

2. ARBEITER: Erhöhung des Grundlohnes um zehn Prozent und Erhöhung der Akkordsätze. Genaueste Einhaltung der Arbeiterschutzgesetze.

GOLDSCHIEBER: Ihre Forderungen finden mein volles Verständnis. Die Arbeiterschaft muß vor allem von dem niederdrückenden Gefühl befreit werden, sie sei rechtlos und bloß Objekt der Ausbeutung. Ich weiß, daß die Arbeiter auch Menschen sind, und will sie als Menschen behandeln. Menschenliebe ist das oberste Gesetz, nach dem wir handeln müssen. So, meine Freunde, nehmt dieses schöne Bewußtsein mit euch und lebt wohl. (Wendet sich ab.)

1. ARBEITER: Ja, und unsere Forderungen?

2. ARBEITER: Von schönen Worten werden wir nicht satt.

GOLDSCHIEBER: Eure Forderungen? Selbstverständlich erfülle ich sie. Das geht schon aus dem Begriff der Menschenliebe hervor. Ich selbst werde auf das strengste darauf bedacht sein, daß alle Arbeiterschutzgesetze eingehalten werden. Mir ist das Leben jedes meiner Arbeiter teuer. Aber ich will auch zeigen, daß ich in finanzieller Hinsicht Opfer bringen will. Opfer, meine Herren, das ist das Wichtigste. Ein Unternehmer muß auch den Idealismus aufbringen, Opfer zu bringen. Ihre Forderungen sollen erfüllt werden. Sie verlangen Erhöhung der Löhne um zehn Prozent, das heißt 1800 mal 25, 3600, 9000, sind 45.000 mal 12 sind 540.000 Schilling plus Steuern 52,5 mal 13 durch 5, 3,169. 375,467 mal 4,1 sind 730.500 Schilling, das heißt 38,2 Prozent von 189.900, das sind 73.000 plus 7,5 Prozent.

(Im Hintergrund steigen Tabellen mit Zahlen, Kurven usw. auf) 600.500 mal 7,43 plus 80.000, 500, 380, 1356. 957.362, 1,506.000, 2,648.000, 5,380.000.

(Im Hintergrund taucht Frau Direktor Goldschieber mit Kindern auf.)

FRAU GOLDSCHIEBER: Wahnsinniger! Willst du deine Familie zugrunderichten? Denkst du nicht an deine Frau und deine Kinder? In drei Wochen sollen wir nach Nizza fahren, wir sind gesellschaftlich unmöglich, wenn ich dort nicht jeden Tag ein anderes Kleid anziehe. Und vergißt du die Mitgift deiner Tochter? Deine Tochter vergißt du, die vor der Heirat steht? Willst du uns zu Bettlern machen? Vergißt du deine Pflichten deiner Familie gegenüber? Leichtsinniger, ist es denn dein Geld allein, das du da verschleuderst? Gehört es nicht auch deiner Familie, Pflichtvergessener? (Verschwindet).

GOLDSCHIEBER: 8,506.000, 5 Prozent, 2040, 5890, 45 mal 14,6. 3899 durch 56.784, 13,309.890, 13,608.795, 14,080.000.

(Im Hintergrund taucht der Freund auf, Parvenu.)

FREUND: Ach, äh, ich sehe, mit deinem Rolls Royce sieht es windig aus. Kommerzialrat Bernemann hat vorige Woche einen gekauft. Bubi Windischgrätz hat lange einen, Direktor Benzol ebenfalls, es gehört zum guten Ton, in einem Rolls Royce zu fahren. Dora Jacoby läßt sich einen schenken, man wird mit dir nicht mehr verkehren können, wenn du keinen Rolls Royce hast.

GOLDSCHIEBER: 18 mal 3,857.740 – 576.893 – 900.645 –

75.95, 2,3 Prozent 55.789 – 15,600.000 – 846.000 – 8 Promille. 45.980, 17,700.800, 2,8 mal 4050, 18,302.000.
(Im Hintergrund tauchen die Verwaltungsräte auf.)
DIE VERWALTUNGSRÄTE: Der Verwaltungsrat wird Sie unter Kuratel stellen! Wir können keinen irrsinnigen Generaldirektor brauchen. Wollen Sie den Konzern sprengen? Wollen Sie uns konkurrenzunfähig machen? Glauben Sie, Sie stehen allein da? Sie wollen wohl die Preise hinaufsetzen, um die Lohnerhöhung rechtfertigen zu können? Denn daß Sie etwas von Ihrem Privatvermögen springen lassen, das können wir wohl nicht annehmen. Wissen Sie, daß uns die Konkurrenz auffrißt, wenn wir die Preise erhöhen? Eher werfen wir Sie aus dem Verwaltungsrat hinaus! (Sie verschwinden.)
GOLDSCHIEBER: (schreiend) 18,5 Prozent, 707.800, 3,7 – 809,900 mal 3,5 – 709.000 56 mal 4,746.928 durch 35,6. 17 Prozent, 70.868, 18,500.900, 18,809.000, 19,480.000. – Hinaus mit Ihnen! Hinaus mit Ihnen! Was erfrechen Sie sich! Sind Sie wahnsinnig geworden? Ihre Forderungen lehne ich glatt ab! Ihnen ist anscheinenderweise der Kamm geschwollen! Man hat Sie zu gut behandelt, was? Sie glauben wohl, ich werde aus meiner eigenen Tasche zulegen, was Sie da für sich beanspruchen? Von einer Lohnerhöhung kann in absehbarer Zeit keine Rede sein. Im Gegenteil, die schwierige Situation des Werkes läßt für die nächste Zeit eine allgemeine Herabsetzung der Löhne erwarten. Ich stehe nicht allein. Hinter mir steht die große Zahl der Konzernfirmen. Sie brauchen mir nicht mit Streik zu drohen. Das Werk kann einen Stillstand von einigen Wochen ganz gut vertragen. Der Konzern steht hinter mir. Die Polizei steht hinter mir. Und ich werde auch die Polizei zu Hilfe rufen, wenn es notwendig sein sollte. Darauf können Sie Gift nehmen. Was Sie da wollen, durchbricht ja die bürgerliche Gesellschaftsordnung!
1. ARBEITER: Jawohl, wir wollen die bürgerliche Gesellschaftsordnung sprengen. Denn sie beruht auf der Ausbeutung des Proletariats. Und Sie mögen persönlich auch ein anständiger Mensch sein und den besten Willen haben, die Gesellschaftsordnung zwingt Sie, unanständig zu handeln. Auch Sie sind ein Gefangener des Systems.
GOLDSCHIEBER: Auf solche revolutionären Wahnideen gibt es nur eine Antwort: die Karabiner der Polizei!

2. ARBEITER: Keine Polizei der Welt kann unseren Sieg verhindern. Wir sind nicht allein, nicht die Arbeiter einer Fabrik, nicht die Arbeiter einer Stadt, nicht die Arbeiter eines Landes, die Arbeiterschaft der ganzen Welt kämpft einig einen einzigen Kampf: den Kampf gegen die bürgerliche Gesellschaft, den Kampf um die Befreiung des Proletariats.
GOLDSCHIEBER: Was hilft euch eure Einigkeit gegen die Bundesgenossen, die mir zur Seite stehen! Mir hilft:
1. VERWALTUNGSRAT: Das Geld!
HERR VON WELT: Der Staat!
FRAU GOLDSCHIEBER: Die Kirche!
2. VERWALTUNGSRAT: Der Produktionsapparat!
HERR VON WELT: Das bürgerliche Klassenbewußtsein!
FRAU GOLDSCHIEBER: Die Moral!
HERR VON WELT: Die Trägheit!
FRAU GOLDSCHIEBER: Die Presse!
1. VERWALTUNGSRAT: Die Polizei!
2. VERWALTUNGSRAT: Und die Soldaten!
1. ARBEITER: Polizisten und Soldaten sind Proletarier. Proletarier sind die Träger des Staates und des Produktionsapparates!
(Im Hintergrund steigen rote Fabriken auf.)
Wo ist eure Macht, wenn das Proletariat erst seine Klassenlage erkannt und sich von den geistigen Fesseln befreit hat, mit denen das Kapital es bindet? Das Proletariat zerreißt die Fesseln der bürgerlichen Moral und der Kirche, die sich an Kapital und Faschismus verkauft hat.
(Frau Goldschieber verschwindet.)
Das Proletariat befreit sich von der bürgerlichen Presse! Das Proletariat überwindet die Trägheit des Denkens!
(Herr von Welt verschwindet.)
Wenn sich das Proletariat erst geistig befreit hat, gilt es nur einen Schritt, sich in den Besitz der Produktionsmittel zu setzen.
(Verwaltungsräte verschwinden.)
GOLDSCHIEBER: Wo sind meine Bundesgenossen? In diesem Kampf gibt es kein Nachgeben, gibt es keine Verständigung. Und ihr könnt gewiß sein, daß das Bürgertum diesen Kampf führen wird, bis zum letzten Blutstropfen! (Stürzt ab.)
1. ARBEITER: In diesem Kampfe gibt es keine Verständigung,

keinen Wirtschaftsfrieden! Jeder denkende Arbeiter muß zum Bewußtsein seiner Ausbeutung kommen, muß zum Klassenkämpfer werden, so wie auch das System jeden anständigen Unternehmer zwingt, zum Ausbeuter zu werden. Erst wenn sich das Proletariat in den Besitz der Produktionsmittel setzt, in der klassenlosen Gesellschaft, wird die Ausbeutung ihr Ende finden. (Man sieht im Hintergrund die roten Fabriken.) Befreit auch von den geistigen Fesseln! Kämpfet gegen die bürgerliche Gesellschaft! Kämpfet für den Sozialismus! Wacht auf, Verdammte dieser Erde!

Das achte Programm: »Hirnschal macht Weltgeschichte«

Erstaufführung: 8. Februar 1930

Österreich als Schicksalsland

Warum Hirnschal, der Repräsentant des österreichischen Spießers, aktiv in den Lauf der Weltgeschichte eingreifen muß, ist auf den ersten Blick nicht zu ersehen. Österreich im Februar 1930 unter der Regierung des Bundeskanzlers Johannes Schober war ein unbedeutendes kleines Land, ein Land, das dauernd in wirtschaftlichen Schwierigkeiten lebte. Es galt überhaupt nicht als lebensfähig. In England sprachen Publizisten von Österreich als »the eternal mendicant« (der ewige Bettler).

Immerhin hatte Österreich einmal, zu Beginn der Neuzeit, ein Reich beherrscht, »in dem die Sonne nicht unterging«. Auch andere Staaten, die jetzt klein waren, hatten im Laufe der Weltgeschichte zeitweise eine führende Stellung eingenommen, zum Beispiel Portugal im Zeitalter der Entdeckungen oder Holland in der kurzen Periode der niederländischen Seeherrschaft Ende des siebzehnten Jahrhunderts. Und Österreich selbst hatte vor nicht allzulanger Zeit »Weltgeschichte gemacht«: es hatte das Schicksal der Welt in verhängnisvoller, wenn auch in entscheidender Weise beeinflußt. Das war im Jahr 1914. Und konnten die Autoren des Politischen Kabaretts ahnen, daß in weniger als einem Jahrzehnt ein zweiter großer Krieg die Welt erschüttern würde, hervorgerufen von einem in Österreich geborenen Faschisten, Adolf Hitler?

Die Phantasien von »Hirnschal macht Weltgeschichte« waren Gedankenspielereien, aber sie zeigten zugleich die Vorstellungen, die in den Hirnen der Österreicher jener Zeit herumgeisterten und von anderen Österreichern verspottet werden konnten. Österreich war eben doch ein für das Schicksal der Welt bestimmendes Land im Zentrum Europas. Und wenn eine Generation später, in unseren Tagen, ein Österreicher

Generalsekretär der Vereinten Nationen, ein anderer Österreicher Vorsitzender der beratenden Versammlung des Europarates, ein dritter Österreicher Präsident der Sozialistischen Internationale ist, so kommt das niemandem lächerlich vor. Daß Österreich in zahlreichen internationalen Fragen aktiv beteiligt ist, scheint der Welt beinahe selbstverständlich.
Der Humor in »Hirnschal macht Weltgeschichte« ist hintergründig. In Wirklichkeit wird nicht darüber gespottet, daß ein Österreicher nach der Weltherrschaft strebt, sondern darüber, was für ein Österreicher das ist und wie er es macht. Es ist auch interessant, wer bei dieser Aktion seine Verbündeten sind. Da ist vor allem der Generaldirektor Goldschieber, der jüdische Finanzmann aus früheren Programmen des Kabaretts, der eine Reihe von Handlangern hat, die als Fix Laudon, Pallawatsch, Hopatatsch, Doktor Großmaul und Major Putsch auftreten. Zu seinen Verbündeten bei der Eroberung von England gehört aber auch der brave Soldat Schwejk! Ist darin ein Ansatz zu erblicken, den Spießer Hirnschal zu einer sympathischen Darstellung des typischen komischen Österreichers zu machen, wie es Jaroslav Hašeks braver Soldat Schwejk, der verschmitzte Saboteur, für die Tschechen wurde? Nein, denn die Figur des Hirnschal stellt ja den politischen Gegner dar. Eher könnte man daraus ableiten, daß der brave Soldat Schwejk mit seiner eulenspiegelhaften Hinterlist von den österreichischen Sozialisten des Jahres 1930 noch oder zum Teil noch als eine »negative« Erscheinung aufgefaßt wurde.
Charakteristisch ist aber auch die Situation, die den Anlaß zu der Aktion Hirnschals gibt. Er sitzt im Schlafrock am Tisch beim Frühstück und tunkt ein Kipfel in den Kaffee. Inzwischen huscht, wie Ernst Fischer es in seiner Rezension in der *Arbeiter-Zeitung* schildert, im Tanzschritt bezaubernder Girls auf der kleinen Bühne die Weltgeschichte vorbei. Aber dann ereignet sich ein Zwischenfall. Die Köchin erscheint und teilt mit, daß es keine weiteren Kipfel mehr gibt, weil die Bäcker streiken. Da packt den Hirnschal die Wut, und er verkündet: »Es muaß was g'schegn!«
Hirnschal wendet sich zunächst gegen den inneren Feind: den Austromarxismus. Er eilt ins Wirtshaus und gründet dort eine »Volksbewegung«. Alles schäumt: sein Zorn schäumt, das

Bier schäumt, und aus der Mischung entsteht die Vision vom roten Rathaus und vom roten Terror, kurz gesagt, vom Austromarxismus. Die Beteiligten haben einen Viechszorn und einen Viechsrausch. Da erscheint die Jungfrau von Orléans und schnallt Hirnschal das Rüstzeug des Mittelalters um. Sie verleiht ihm ein wunderbares Verfassungsreformkleid und weiht ihn zum Retter des Vaterlandes.
Zwei Dinge lassen sich aus dieser Szene herauslesen: Erstens, daß die im Herbst 1929 nach langen Verhandlungen mit den Sozialdemokraten beschlossene Verfassungsreform, die dem Bundespräsidenten erhöhte Befugnisse gab und seine Wahl durch das Volk festsetzte, den Sozialdemokraten als mittelalterlich erschien, als etwas, das sie nur unter dem Zwang der Verhältnisse akzeptiert hatten. (Daß dann bei den Volkswahlen in den ersten Jahrzehnten der Zweiten Republik jedesmal ein Kandidat der Sozialisten zum Bundespräsidenten gewählt werden würde, konnte man damals noch nicht wissen.) Und zweitens, daß das miederlose »Reformkleid«, das in der Frauenwelt allgemein geworden war, noch immer gut genug für einen Witz über das Wort »Verfassungsreformkleid« war.
Wichtig ist natürlich, daß der neue »Retter des Vaterlandes« die richtige Kopfbedeckung besitzt. Der Helm der Jungfrau von Orléans drückt sein »Giftkreuzköpferl« zu sehr. Ein »reizendes Probierfräulein des Bürgerkrieges« drückt ihm hintereinander einen Zylinder, einen Sturmhelm, eine Couleurkappe, einen Offizierstschako und andere Hüte auf die »schwächste Partie seines Körpers«, den Kopf. Er aber greift immer wieder instinktiv zur alten Schlafmütze – was im Rückblick vielleicht weniger tadelswert erscheint als zu der Zeit, in der diese Szene geschrieben wurde.

Hirnschals Reiseabenteuer

Schließlich einigt man sich auf den Heimwehrhut mit der Begründung, das sei der einzige Hut, unter den man die Monarchisten und die Deutschnationalen, die Bankpräsidenten und die »Fünfschillingmanderl« (Leute, die für eine Belohnung von fünf Schilling an Heimwehraufmärschen teilnahmen), die Juden und die Antisemiten bringen kann.
Und damit beginnt Hirnschal seine Abenteuer. Zunächst

erobert er Wien. Der innere Feind ist vernichtend geschlagen. Bier fließt in Strömen, so daß der Sieger unter den Tisch fällt, auf den er soeben geschlagen hat. Aber der Spießer ist entfesselt. Der siegreiche Hirnschal fordert sein Jahrhundert in die Schranken. Und nun ist es interessant, was den Autoren des Kabaretts von 1930 und der öffentlichen Meinung von damals als der kühnste Eingriff in die Weltgeschichte erschien: Die Heimwehr erklärt England den Krieg. England wird besiegt, wie Österreich besiegt wurde. Die österreichische Donauflottille fährt über das Meer, das britische Weltreich bricht zusammen. Der britische Premierminister Ramsay MacDonald (damals war gerade eine Labour-Regierung in Großbritannien am Ruder) wird gefangengenommen.
Hirnschal hat mehr Glück als später sein Landsmann Hitler. Er wird auf seiner Heerfahrt vom Heimwehrführer Steidle und vom Stabschef der Heimwehr, Major Pabst, begleitet und vom braven Soldaten Schwejk beraten. Es ist beinahe rührend, wie Hirnschal mit seiner Flottille auf die Reise geht – natürlich die Donau hinauf bis zu den Donauquellen, von dort weiter bis zur englischen Küste. England wird erobert, Amerika gleich mitgenommen. Der österreichische Spießer ist der Herr der Welt.
Hier finden sich Züge, die an die Reise- und Abenteuerromane der Vergangenheit erinnern, gewiß auch Anklänge an die Erlebnisse des Barons von Münchhausen. Jedenfalls beschließt Hirnschal, jetzt auch den Mond zu erobern, weil dieser ihn so sehr an das geliebte Kipfel erinnert. »Ich nehm' das Mondkipfel in die Hand und tunk' mir's in den Kaffee.« So lautet der Refrain seines Triumphgesanges. In seiner Kritik schreibt Ernst Fischer in der *Arbeiter-Zeitung:* »Das Lied des Überspießers, das hier ertönt, ist die letzte Steigerung des altbekannten ›I reiß der Welt a Haxen aus!‹ Der Bierrausch mündet in den Weltrausch.« Ernst Fischer sieht hier in Hirnschal den »Nero im Schlafrock, den Timur im Kinderzimmer«.
Aber Hirnschal darf nicht recht behalten. Er wird ins Irrenhaus gebracht. Alles endet, wie es bei einer Revue sein soll, mit Glück und Freude und einem Tanz von bildhübschen Girls, deren Kleidung, wie Ernst Fischer betont, dem Modereglement der christlichsozialen Bundesrätin Pichl (einer

Bekämpferin der »Unsittlichkeit« in der Kleidung) gar nicht entspricht.
Der malerische Höhepunkt dieser Revue war, neben der »getanzten Zeitung«, offenbar die phantastische Stromfahrt. Ernst Fischer hebt noch einen Witz hervor, der, wie er berichtet, »im Souffleurkasten steckenblieb«: »Auch in der Politik gelten die Nullen nur etwas, wenn sie rechts stehen.« Man kann sagen, daß mit diesem Programm das Politische Kabarett seinen Horizont über Österreich hinaus öffnet und sich für die Weltpolitik zu interessieren beginnt. Aber daß es so kam, lag nicht am Politischen Kabarett selbst. Im Zeitalter des wachsenden Faschismus begann die Welt einen anderen Charakter anzunehmen.

Die Kernstock-Hymne

Das Unterrichtsministerium gab damals einen Erlaß heraus, wonach in den Schulen zum Ersatz der alten kaiserlichen Volkshymne (»Gott erhalte«) und wohl auch der vielfach gebräuchlichen Deutschland-Hymne mit der gleichen Melodie (»Deutschland, Deutschland über alles«) eine vom steirischen Dichter und Pfarrer Ottokar Kernstock verfaßte neue »Bundeshymne« in den Schulen gesungen werden solle. Die Kernstock-Hymne begann:

Sei gesegnet ohne Ende,
Heimaterde wunderhold.
Freundlich schmücken dein Gelände
Tannengrün und Ährengold.
Keine Willkür, keine Knechte,
Off'ne Bahn für jede Kraft! ...

Die neue Hymne gab dem Kabarett Gelegenheit zu folgender Szene:

HIRNSCHAL: So – jetzt singt mir noch zur Feier des Tages die österreichische Bundeshymne vor.
(Gesangsverein tritt auf in Frack und Zylinder.)
KAPELLMEISTER: Tschuldigen schon, wir singen's zum erstenmal. Vielleicht klappt's noch nicht ganz.

ALLE: Sei gesegnet ohne Ende, sei gesegnet ohne Ende.
KAPELLMEISTER: Was ist denn? Was singens denn immer »Sei gesegnet«?
1. SÄNGER: Aber da steht ja: »ohne Ende.«
KAPELLMEISTER (schaut nach) A ja. Stimmt! Also singen wirs ohne Ende weiter!
ALLE: Sei gesegnet! Sei gesegnet! Sei gesegnet! Sei gesegnet!
KAPELLMEISTER: Pscht! Pscht! Das is ja allaweil dasselbe. Singen wir gleich weiter »ohne Ende«.
ALLE: Sei gesegnet . . .
2. SÄNGER: Unser Kaiser, unser Land
3., 4. SÄNGER:

Heimaterde wunderhold.
Freundlich schmücken dein Gelände
Tannengrün und Ährengold.

TANNENGRÜN UND ÄHRENGOLD (aus dem Publikum): Hier! Meinen Sie mich? Meinen Sie mich? (Rennen auf die Bühne)
KAPELLMEISTER: Was stören Sie hier?
TANNENGRÜN: Sie ham mich doch gerufen! Mein Name ist Moritz Tannengrün.
ÄHRENGOLD: Ährengold, wenn ich mich vorstellen darf.
KAPELLMEISTER: Entschuldigen, das ist ein Irrtum, ich habe nicht Sie gemeint. – Also singen wir weiter:

Sei gesegnet ohne Ende,
Tannengrün und Ährengold.

TANNENGRÜN UND ÄHRENGOLD (verbeugen sich dankend und gehen von der Bühne).
(Daß die beiden Schauspieler »Tannengrün« und »Ährengold«, die aus dem Zuschauerraum auf die Bühne stürzten und sich dort die Hände schüttelten, in Wirklichkeit Grünbaum und Ehrenzweig hießen, was den Zuschauern bekannt war, verstärkte zweifellos den Effekt dieser kleinen Szene.)
KAPELLMEISTER: Bisserl geschwinder, singen wir gleich die zweite Strophe!
ALLE: Keine Willkür, keine Knechte,

Off'ne Bahn für jede Kraft!

ZWISCHENRUF: Hoch der C. V.!
ALLE: Gleiche Pflichten, gleiche Rechte . . .
ZWISCHENRUF: Nieder mit den Saujuden!

(Daß die Szene hier schließt, ist unwahrscheinlich. Aber die Fortsetzung ist im Manuskript nicht erhalten. Der C. V. [Cartell-Verband] war die zentrale Vereinigung der katholischen Burschenschaften, von der es hieß, daß die »Cevauer« durch »Freunderlwirtschaft« die besten staatlichen Stellen erhielten. Mit den Zwischenrufen sollte der Gegensatz zwischen der Praxis und dem Prinzip »Off'ne Bahn für jede Kraft« hervorgehoben werden.)

Szenen aus »Hirnschal macht Weltgeschichte«

(Aufbewahrt von Robert Lammer)

(*Anmerkung:* Hopatatsch, Pallawatsch und Fix Laudon sind Hirnschals Zechkumpane. »Hopatatschig« ist ein wienerischer Ausdruck für »ungeschickt«. »Pallawatsch« ist ein durch Dummheit entstandener Wirrwarr. »Fix Laudon« ist ein alter militärischer Fluch, der seinen Namen von dem Feldherrn Kaiserin Maria Theresias, General Laudon, herleitet. »Kahlenberg« ist der Heimwehrführer Starhemberg. Die Assoziation liegt wohl auch darin, daß bei der Türkenbelagerung Wiens im Jahr 1683 das Entsatzheer vom Kahlenberg her vorrückte, um Wien zu befreien, dessen Verteidigung in den Händen von Graf Starhemberg, einem Ahnherrn des Heimwehrführers, lag. Im Februar 1930 war Starhemberg noch nicht oberster Führer der Heimwehr. Diese Stellung errang er erst durch den Sturz Steidles im September des gleichen Jahres. Zwistigkeiten zwischen den Heimwehrführern sind im Text wiederholt angedeutet.)

Staatsstreich

(Zuschauerraum und Bühne dunkel. Als Rückwand eine Mauer mit Fenstern in verschiedener Höhe.)

NACHTWÄCHTER:
Hört, ihr Leute, und laßt euch sagen,
Die Urania-Uhr hat zwölf geschlagen.
Dreht ab den Gashahn und das Licht,
Damit kein Unglück nicht geschicht.

I waß net, was des heit is, mir is so unheimlich. So eine kohlrübenschwarze Nacht.
HIRNSCHAL (schreit auf).
NACHTWÄCHTER (schreit auf).
HIRNSCHAL: Was ist los?
NACHTWÄCHTER: Is wos gschehn?
HIRNSCHAL: Nix is – meine Nerven gehn mir heut so auf die Nerven!
NACHTWÄCHTER: Dann gehn S' schlafen. (Singend ab.)
HIRNSCHAL: Hirnschal, jetzt nimm alle Kraft zusammen. (Sieht auf die Uhr.) Zwölf Uhr – die Stunde ist da.
(Ein Fenster öffnet sich. Frau Sopherl schüttet einen Topf Wasser auf die Straße neben Hirnschal und singt: »Guter Mond, du gehst so stille«.)
HIRNSCHAL: Donnerwetter, Ruhe!
SOPHERL: I kann singen, wieviel i will. (Schlägt das Fenster zu – Trompete im Zuschauerraum.)
HIRNSCHAL: Geht schon an.
HOPATATSCH (von rechts): Nieder mit die Sozi!
FIX LAUDON (von links): Roter Hund, gfreu di!
HOPATATSCH: Heut putsch i da ane!
FIX LAUDON: Ah, du bists, Hopatatsch, jetzt hab i di für an Marxisten ghalten.
HOPATATSCH: Schau, schau, der Fix Laudon. Wie man sich trifft in der Nacht. Entschuldigst schon, i hab di im finstern Dunkeln verwechselt.
KAHLENBERG (tritt auf): Heut bin ich in meinem Element, ich, der Fürst Kahlenberg. Ach, könnten meine Ahnen doch ahnen, was für aner ich bin!
(Couplet, nach der Melodie von: »Ich hab kein Auto, ich hab kein Rittergut.« Text des Anfangs überliefert von Robert Lammer):

Ich hab ein Auto,
ich hab ein Rittergut.
Bin auch von blauem Blut . . .
(Trommelwirbel)

HIRNSCHAL: Guat geht's. (Pallawatsch kommt durch das Publikum.)
PALLAWATSCH: Melde gehorsamst, Rathauskeller besetzt.

HIRNSCHAL: Kameraden, ein entscheidender Sieg ist errungen: der Rathauskeller ist besetzt.
ALLE: Hurra, auf in den Rathauskeller! (Sie wollen ab.)
FRAU HIRNSCHAL (kommt) Was, du Falott! Wo hast g'steckt die ganze Zeit mit deinem Rausch? Ha? Red, wennst dich traust! Na wart, die Hieb! Geh ma, oder i werd dir Füß machn!
HIRNSCHAL (schwach): Fix Laudon!
FIX: Zu Befehl.
HIRNSCHAL: Der Staatsstreich wird abgesagt. Mei Alte is da.
FRAU HIRNSCHAL: Mit was für saubere Spießgesellen treibst du dich denn da herum? Na wart, heut bleibt kein Sessel ganz!
HIRNSCHAL: Weiche von hinnen, tückisches Weib! Ich bin die Jungfrau von Orléans.
FRAU HIRNSCHAL: Ich werd dir Jungfrau geben! Nix wie Weiber im Kopf! Schamst di net, du Sittlichkeitsverbrecher!
FIX (zu Hirnschal): Schau, absagen können wir nicht, wir haben den Putsch schon vierundzwanzigmal verschoben. Wir halten einfach dei' Alte fest, und du rennst davon.
HIRNSCHAL: Gut, aber paßts auf, sie beißt –
(Fix und Hopatatsch halten Frau Hirnschal fest.)
HIRNSCHAL (rennt davon): Der Staatsstreich geht weiter!
FIX: Im Namen des Gesetzes . . .
FRAU HIRNSCHAL (schreit).
HOPATATSCH: So, jetzt lassen wir s' stehn (Fix, Hopatatsch und Pallawatsch laufen davon).
FRAU HIRNSCHAL: Ihr Lausbuben, eine ehrsame Bürgersfrau vergewaltigen!
FRAU SOPHERL (öffnet das Fenster): Was ist das für ein Krawall mitten in der Nacht!
FRAU HIRNSCHAL: Jö, die Frau Sopherl. Mein Mann ham s' mir gstohln.
FRAU BLASCHKE (öffnet ein anderes Fenster): Hilfe! Mein Mann ist weg! Mein Mann ist verschwunden!
FRAU SOPHERL: Ja, wissen S' denn net? Heut is doch Staatsstreich!
FRAU BLASCHKE: Jessas, die Freud!
FRAU HIRNSCHAL: Möcht wissen, was mein Mann beim Staatsstreich zu tun hat. Der hat das noch nie gemacht.
FRAU RESERL (kommt atemlos): Der Staatsstreich hat schon angefangen! Es ist ein großer Pallawatsch. Im Prater is scho

Diktatur. Der Calafatti ist zur Heimwehr übergegangen. (*Anmerkung:* »Calafatti«: Figur eines Chinesen im Prater.)
FRAU HIRNSCHAL: Mein Mann is das net g'wöhnt. Bei so an kalten Staatsstreich könnt er sich verkühl'n.
FRAU RESERL: Jetzt ham a paar Streikbrecher von der Technik die Liliputbahn bei der Rotunde in Betrieb gesetzt, dabei ist die Lokomotive durchgegangen – rennt beim Lusthaus umanand. Die Rotgassen hams auf Schwarzgassen umtauft und die Adlergassen in Seipelgassen. Der Bauernmarkt heißt ab heute Steiermarkt – zu Ehren von der Warenumsatzsteuer.
ZEITUNGSVERKÄUFER (durchs Publikum): Extraausgabe!
FRAU BLASCHKE: Gebn S' her a Blattl – Was is denn das? Da steht ja gar nix drin!
ZEITUNGSVERKÄUFER: Ja, wissen S', wir leben jetzt in der Diktatur. Das ist das erste Exemplar der gereinigten Presse.
FRAU HIRNSCHAL: Na, endlich ist die *Arbeiter-Zeitung* einmal interessant.
FRAU RESERL: Und vor allem ganz unpolitisch.
PALLAWATSCH (hängt eine Proklamation auf).
FRAU BLASCHKE: Was is denn das? (Liest vor:) An das Volk und die besseren Stände! Heute um zwölf Uhr wurde die Diktatur geboren. Sie lebe hoch! Die Diktatur liegt in den bewährten Händen Sebastian Hirnschals des Ersten mit dem Ehrennamen »Die österreichische Jungfrau von Orléans« (sprich Orlea). Wer ab heute in seinem Haus einen Roten verbirgt oder selber einer ist, hat sich innerhalb von 24 Stunden beim Polizeikommissariat zu melden, worauf an ihm die Hinrichtung vollzogen wird. Zur Bewältigung des Andrangs werden Nummern ausgegeben. Im ersten Jahr des Heils. Sebastian Hirnschal m. p.
FRAU RESERL: Jetzt sixt es, da hast es. Hab ich's net alleweil gsagt.
FRAU HIRNSCHAL (fassungslos): Der Wastl?
FRAU RESERL: Kommen S', das müssen wir der Frau Kuddelfleck erzählen.
(Quartett. Dann ab.)
(Hirnschal, Putsch, Großmaul kommen.)
GESCHREI: Viktoria! Sieg! Heil! Heil! Gut is gangen, nix is gschegn! Hoch Hirnschal!

HIRNSCHAL: Meine geliebten Heerführer! Uns ist ein glänzender Sieg gelungen. Kein Mensch hat was gemerkt. Die Wiener werden in der Früh aufwachen, werden eine traurige Republik in die verflossene Zeit werfen und mit glänzenden Augen in die Diktatur schauen. Österreich hat eine Diktatur. Ihr bekommt alle das Ehrenzeichen für Verdienste um die Republik. So, und jetzt gehn wir alle zur großen Siegesfestakademie in die Riemergasse. Hiemit ist der kalte – brrr – Staatsstreich beendet.
(Marsch. Alle ab.)

Anmerkung: Daß die Festakademie zur Feier des gelungenen Putsches in der Riemergasse, das heißt in den Panspielen, stattfindet, wo die Aufführung tatsächlich vor sich ging, ist ein durch die Umstände inspirierter Witz. Der Name Hirnschal für den ewigen Spießer wurde von Robert Ehrenzweig (später Robert Lucas), dem Schöpfer dieser Gestalt, erfunden. Er teilte auf Befragen mit, er habe in der Volksschule einen Mitschüler mit Namen Hirnschal gehabt, doch sei dieser kein besonderer Spießer gewesen.

Nach dem Sieg über den inneren Feind

(Hirnschals Reise nach England)

Anmerkung: Von den auftretenden Personen ist Dr. Großmaul der oberste Führer der Heimwehr, Dr. Steidle. Er war Tiroler und von Beruf Advokat. Sein Rivale Kahlenberg ist Starhemberg. Major Putsch ist der Stabschef der Heimwehr, Major Pabst, der nach Teilnahme an einem rechtsradikalen Putsch in Deutschland illegal nach Österreich gekommen war. Von den englischen Politikern war Ramsay MacDonald als Führer der Arbeiterpartei damals Premierminister der englischen Labour-Regierung. Der langjährige Generalsekretär der Partei, Arthur Henderson, war Außenminister. Daß sie in der Sprache der österreichischen Heimwehrler als »Max Donald« und »Hendelsohn« bezeichnet werden, ist eine Angleichung an die Namen von politischen Gegnern, wie sie die österreichischen Heimwehrler gewohnt waren.
Die Donaureise auf dem Schiff vollzieht sich in der Weise, daß der Hintergrund mit den Zurückbleibenden langsam nach

rechts wandert, während die stillstehende Donauflottille sich infolgedessen zu bewegen scheint. Daß die »Lorelei« eigentlich eher zu einer Rheinfahrt als zu einer Donaufahrt gehört, dürfte die Autoren des Kabaretts nicht besonders gestört haben.

(Fix Laudon von Kruzitürken – Pallwatsch – Hopatatsch. Machen wie nach einer schweren Rauferei Toilette; einer schmirgelt das Schwert, einer wäscht sich das Gesicht, einer krempelt sich die Ärmel herunter etc. etc. Sie singen nach der Melodie: »Fuchs, du hast die Gans gestohlen«:)

Wir zogen in den Bürgerkrieg
Gegen den innern Feind.
Der Hahnenschwanz errang den Sieg,
Der rote Terror weint.
Sebastian Hirnschal kommandiert.
Er ist ein großer Held
Und wenn uns kein Malheur passiert,
Erobern wir die Welt.

FIX LAUDON: Seine Exzellenz, der erste Bundesführer, Dr. Großmaul, er lebe hoch! Hurra! Heil! Na was is, warum schreits ihr net mit?
PALLAWATSCH: Zu was denn, Fixlaudon, es hört eh niemand zu!
HOPATATSCH: Das ganze Großmaul kann mich . . .
FIX: Aber Kamerad Hopatatsch!
PALLAWATSCH: Recht hat er. I halt zum Fürsten Kahlenberg. Das is a Fürst mit Haxen. Der Großmaul is a gewöhnlicher Emporkömmling.
HOPATATSCH: Der Fürscht ghört in d'Würscht. Mir san Frankfurter Würstln lieber als Kahlenberger Fürstln. I laß mi überhaupt nimma – kommandieren.
PALLAWATSCH: Unterschlagen kann a jeder.
FIX: Du, wann Du den Großmaul beleidigst, hast es mit mir zu tun.
HOPATATSCH: Halts Mäul!
FIX: Kamerad! Es scheint mir, du hast schon lange keinen fremden Spaten am Kopf ghabt. Wer ist denn mit dem Geld vom Heimatbund durchgegangen? Kennst du den? Ha?

HOPATATSCH: So! Und wer hat denn die Kasse von der Heimwehr von Oberunterstoißen mitgehen lassen?
(Sie prügeln sich.)
FIX: Du, du Packler, du Friedenswinsler!
HOPATATSCH: Was hast gsagt? Beleidigen?! Na wart!
FIX: I geh davon und kauf mir eine Privatarmee.
PALLAWATSCH: Bravo! Hauts euch! Gib eam ane!
SCHWEJK (kommt mit Wanderbündl, Tornister, Pfeife. Wanderbündl am Gewehr): Tschuldigen bitte – wenn ich gemitliche Unterhaltung ster. Möchten die Herren die Freindlichkeit haben, bitte, wie komm ich schnell nach Kumrowitz?
PALLAWATSCH: Stören S' net, mir ham a Beratung. (Rauferei geht weiter.)
SCHWEJK: Da war amol bei die 99er ein Feldwebel – gewisser Babuschka –, der was hat ghabt a Gspusi mit Tochter von Oberlajtnant. Leider hat ihm gfehlt rechte Ohrwaschl. Alsdern die Herren wissen nicht Kumrowitz – Geh ich wieder. (Ab.)
(Major Putsch kommt. Pallawatsch, Hopatatsch und Fixlaudon hören zu raufen auf und singen):

Wir waren grad im Bürgerkrieg
Gegen den inneren Feind.
Der Hahnenschwanz errang der Sieg.
Der rote Terror weint.

MAJOR PUTSCH: Was ist denn das für eine Disziplin? Verdammte österreichische Schlamperei: Gerade stehn! Gerade stehn! (Die drei schlüpfen in ihre Röcke und stellen sich auf.) Habt acht!
SCHWEJK (kommt): Bitte schön, Herr General, wissen Sie vielleicht Weg nach Kumrowitz?
MAJOR PUTSCH: Schweig!
SCHWEJK: Bitt schen, bin ich. Mir scheint, wir kennen sich. San S' nicht der klane dicke Jud, was in Pisek immer gsessen is auf Gulaschkanon?
MAJOR PUTSCH: Schweig!
SCHWEJK: Stimmt, so heiß ich.
MAJOR PUTSCH: Ruhe!
SCHWEJK: Is doch Irrtum. Is doch nicht der klane dicke Jud – Ruhe heiß ich nicht, bitteschön!

MAJOR PUTSCH: Maul halten! Einreihen, sonst setzt's Hiebe!
SCHWEJK: Da hab ich einmal kennt gewisse Hrdličkova, die war angestellt in Bedürfnisanstalt – als Bedürfnisangestellte in Prerau.
MAJOR PUTSCH: Reden Sie, wenn Sie gefragt wern. Sofort einreihen. – Die Schlacht geht los. Marsch!
SCHWEJK: (reiht sich ein). Schlacht ise sehr gut. Ham Sie schon a Feind? Da war amol Schneider in Komotau, der hat ghabt eine große Feind – Pospischil glaub ich hat er gheißen.
FÜRST KAHLENBERG (kommt): Heil!
PUTSCH: Heil!
SCHWEJK (grüßt).
PUTSCH: Habt acht! Direktion zum Bühnentürl, Marsch! (Die drei ab.)
SCHWEJK (bleibt zurück, zum Fürsten): Mir scheint, Sie san gewisse Novotny, was immer tachiniert hat, Sie Kerl, und ham S' gsagt, Sie san Schwager, herich, vom Erzherzog Salvator, mit Dörrgemüse, oder sagt man die Gemüse?
FÜRST (würdigt ihn keines Blickes, ab).

(*Anmerkung*; »Tachinierer« bedeutete einen Soldaten, der sich dem Kriegsdienst entzog und sich im Hinterland aufhielt. »Erzherzog Salvator« bezog sich auf einen Verwandten der Familie Habsburg, Erzherzog Leopold Salvator, der sich im Ersten Weltkrieg durch Geschäfte mit Dörrgemüse notorisch machte und als »Dörrgemüse-Salvator« bezeichnet wurde.)

SCHWEJK: Ein sehr freindlicher Herr! In Prerau is auch ein freindlicher Herr, der hat große Fabrik für Pfeifenrehrl.

(*Anmerkung:* Die von Schwejk in seinen Anekdoten erwähnten Plätze sind sämtlich Orte in Böhmen oder Mähren, meistens im damals deutschen oder gemischten Sprachgebiet, die Schwejk mit ihrem in Alt-Österreich gebräuchlichen deutschen Namen bezeichnet, während sie heute nur mehr mit ihrem tschechischen Namen bekannt sind.)

(Großmaul kommt.)
SCHWEJK: Tschuldigen, kennen Sie mir sagen den Weg nach Kumrowitz? Eigentlich bin ich da beim Regiment, was zieht in

die Schlacht. Aber plötzlich, mir nix dir nix, hat Regiment Fieß kriegt. Ich wer' noch die ganze Schlacht versajmen, wo ich mich schon so frei.

GROSSMAUL (mißt ihn mit einem Blick, ab).

SCHWEJK: Sehr ein lajtseliger Herr! Da gibts in Znaim auch ein lajtselige Herrn, der is so bled wie ein Zahnbürschtl.

(Hirnschal kommt.)

SCHWEJK: Da is a Verkehr wie am Wenzelsplatz in Prag. Bittschen, hams vielleicht am Weg a Schlacht troffen, da is irgendwo herich Krieg. Der Feind is herich in Verlust geraten. Jetzt wissens' nicht, auf wem a Krieg machen sollen. Na, haun Sie sich untereinander den Schädel ein.

HIRNSCHAL: Natürlich is Krieg. Wissen Sie, gegen wen?

SCHWEJK: Gegen wen is Krieg, is egal. Herich, Krieg is Krieg! Kennt sein gegen England.

HIRNSCHAL: Großartig, das is a Idee. Mann, Sie sind mir von Gott gesandt. Ich befördere Sie zum Gottgesandten, ich bin nämlich die Jungfrau von Orléans; die hat auch gegen die Engländer gekämpft.

SCHWEJK: So a Frajd. Hab ich ihnen gar nicht angesehen, aber macht nichts, da hab ich gekannt Jungfrau von Mährisch Triebau, was hat gekriegt Zwilling, hat man ihr auch nicht angesehen.

HIRNSCHAL: Schnell, die Armee soll herkommen! Ganze Armee hergestellt!

SCHWEJK: Lajtln, herkommen, herkommen! Hallo, herts ihr denn nicht? Die hern nicht. Wahrscheinlich sitzens grad auf Ohrwascheln, herich. Hallo, ös Gselln! Werdts ihr kommen, wenn ich ruf, ihr Bürschln!

(Es kommen Putsch, Großmaul, Fürst Kahlenberg, Hopatatsch, Pallawatsch, Fixlaudon.)

HIRNSCHAL (stellt sich aufs Stockerl): Das Vaterland ist befreit, wir haben das rote Wien mit der Hand in der Faust gestürmt! Der Breitner ist geopfert. Auf dem Rathaus weht die weiß-grüne Fahne. Der Marxismus ist vernichtet. Vernichtet ist der Marxismus. (Zu Schwejk.) Wo bin ich stehen geblieben?

SCHWEJK: Sankt Marx is herich vernichtet.

(*Anmerkung:* Sankt Marx ist ein Teil des Wiener dritten Gemeindebezirks, damals Sitz des Viehmarkts.)

HIRNSCHAL: Gott hat mich berufen. Ich bin ein weltgeschichtliches Ereignis ersten Ranges. Ich habe Schulter an Schulter mit Gott für Kaiser und Vaterland, eingedenk des Lorbeerreises, mit Gott für Kaiser und Vaterland gekämpft wie der Löwe von Aspern. Drum sei gesegnet ohne Ende, Österreich wird ewig stehen. (Er fällt vom Stockerl.)
ALLE: schreie Bravo! (Tusch.)

(*Anmerkung.* Die Phrasen in der Rede Hirnschals sind umgestaltete Parolen aus dem Ersten Weltkrieg, vermischt mit Teilen der alten Kaiser-Hymne und der von Ottokar Kernstock gedichteten neuen Hymne. Der Löwe von Aspern ist ein im Wiener Gemeindebezirk Aspern errichtetes Denkmal zum Andenken an die Schlacht gegen Napoleon, die dort im Jahr 1809 stattfand.)

HIRNSCHAL: Nach Besiegung meiner Feinde im Innern wenden wir uns dem äußeren Feinde zu.
SCHWEJK: Gott strafe England!
HIRNSCHAL: Sehr richtig! Er strafe es! Ein gewisser englischer Jude namens Hendelsohn oder Henderson, weiter ein gewisser Max Donald haben die Heimwehr beleidigt. Zur Strafe erklären wir ihm den Krieg.
ALLE: Bravo! Nieder mit England!
HOPATATSCH: Wo is denn der Weg nach England?
SCHWEJK: Da setzen wir uns jeder in a Schinackl und fahren die Donau hinauf.

(*Anmerkung.* »Schinackl« ist ein österreichischer Ausdruck für ein kleines Schiff.)

HIRNSCHAL (zu Großmaul): Ich ernenne dich zum Admiral. Laß die Donauflotte losbinden.
GROSSMAUL: Die marinierten Soldaten antreten!
(Marinegirls mit kleinen Schifferln treten auf.)
SCHWEJK: Jetzt kommts Flotte. Spielts flotten Marsch.
PALLAWATSCH: Is das die ganze Flotte?

FÜRST: Unsere große Flotte sind die Unterseeboote, aber die sieht man nicht, die sind unter der Bühne.
GROSSMAUL: Holts das Admiralschiff! Ergreift das Seil!
(Sie ziehen nach der Melodie »Die Wolgaschiffer« ein großes Schiff herein.)
CHOR: Auf nach England, Sebastian Hirnschal! In den großen Krieg zieht die Heimwehr, auf nach England!
SCHWEJK (allein): Kruzitürken! Mein Gott, is das Schinackl aber schwer.

CHOR:

Auf nach England! (Kruzitürken!)
Auf zum Marsch nach London!
Nieder mit dem Hendelson,
Nieder mit Breitner, nieder mit Max Donald.
Die Marxisten werden alle g'haut.

SCHWEJK:

Schinackl bledes,
Na jetzt geht es,
Warum zieht der Kerl denn nicht stärker an.
Bin ich dein Wurzen,
Du bleder Kerl?

ALLE: Auf nach England! (Musik verklingt. Hirnschal und Schwejk steigen in das Schiff.)
HIRNSCHAL (kommandiert): Alle Mann an Deck!
SCHWEJK: Alle Mann an a-Bord!
HIRNSCHAL: Alle besteigen die hintern Schiffe! Sitzts ihr alle. Wenn ich eins, zwei, drei kommandiere, mit Volldampf marsch gegen den Feind. Also Achtung! Hoch Achtung – Höchste Achtung! Eins, zwei, drei, los!
(Wechselgesang zwischen Zurückbleibenden und Schiffen. Melodie »Was sagt mein Mäderl dazu«):
CHOR der Zurückbleibenden:

Adieu, adieu! Wir werden sehnend euch erwarten,
Kommts g'sund nach Haus und schreibt aus England
Ansichtskarten!
Ihr kämpft für's Vaterland
als Seehelden bekannt.
So lebt denn wohl. Es gibt ein Wiedersehen!

MATROSENCHOR:

Wir gleiten flink dahin
Im Wellenglanz,
Das ist so Seemannslos,
Wenn die Gefahr auch sehr groß,
Auf Gott vertraut unser Sinn,
Im Sturmestanz.
Wir kehren zurück bald nach Wien
Im Lorbeerkranz.

SCHWEJK:

Was sagt mein Mädel dazu
In Kumrowitz?
Ob sie wohl noch an mich denkt?
Sie hat, herich, ihr Herz schon verschenkt.
Ich bin ein Seemann jetzt worden,
Daß ich nicht lach.

(Die Zurückbleibenden verschwinden langsam nach rechts. Im Schiff sitzen Hirnschal und Schwejk.
Es zieht vorbei: die Lorelei.
Couplet.)
(Landschaft, dargestellt von Girls – Bäume, Ruinen, Häuser, Kühe, Hähne usw. Zum Schluß große Tafel: England. Alle steigen aus.)

HIRNSCHAL: Alles aussteigen! Ganze Armee Habt acht! Zerstreut euch! England erobern! Eins, zwei und schon!
(Allein, versucht englisch zu sprechen.)
Yes. (Räuspert sich.) Yes. Mister Hirnschal. Diktator of England. Schmeckt. Beefsteak. Rummy. Girl.

SCHWEJK: Powidl, Golatschn.

HIRNSCHAL: Das is ja französisch. Da muß ma englisch reden: Pudding five o'clock tea. Tschick.

SCHWEJK: In Pardubitz war a klans Bamberletsch, was hat ghabt englische Krankheit. Ist kuriert worden mit englische Pflaster. Seitdem versteh ich so viel Englisch.

HIRNSCHAL (zeigt auf die Uhr). Ich weiß net, was die so lang brauchen, um England zu erobern. Ist eh nur so a notige Insel.

PUTSCH (kommt mit einem gefesselten Mädchen): Herr Diktator, hier bringe ich ... die gefährlichste Bolschewikin, die ich in meinem Leben gesehen habe.

DAS MÄDCHEN: Ich protestiere gegen eine solche Behandlung. Wie kommen Sie dazu, mich zu fesseln? Das verstößt ja gegen das Menschenrecht!

HIRNSCHAL: Dös hab i schon gfressen. Wenn ane von Menschenrecht zu schwafeln anfangt – dös san gewöhnlich die gefährlichsten. Sperrts es ein!

MÄDCHEN: Was fällt euch ein! Jeder Mensch hat das Recht, seine Meinung frei zu äußern.

HIRNSCHAL: Paperlapapp.

MÄDCHEN: Alle Menschen haben gleiche Rechte.

HIRNSCHAL: Dös is ka Bolschewikin, dös is no was Ärgeres – was dös für Ansichten sind, dös is ja a Austromarxistin mitten in England! Daß dös gibt! Wer bist du, hochverräterisches Weib?

MÄDCHEN: Ich bin die Demokratie – hier in England ist meine erste Heimat.

HIRNSCHAL: Was, die Demokratie? Du – halloh, Großmaul, mir scheint, mir san ja für die Demokratie?

GROSSMAUL: Jawohl, wir sind die Kämpfer für wahre Demokratie – wir sind die Schützer der Demokratie.

HIRNSCHAL: Ja, was soll man denn mit dem Madel machen?

GROSSMAUL: Laß sie in einen tiefen Keller stecken und einmauern, damit sie geschützt ist.

HIRNSCHAL: Führt sie ab!

KAHLENBERG: Melde gehorsamst, England erobert! (Die übrigen kommen.)

GROSSMAUL: Der Heimatschutzgedanke hat auch hier gesiegt. England ist von den Engländern befreit, die zugewanderten Saubriten, dieses Krämervolk, diese Britelach sind eingesperrt. Der bodenständige Alpinismus hat die Macht.

FÜRST: Wir ham die englische Verfassung gründlich reformiert. Das Oberhaus ham wir in Keller verlegt, das Unterhaus in den dritten Stock, dazwischen ham mir ein Ständeparlament eingerichtet. Den englischen Löwen ham mir durch den steirischen Panther ersetzt.

(Pallawatsch mit einem Indianer im Auto.)

HIRNSCHAL: Was kommst du so spät?

PALLAWATSCH: A so a Pallawatsch! Echt englische Schlamperei! Ich hab mich geirrt und hab gleich Amerika miterobert. Hier bringe ich den letzten Mohikaner.

SCHWEJK: Das hättst aber nicht tun sollen, du übermitiges Hutschpferd. Was soll mer jetzt anfangen mit Amerika? (Zu Hirnschal:) Bleibt Ihnen nix übrig, wie Sie werden auch Diktator von Amerika.

HIRNSCHAL: Kusch! Von jetzt an bin ich auch Diktator von Amerika. Wenn schon, denn schon. Ich hab mich schon entschlossen, mich zum Kaiser von Amerika krönen zu lassen. Mein Reich reicht von Lundenburg bis Hollywood, von oben bis unten. Ich bin ich und ihr seid's alle Teppen. Morgen erobern wir Afrika, und wenn noch Zeit ist, erobern wir zur Jausen Australien, dort tunk ich mir an Schwarzen in Schwarzen. Richtig, weil's mir grad einfällt: Pallawatsch, du vernichtest alle Indianer, weils Rothäute san. Dafür kriegen die Chineser jeder fünf Schilling, weils gelb san. So.

SCHWEJK: Herr und Meister! Sie sind Mordslakel. Alle Achtung! Sie sind klaß! Aber bitt Sie, was ist das schon alles für Sapperlatscherl wie Ihnen? Die Erde ist klaner Knedel. Wir haben ghabt Kechin, a gewisse Mizzi, hat gemacht bessere Knedel.

HIRNSCHAL: Schafft mir noch eine Erde her, ich will sie erobern!

SCHWEJK: Was is' mit'n Mond? Der Mond is' auch kein Hund, der Mann im Mond muß Hahnenschwanzler werden.

HIRNSCHAL: Bravo, das ist eine Idee! Her mit an' Liter! Her mit der Mondscheiben! Marsch, Saubande! Direktion Mond! Ich ernenne mich hiemit zum Diktator vom Mond.

CHOR:

Fix sakra, is das net a Leben?
Jetzt fliegen wir auf den Mond!
Den Mondbewohnern werden wirs geben,
Das sind wir schon gewohnt.

HIRNSCHAL:

Zu klein ist mir das Erdenland,
Drum flieg ich in die Höh',
Das Mondkipfel nehm ich in die Hand
Und tunk es in' Kaffee.

ALLE:

Der Hirnschal ist ein fesches Haus,
Das sieht jetzt jeder doch,

Drum brechen in den Ruf wir aus:
Kaiser Hirnschal lebe hoch!
(Alle ab. Vorhang.)

Schlußszene

(Herr und Frau Hirnschal sitzen auf einem Diwan. Jause.)
HIRNSCHAL: Delikat ist der Kaffee. Der Kaffee ist delikat. – A schönes Mondkipfel.
FRAU HIRNSCHAL: Oh Gott, seine fixe Idee! Fängt schon wieder an! (Musik. Es marschieren ein: Pallawatsch, Fix Laudon, Hopatatsch. Melodie »Haben Sie nicht den kleinen Kohn geseh'n?«)

GESANG:
Wir kommen alle voller Freud
Und feiern unsern Hirnschal heut'.
Putsch, Großmaul, Kahlenberg (kommen):
Er soll uns führen, wenn wir ziehn
Auf unseren nächsten Marsch nach Wien.
(Schwejk, Gelbschnabel, Sandor Weisz, Teut, Dolezal, Reserl, Sopherl, Frau Blaschke kommen:)
Hirnschals Befreiung freut uns sehr,
Aus diesem Grunde ziehn wir her.
Gebt alle acht und steht parad,
Die ganze Volksbewegung naht!

HIRNSCHAL:
Es freut mich, daß ich euch hier seh'.
Ihr kriegt jetzt Kipfel und Kaffee.
SCHLUSSGIRLS:
Liebes Publikum, du mußt verstehn,
Du hast Weltgeschichte hier gesehn.
Verfassung reformieren,
In Österreich diktieren,
Das möchte mancher Narr.
No, ist's nicht wahr?
Alle kommen nicht ins Irrenhaus,
Viele laufen frei herum, o Graus,
Und politisieren.

Österreich ruinieren
Das möchte mancher Narr
No, ist's nicht wahr?

HIRNSCHAL: Ich danke für die Huldigung. Euch verdanke ich, daß die Eroberung Österreichs so schnell vor sich gegangen ist. Unsere Heimwehren haben die Marxisten vernichtet.

GROSSMAUL: Lieber Hirnschal, wir wissen nicht, wovon du sprichst. Ich glaube, du hast geträumt. Wir haben Österreich nicht erobert.

PUTSCH: Aber wir werden es erobern.

GROSSMAUL: Wir haben die Marxisten nicht besiegt.

PUTSCH: Aber wir werden sie besiegen.

GROSSMAUL: Und die Heimwehren befinden sich im Zustand der Auflösung.

MUSIK, GESANG (Melodie: »Eis! Eis!«):

Eh wir auseinandergehn,
Sagen wir »Auf Wiedersehn«!
Hirnschal wollen wir noch schnell bedauern,
Weil er den Verstand verlor,
Und weil er nicht Diktator,
Woll'n wir alle sein Geschick betrauern.
Weil er England und Amerika nicht hat besiegt
Und weil unser kleiner Hirnschal nicht den Mond gekriegt,
Machen wir nun justament
Schließlich doch ein Happy End.
Und zum Guten wende sich's am Ende.
Hirnschal macht Weltgeschichte nicht mehr! Aus! Aus! Aus!
Und wir ziehen unsere Kostüme aus! aus! aus!
Denn die Heimwehr-Volksbewegung,
Und Hirnschals Diktatur, Spießers Erregung,
All der Spuk ging vorüber. Aus! Aus! Aus!

(Couplet: Conferencier – Schwejk)

SCHLUSSCHOR (Haben Sie nicht . . . Refrain):

Manchen gibt es hier in Österreich
Der ist unserm guten Hirnschal gleich,

Fühlt sich diktatorisch,
Dabei ist er nur norrisch
Und manche glauben dann,
Es ist was dran!

Wann wirft endlich das Proletariat
Alle seine Feinde aus dem Staat?
Das wär' Weltgeschichte!
Das wär' Weltgeschichte!
Drum alle aufgewacht!
Es liegt in eurer Macht!

(Vorhang)

Das neunte Programm: »Österreich, wo gehst hin?«

Erstaufführung: 22. Oktober 1930

Es war einmal ein junger Mann

Das Kabarettprogramm, das sich mit der Person des zweifelhaften jungen Bundesbahn-Generaldirektors Strafella beschäftigte, hat sich mehr als jedes andere in die Erinnerung einer ganzen Generation von österreichischen Sozialisten eingeprägt. Und das mit Recht. Es war, kann man wohl sagen, der Höhepunkt der Tätigkeit der Wiener Veranstaltungsgruppe. Es hatte in seinem Humor ein heroisches Element.
Das war deswegen so, weil zu der Zeit, als es geschrieben und aufgeführt wurde und die Lieder dieses Kabarettprogramms in den Straßen der österreichischen Städte erklangen, kurzfristig eine Regierung am Ruder war, in der Faschisten eine maßgebende Rolle spielten. Zum ersten Mal waren die Faschisten an der Macht – oder hatten wenigstens entscheidenden Anteil an der Regierung. In der Regierung Vaugoin-Starhemberg, die am 30. September 1930 ans Ruder kam, war der Bundesführer der österreichischen faschistischen Heimwehr, Ernst Rüdiger Starhemberg, Innenminister und somit Chef der Polizei und Gendarmerie. Ein zweiter Heimwehrführer, der Salzburger Notar Dr. Franz Hueber, ein Schwager Hermann Görings, war Justizminister.
Der neue Bundeskanzler, Carl Vaugoin, war schon vorher als Heeresminister und als Vizekanzler eine führende Persönlichkeit des reaktionären Flügels der Christlichsozialen Partei gewesen. Er behielt auch als Bundeskanzler das Heeresressort bei. Damit war die gesamte Staatsgewalt in der Hand von Faschisten oder von faschistenfreundlichen Vertretern der Rechten. Und um den Sozialdemokraten die Möglichkeit zu wirkungsvoller Opposition im Parlament zu nehmen, löste die neue Regierung sofort das Parlament auf und schrieb für den 9. November Neuwahlen aus.
Es bestand jeder Grund, anzunehmen, daß die Regierung

Vaugoin-Starhemberg oder die Heimwehr selbst diese parlamentslose Zwischenzeit zur Errichtung eines wirklichen faschistischen Gewaltregimes ausnützen oder aber, falls die Wahlen nicht in ihrem Sinn ausfallen sollten, unter Mißachtung des Wahlergebnisses eine Diktatur herstellen würde. Spätere historische Forschungen haben ergeben, daß solche Pläne auch wirklich bestanden. Aber die Sozialdemokraten ließen sich in keiner Weise einschüchtern. Die Lieder des Politischen Kabaretts in dieser Krisenzeit waren ein Signal dieser mutigen Stimmung.

Die Wahlen fanden statt und brachten einen klaren Erfolg der Sozialdemokraten, die zur stärksten Partei im österreichischen Parlament wurden und die Christlichsozialen auf den zweiten Platz zurückdrängten. Damit war Starhemberg, der am liebsten schon vor den Wahlen zugeschlagen hätte, blamiert. Vaugoin, der damit gerechnet hatte, mit seiner Partei wirklich die Mehrheit zu erhalten, und deshalb auf Durchführung der Wahlen bestanden hatte, konnte gegen die klare Entscheidung des Volkes nicht auf seinen Plänen bestehen und mußte zurückreten.

Es war ein Sieg der öffentlichen Meinung über die Gewalt, ein Sieg des Stimmzettels, ein Sieg der Demokratie gegen den Faschismus. Daß dann vier Jahre später, 1934, in einer ganz anders gearteten Situation, der Faschismus doch in einem blutigen Bürgerkrieg in Österreich zur Macht kommen sollte, konnten die demokratischen Sieger von 1930 nicht ahnen.

Als dann 1968 eine kurze Meldung durch die Zeitungen ging, Dr. Franz Strafella sei in Graz gestorben, konnten die Jüngeren mit dieser Nachricht nichts anfangen; die Älteren konnten nicht glauben, daß es sich wirklich um denselben Mann handelte, der fast vierzig Jahre vorher in der österreichischen Politik eine so dramatische Rolle gespielt hatte.

Dieser Dr. Strafella, geboren 1891, war Generaldirektor der Grazer Straßenbahnen. Er hatte einen Straßenbahnerstreik erfolgreich unterdrückt und galt als energisch und rücksichtslos. Es war den Christlichsozialen wichtig, einen Mann zu finden, der bei den Eisenbahnen das durchsetzen konnte, was Vaugoin im Bundesheer zustande gebracht hatte. Vaugoin hatte aus einem »roten« ein »schwarzes« Bundesheer gemacht. Jetzt wollte man das Kunststück bei den »roten«

Bundesbahnen wiederholen. Die Stelle des Generaldirektors der Bundesbahnen wurde frei. Der einflußreiche Landeshauptmann von Steiermark, Dr. Rintelen, empfahl seinen Günstling Strafella für die Nachfolge. Vizekanzler Vaugoin drängte den Bundeskanzler Schober, einen korrekten Beamten, die Ernennung vorzunehmen.
Nun war man bei den Sozialdemokraten daraufgekommen, daß Strafella, der auch Vizebürgermeister von Graz war, in den Inflationsjahren nach dem Krieg alle möglichen undurchsichtigen Geschäfte gemacht hatte. In der *Arbeiter-Zeitung* vom 13. Mai 1930 stand in dicken Schlagzeilen: »Ein Geheimfonds, über den der junge Mann des Dr. Rintelen verfügen soll«, und »Die Bundesbahnen sollen den christlichsozialen Wahlfonds und die Heimwehren finanzieren«. Und dann wurde dort weiter erzählt, daß Strafella monatelang auf dem Börsenmarkt die Aktien der meisten Lokalbahnen zusammengekauft habe und dadurch zum größten Besitzer von Lokalbahnaktien in Österreich geworden sei. Strafella wurde als »unsauber« und »unkorrekt« und als für den Posten eines Bundesbahn-Direktors ungeeignet bezeichnet.
Strafella brachte gegen den verantwortlichen Redakteur der *Arbeiter-Zeitung,* Dr. Oscar Pollak, die Ehrenbeleidigungsklage ein. Die Verhandlung fand vor dem Strafbezirksgericht in Wien statt. Am 19. September 1930 verkündete der Presserichter Dr. Johann Powalatz, ein sehr gewissenhafter Mann, das Urteil, in dem die *Arbeiter-Zeitung* in einigen kleineren Punkten schuldig befunden, aber von der Anklage in den Punkten »unsauber« und »unkorrekt« freigesprochen wurde. Im Urteil hieß es, Dr. Strafella könne sehr wohl als »vorgeschobener junger Mann« des Dr. Rintelen bezeichnet werden.
Das war ein politischer Triumph für die Sozialdemokraten. Bundeskanzler Schober lehnte es unter diesen Umständen ab, Strafella zum Generaldirektor der Bundesbahnen zu ernennen. Vizekanzler Vaugoin bestand auf der Ernennung und führte, als Schober bei seiner Weigerung blieb, den Sturz der Regierung herbei. Er selbst wurde nun Bundeskanzler, nahm die Vertreter der Heimwehr in die Regierung auf und ernannte Strafella zum Generaldirektor der Bundesbahnen.

Wo gehst hin?

Der Titel des neuen Programms des Politischen Kabaretts drückte nicht nur Zweifel über den weiteren Weg Österreichs aus, sondern war auch ein etwas primitives Dialekt-Wortspiel auf den Namen des neuen Bundeskanzlers. Während in gebildeten Kreisen der Name des Heeresministers und neuen Bundeskanzlers in seiner richtigen französischen Form ausgesprochen wurde, nannte ihn das Volk »Wo-go-ihn«, so daß man den Namen mit »Wien« reimen konnte, oder gar »Wau-go-ihn«. In einem früheren Spottlied auf die Pläne der Reaktion für einen »Marsch auf Wien«, nach dem Muster von Mussolinis »Marsch auf Rom«, hieß es:

Herr Seipel Don Quichott' und Sancho Vaugoin
Marschieren schon die ganze Zeit auf Wien.

Allerdings war Vaugoin nicht klein und dick wie Sancho Pansa, sondern groß und kräftig. Von »Wo-go-ihn« bis »Wo gehst hin« ist nur ein Schritt.

Zur Sicherung gegen polizeiliche Verfolgung war es im Politischen Kabarett und auch in Zeitungsartikeln der sozialdemokratischen Presse über das Kabarett gebräuchlich geworden, die dargestellten Politiker nicht mit Namen zu bezeichnen, doch war es durch die Darstellung und die Umstände vollkommen klar, wer gemeint war. Deswegen ist in Artikeln zur Zeit des Bundeskanzlers Vaugoin von »einem Bundeskanzler« die Rede, wobei jedoch kein Zweifel besteht, daß nur der gegenwärtige Bundeskanzler, nämlich Vaugoin, gemeint sein kann. So hatte auch in der Zeit, als Prälat Seipel Bundeskanzler war, Kurt Zinram, der in einer perfekten Seipel-Maske aufgetreten war, vor den Behörden erklärt, er habe nur »einen Bundeskanzler« gespielt und selbst keine Ahnung gehabt, was für ein Bundeskanzler das gewesen sei!

In einem Artikel »Lachender Wahlkampf« in der illustrierten sozialdemokratischen Wochenschrift *Der Kuckuck,* verfaßt von dem jungen Redakteur Hafis (Hans Fischer), ist daher nur von »einem hahnengeschwänzten Fürsten« die Rede, womit Starhemberg gemeint ist, und von »einem Bundeskanzler«, der ihn besucht. Über das Kabarett selbst aber heißt es dort: »Bald wird in allen Straßen Wiens auf die Heimwehr gepfiffen werden: ›Ja, wozu brauchen, wozu brauchen wir die

Heimwehr?‹. Das ist nämlich der Schlager der Revue *Österreich, wo gehst hin?*, die das Politische Kabarett jetzt allabendlich in Wien spielt.«

Der Kuckuck fügt hinzu, die jungen Menschen, die sich zusammengetan hätten, um den Antimarxismus totlachen zu helfen, seien bereit, überall, wo ein Saal oder eine Bühne zu finden sei, das »lustige Trauerspiel des antimarxistischen Österreich«, nämlich *Österreich, wo gehst hin?*, zu spielen.

In diesem Stück gehe es den Spießern, Schiebern und Spekulanten so wie dem alten Kaiser Franz Joseph: ihnen »bleibt nichts erspart«. Und dann heißt es tiefsinnig – ohne den Namen Strafella direkt zu nennen: »Es ist schlimm für einen Mann, vom Bezirksgericht als unsauberer Schieber verurteilt zu sein; aber vom Politischen Kabarett als Schieber ausgelacht zu werden – das ist tödlich. Auf die Bühne kommt ein junger Mann des ... nun, mit einem Wort, ein junger Mann, der eben zum Generaldirektor der Mond-Bundesbahn ernannt worden ist.«

Es handelt sich also um eine Bundesbahn auf dem Mond. Und dann heißt es weiter: »Oh, er ist ein geschäftiger Bundesbahndirektor, er läßt sogleich die Lokomotiven schmirgeln und die Zahnräder mit Odol putzen. Dann singt er sein Couplet, und dann tritt er ab. Der junge Mann auf der Bühne natürlich, nicht der wirkliche, den es vielleicht auf irgendeinem anderen Planeten geben mag. Denn wirkliche Generaldirektoren treten nur ungern ab.«

Das Schmirgeln der Lokomotiven und das Putzen der Zahnräder mit Odol, einem bekannten Zahnputzmittel, deuten natürlich auf den Begriff des »Fachmanns« hin und erinnern gleichzeitig an das Wort »unsauber«.

Die Melodie des Strafella-Couplets war die eines damals sehr beliebten Schlagers im Marschrhythmus:

Bin kein Hauptmann, bin kein großes Tier,
Sondern nur ein ungarischer Honvedmusketier.

Die Honved war die ungarische Landwehr. Die österreichisch-ungarische Monarchie war im Jahr 1930 noch nah genug, um die Identifizierung des Sängers mit einem ungarischen Landwehrmann in einem deutschsprachigen Schlager möglich zu machen.

Die Fassung des Liedes im Politischen Kabarett begann:

Bin kein Fachmann, bin nicht von der Bahn,
Sondern vom Professor Rintelen der junge Mann.

Das durfte man sagen, das war vom Gericht sanktioniert. Daß Landeshauptmann Rintelen kein Professor war, sondern den Doktortitel führte, war ein Detail, das wohl im Interesse des Rhythmus keinen Unterschied machen durfte.

Der Text des Strafella-Couplets, mitgeteilt teils von Emma Baron-Weißmann, teils von Karl Bittman, lautet:

Daß ich zwar kein Fachmann, sondern nur ein Laie bin,
Das macht mir wirklich nichts aus;
Denn mich hat zum Fressen gern der Mister Vaugoin,
Fliegt auch der Schober hinaus!
Faul bin ich beim Steuerzahlen,
Scharf doch mit den Personalen!
Darum schwört der Vaugoin,
Weil ihm das so g'fällt,
Ich sei der richtige Held.
Bin kein Fachmann, bin nicht von der Bahn,
Sondern vom Professor Rintelen der junge Mann.
Trotzdem sagt der Vaugoin vor der Wahl:
»Für die Bundesbahnen bist nur du der General-
Direktor, denn korrekter kann man gar nicht sein,
Und wie dieses Kind, kein Engel ist so rein.
An die Roten geht's mit Macht heran.
Unpolitisch mach ich dann die Bundesbahn.«

In der *Arbeiter-Zeitung* berichtet Ernst Fischer, schon in der ersten Szene werde gezeigt, wie ein junger »gewinnender« Mann sauber und korrekt in die Höhe gebracht wird. »Wie kommt man in die Höh'?«, lautet die Frage, die in Bild und Couplet beantwortet wird. *(Anmerkung:* Vermutlich zu der Melodie: »Was kommt dort von der Höh'«.) Ernst Fischer erzählt weiter: »Man sieht eine Bahn, die aus Pappe ist, und Girls, die nicht aus Pappe sind; der junge Mann wird, nachdem er bei der Prüfung vor den Fachmännern durchgefallen ist, von Wohgehsthin zum Generaldirektor der Bahn gemacht.«

Aber vorher muß er gereinigt werden. »Liebenswürdige Wäscherinnen tunken ihn ein und waschen ihm den Kopf, den

Pelz, die Hände, das Wasser geht ihm über die Ohren, aber er taucht immer wieder auf, und schließlich steigt er, weiß wie ein Engel, aus der dunklen Soße.«
Und jetzt empfängt ihn der »Chor der Korruptionisten«. Das Lied, das dieser Chor singt, geht wieder einmal nach der bekannten Melodie von »Üb immer Treu und Redlichkeit«. Hier der Text:

Üb immer Treu und Redlichkeit
bis an dein kühles Grab
und weiche keinen Finger breit
von Gottes Wegen ab.
Doch wo's was zu verdienen gibt,
sollst du nicht heikel sein,
der Mensch verdient, solang er schiebt.
Die Tugend bringt nichts ein.

Darauf folgt die Szene mit den Zuckerhüten. Sie spielt in einem Greißlergeschäft. Frauen unterhalten sich über die Preise und die Steuern. Warum ist der Zucker teurer geworden? Das wird in einem Anschauungsunterricht gezeigt. Ein Zuckerhut, wie es im Kindervers lautet, »durch und durch voll Süßigkeit«, wandert durch das Land. Er trägt in der Hand eine Tafel: 35 Groschen. So viel kostet er nämlich. Jetzt kommt er aber an die Grenze. Dort wird er von den Steuerbeamten überfallen. So billig läßt man ihn nicht herein. Es kommt der Zoll, die Warenumsatzsteuer. Es ist eine kostspielige Wanderung von der Fabrik bis zum Konsumenten, erzählt Ernst Fischer. Im Greißlerladen kostet der Zuckerhut einen Schilling sechzehn Groschen. Auf diese Art hat das Publikum etwas von der Zollpolitik und der Steuerpolitik der Christsozialen erfahren, meint die *Arbeiter-Zeitung* in ihrer Beschreibung dieser kleinen Szene.
Der Zuckerhut, »oben spitzig, unten breit, durch und durch voll Süßigkeit«, war im Jahr 1930 noch vielen Leuten nicht nur als Symbol, sondern als eine wirkliche Form, in der Zucker verkauft wurde, bekannt.

Der Herr der Burgen

Droben auf dem Mond, erzählt *Der Kuckuck* weiter, gibt es auch einen hahnengeschwänzten Fürsten, der inmitten seiner dreizehn Schlösser darauf wartet, daß ein Bundeskanzler ihn besucht, um ihm das Lied »Schatzerl, ich hab ein Platzerl für dich in meinem Kabinett« vorzusingen. Die dreizehn Schlösser der Familie Starhemberg waren ein gutes Thema, um den Widerstand gegen die Aristokraten anzuheizen. Vielleicht gab es allerdings auch Leute, denen gerade der Besitz dieser dreizehn Schlösser imponierte.
Übrigens war Starhemberg damals notorisch in Schulden verstrickt. Das geht auch aus einem Lied hervor, das er jetzt singt. Die Melodie ist die eines alten Studentenlieds »Auf den Bergen die Burgen, im Tale die Saale«. Im Politischen Kabarett begann das Lied:

Auf den Bergen die Burgen,
Im Tale die Surgen,
Wer weiß, ob mir murgen
Noch wer was burgen wird?

(Aus dem Nachlaß von Theo Neumann).

Jedenfalls waren im Kabarett die dreizehn Schlösser durch reizvolle Mädchen dargestellt, die, seitlich am Boden hingestreckt, jede das Pappendeckel-Konterfei eines Schlosses vor sich stehen hatten. Die hübschen Mädchen und ihre Schlösser blieben jedem, der dieses Kabarett besuchte, in Erinnerung.
Zuerst wird der junge Rüdiger vom Journalisten Schmierfinkl interviewt. Es sagt, man habe ihm in der Regierung »das richtige Heldenplatzerl eingeräumt«. Außerdem streckt er sich: »Jeder Zoll ein Fürst.« In einer Illustration zum Artikel des *Kuckuck* wird der Fürst mit Steirerhut und Reitgerte dargestellt. Die Unterschrift unter dem Bild lautet: »Der Mann, der Breitners Kopf in den Sand rollen lassen möchte.« Starhemberg hatte in einer Rede über Breitner gesagt, daß »der Kopf dieses Asiaten in den Sand rollen« müsse.
Nun aber kommt der Bundeskanzler wirklich, um seinen Antrag zu machen. *Der Kuckuck* meldet weiter: »Vor Ver-

wunderung über diesen seltsamen Liebesantrag (des Bundeskanzlers) werden die Burgen zu lebendigen Girls und tanzen von ihrem Platz.« Das Kabarett ließ natürlich keine Gelegenheit vorübergehen, seine Girls in ungewöhnlichen Aufmachungen herzuzeigen.
Der Bundeskanzler, der den Fürsten besucht, ist auf einer Abbildung im *Kuckuck* zu sehen. Darunter steht zwar kein Name, sondern nur: »Der Mann der alles kann«, aber Gehrock und Zylinderhut, verbunden mit dem Säbel, machen deutlich, wer gemeint ist.
Das berühmte »Strafella-Lied«, das allenthalben gesungen wurde, nahm seine Melodie von dem Schlager:

Wenn die Elisabeth
Nicht so schöne Beine hätt',
Hätt' sie viel mehr Freud
Mit dem neuen langen Kleid.

Die neue Mode der langen Kleider war kurz vorher in die Welt gesetzt worden, und der Widerstand der weiblichen Jugend gegen dieses Modediktat, das als Rückschritt empfunden wurde, war ziemlich ernst gemeint. In diesem Fall trug die Beliebtheit des Lieds, dessen Melodie verwendet wurde, zur Beliebtheit des politischen Kabarett-Schlagers ohne Zweifel bei.
Der Text des Politischen Kabaretts ging so:

Wenn der Strafella net
Uns die Bundesbahnen rett',
Beendet den Skandal
Mit dem roten Personal,
Dann verliert der Hahnenschwanz
Auf der Bahn die Federn ganz,
Und die Sieger san
Die Marxisten auf der Bahn.
Ihn muß man anerkennen,
Ernennen,
Ernennen,
Denn er hat die starke Hand
Für unser Vaterland.

Ja, wenn der Strafella net
Uns die Bundesbahnen rett',
Geh'n mer alle z'grund
Und kommen auf den Hund!

Der Bundeskanzler, der im Kabarett dieses Lied sang und in der Hand den Säbel, auf den Kopf den Zylinder trug, wurde zu den Klängen des »Radetzky-Fox« eingeführt. Der Text dazu war:

Wer sprengt auf seinem Pferde
In wildem Zorn daher,
Von seinem Herbstmanöver,
An Orden reich und schwer?
Es ist der Herr Minister,
Gar allen wohlbekannt.
In einer großen Rede
Verkündet er dem Land:
(Dann folgte das »Strafella-Lied«.)

Karl Ausch, damals Redakteur des *Kleinen Blatts,* berichtet in einer Rezension am 28. Oktober, »Rüdiger« habe inmitten seiner dreizehn Burgen einen schweren inneren Kampf ausfechten müssen. Soll er oder soll er nicht? Nämlich den ihm angebotenen Ministersitz annehmen. Natürlich nimmt er an, und in der nächsten Szene zieht er dann schon – als »Küchendragoner« – in das freie Kabinett zu der gar nicht mehr jungen Jungfer Köchin Christl Sozial. In der Hexenküche der Christl Sozial wird eine Suppe gebraut, vor der – so berichtet *Der Kuckuck* – jedem graust, nur ihr selber und ihrem »Gspusi«, dem Fürsten mit dem Hahnenschwanz, nicht. So, meint *Der Kuckuck,* wird dort allabendlich der Antimarxismus zu Grabe getragen, ohne daß er was davon merkt. »Aber am 9. November wird er's schon merken.«
Die Schlußszene dieser Wahlrevue beantwortet die Frage, die im Titel gestellt wird: »Österreich, wo gehst hin?« Wieder einmal behandelt sie das Thema der entäuschten Wahlhoffnungen. Da hat am Abend des 9. November der Hausherr Wastl, der vor dem Lautsprecher eingeschlafen ist, einen sonderbaren Traum. Das Radio verkündet einen großen Sieg

der Antimarxisten, und sofort wird die Diktatur im Zeichen des Hahnenschwanzes errichtet. Aber es war eben nur ein Traum, und als Wastl erwacht, muß er erkennen, daß auch seine Hausherrenträume zu Essig geworden sind. (Zum Unterschied von früheren Szenen dieser Art wartet das Kabarett nicht bis zum wirklichen Wahlausgang mit der Schilderung des Zerrinnens solcher Träume!)
Sicherlich hat zur besonderen Wirksamkeit dieser Revue der Zeitdruck beigetragen, unter dem sie entstanden ist. »Wenn man bedenkt,« schreibt Karl Ausch, »daß diese Revue in kaum mehr als vierzehn Tagen geschrieben und einstudiert werden mußte, daß alle Dekorationen von den Mitarbeitern selbst hergestellt wurden und daß schließlich *drei* Truppen aufgestellt werden mußten, um allen Nachfragen gerecht zu werden, dann kann man allen Mitarbeitern nur höchstes Lob spenden und herzlichen Dank sagen.«

Erstes Auftreten der »Blauen Blusen«

Am Wahlkampf von 1930 nahmen zum ersten Mal die »Blauen Blusen« aktiv teil. Die »Blauen Blusen« waren keine eigene Organisation, sondern sozusagen eine bestimmte »Tätigkeit« der sozialdemokratischen Jugendlichen, die damals, als färbige Hemden die große politische Mode waren, blaue Blusen trugen. Zum Unterschied von Hemden reichten die Blusen unter dem Gürtel ein Stück über die Hosen der Burschen und die Röcke der Mädchen hinunter. Wenn in einer Ankündigung vom Auftreten der »Blauen Blusen« bei einer Veranstaltung die Rede war, dann hieß dies, daß die blaublusigen Jugendlichen Lieder sangen, tanzten oder Sprechchöre aufsagten.
In einer Broschüre *Die Blauen Blusen – Richtlinien* aus dem Jahr 1930, die im Allgemeinen Verwaltungsarchiv in Wien unter den Akten des Sozialdemokratischen Parteivorstands erhalten ist, findet sich eine Fassung des Liedes »Wer sprengt auf seinem Pferde«, mit zwei weiteren Strophen:

In der Früh beim Zeitunglesen
Ist vieles ihm nicht recht.
Er schickt zur Staatsanwaltschaft

Gar schleunigst seinen Hecht.
Das ist eine Gemeinheit,
A so a Schweinerei,
Da ham sie an Geheimfonds
Und wir san net dabei!
Wenn der Strafella net . . . .

Beim Bezirksgericht nach Wochen
Erfährt man allerlei
Von Häuserspekulieren
Und Aktienschieberei.
Strafella ist unsauber
Und inkorrekt dazu.
Drum laßt uns sagen jetzo
Das Folgende in Ruh':
Wenn der Strafella net . . .

Ob diese weiteren Strophen im Kabarett selbst oder erst dann bei Kundgebungen der Blauen Blusen gesungen worden sind, ist nicht festzustellen. (Dr. Robert Hecht war der juristische Berater des Heeresministers.)
Ein weiteres Lied, das in dieser Broschüre der »Blauen Blusen« vorkommt, ist das folgende »Starhemberg-Lied«. Es geht nach der Melodie von »Prinz Eugen«:

Starhemberg, der edle Ritter
Wollt' dem Kaiser wiedrum kriegen
Österreich und die Stadt Wien.
Los auf Wien tät er marschieren,
Wollt' die Roten massakrieren,
Bis sie liegen auf den Knie'n.

Starhemberg, du edler Ritter
Im November wird es bitter,
Denn dann geht das Volk ans Werk.
Donnernd dröhnt der Massenwille
Und du gehst in aller Stille
Wieder heim nach Waxenberg.

Der Hinweis auf den Wahltag im November zeigt, daß das Lied in den Wahlkampf vom Oktober–November 1930

gehört, also in den Zeitraum des neunten Kabarettprogramms *Österreich, wo gehst hin?*. Ob es direkt im Kabarett gesungen wurde oder draußen von den Blauen Blusen, läßt sich auch in diesem Fall nicht sagen.
Waxenberg in Oberösterreich war zu jener Zeit die Heimatburg der Familie Starhemberg, die zwar ursprünglich aus Niederösterreich stammte, aber seit langer Zeit in Oberösterreich ihren Hauptsitz hatte.

Ein Dichter wird entdeckt

Teilnehmer an der Sommerkolonie der Sozialistischen Mittelschüler in Sankt Michael (Steiermark) im Jahr 1929 erzählten, wie Robert Plank berichtet, als sie zurückkamen: »Du, da haben wir einen großen neuen Dichter.« Das war Jura Soyfer, dessen für Kolonieveranstaltungen gedichtete Lieder und Rezitationen auf die jungen Leute einen tiefen Eindruck gemacht hatten. Jura wurde bald darauf Mitarbeiter der *Arbeiter-Zeitung* und einer der Autoren des Politischen Kabaretts. Einige Kabarettlieder zeigen deutlich seinen Stil und werden ihm offenbar mit Recht zugeschrieben.
Eines davon, mitgeteilt von Walter Pollit (und auch enthalten in Theo Neumanns Nachlaß) ist das »Heimwehrlied«:

Zitt're, feige Mitwelt,
Wenn der Heimwehr Schritt gellt!
Wer nicht mit uns mithält,
Christian oder Mäuschel,
Kriegt einen Tritt ins Beuschel.
Jeder kriegt sein' Teil!
Heil!
Hab'n wir doch den Pfrimer
Und den Ochsenziemer.
Uns besiegt man nimmer.
Weil der Steidle g'sagt hat,
Wie ihn niemand g'fragt hat:
Das Parlament is' fäul!
Heil!

Hoch die grünweiße Fahne!
Mit Gott für die Montane!
Grütze hab'n ma kane!
Doch dafür ein Mäul.
Heil!

Der Hinweis auf Steidle weist auf die Zeit vor dem 2. September 1930 (Ersetzung Steidles durch Starhemberg als oberster Heimwehrführer). Die grünweiße Fahne nahm die Heimwehr aus der Steiermark, wo der Landesführer Dr. Pfrimer besonders aktiv war und die Arbeiter des (damals in Privatbesitz befindlichen) großen Eisen- und Stahlkonzerns, der Alpine Montangesellschaft, durch Überredung und Zwang veranlaßt wurden, in großen Mengen der Heimwehr beizutreten.
Das nächste Lied, das Jura Soyfer zugeschrieben wird, richtet sich aber bereits direkt an Starhemberg. Es wurde von Karl Bittman mitgeteilt. Die Melodie ist die des damals beliebten Schlagers »Junger Gigolo, armer Gigolo«.

Edler Starhemberg . . .

Ehern stampfen in geschloß'nem Blocke
Ungezählter Bataillone Reih'n
Und im ausgefransten Waffenrocke
Knistert trotzig der Fünfschillingschein.
Und der Enkel altbewährter Ritter
Zieht mit trauriger Miene die Bilanz.
Sieht das Volksbewegungsdefizit er,
Flüstert leis ihm zu die Ordonnanz:
Großer Starhemberg, edler Starhemberg,
Schön war's in den Tagen,
Wo als Fürstensohn
Du mit gold'ner Kron'
Fuhrst im Luxuskinderwagen.
Hast dich so gefreut
An der k.k. Zeit.
Ist schon längst ein Trümmerhaufen.
Willst du heut' eine Armee
Tut das Herze dir auch weh,
So mußt du dir eine kaufen.

Das dritte Kabarett-Lied, das Jura Soyfer zugeschrieben wird, »Wie's zugeht auf der Welt«, ist zeitlos. Es wurde von Karl Bittman mitgeteilt und beschreibt den Zustand eines jungen Mannes am Rande der Verzweiflung, der trotzdem Mut schöpft:

Ich steh' da als Wedel
Ohne Stellung, Geld und Mädel.
Sagen Sie nicht, es blieb nur ein Dreck.
Gleich, habe die Ehre,
All's ist hin und alles ist weg.
Was sich herausgestellt,
Bringt es mir auch kein Geld:
Eine Erkenntnis blieb mir zurück:
Wie's zugeht auf der Welt.

Ein paar Herr'n sind die Herr'n der Welt
Und sie treiben's, wie's ihnen gefällt
Und die Welt wird drauf losregiert,
Doch nur solange man den Herr'n pariert.
Und wenn die Menschen eines Tages endlich würden klug
Und sie sagten, meine Herr'n, jetzt hab'n wir endlich g'nug
Mit den Herr'n wär' es bald vorbei
Und die Menschen würden endlich frei.

Wo dieses Lied in das Politische Kabarett hineingehört, ist nicht festzustellen. Es zeigt, wie Jura Soyfer bereits das Wienerische beherrscht: Ein »Wedel« ist jemand, der nichts gilt – entsprechend dem »Wehli«, der wertlosesten Karte im Kartenspiel.

Das zehnte Programm: »Denken verboten«

Erstaufführung: 8. März 1931

Das Kabarett einmal »unpolitisch«

Das Gefühl, von einem Alpdruck, einem bösen Traum befreit zu sein, kann verschiedene Formen annehmen. Ein Volk, das an der Gefahr eines Bürgerkrieges vorübergegangen ist, kann jubeln. Es kann auch unter dem Eindruck seiner Erfahrungen ängstlich schweigen. Bei den österreichischen Sozialdemokraten führte der Wahlsieg vom 8. November 1930, der Rücktritt der Regierung Carl Vaugoin und die Bildung einer neuen Regierung unter dem demokratischen Vorarlberger Dr. Otto Ender, in der die Heimwehr nicht vertreten war, zu einer vergnügten, zuversichtlichen Stimmung. Diese Stimmung wurde auch durch die Verschlechterung der Weltwirtschaftslage zunächst nicht ernstlich gestört.
Die Regierung Ender besonders heftig anzugreifen, hätte nicht viel Sinn gehabt. Es ist daher verständlich, daß Viktor Grünbaum, als er sein nächstes Programm des Politischen Kabaretts vorstellte, ankündigte, es werde diesmal ein »unpolitisches« Kabarett sein. Es gebe nämlich in der Politik nicht genug, was man für ein Kabarett auswerten könne. Vielleicht lag darin selbst schon wieder eine politische Aussage. Wenn die Regierung Ender keine besonderen Angriffsflächen bot, so bestand anderseits auch gewiß kein Grund, sie zu verteidigen. Das Kabarett konnte sich jedenfalls für eine Zeit auf allgemeine Sozialkritik verlegen, es konnte von den Mängeln des Kapitalismus sprechen, der so wenig imstande schien, der Menschheit erträgliche Lebensbedingungen zu schaffen. Das Politische Kabarett stellte daher die Frage: »Ist Dummheit heilbar?« und beantwortete sie mit spöttischer Skepsis. Es ist nicht überraschend, daß dieses Kabarettprogramm beliebt wurde und vielen Menschen noch lange Zeit in Erinnerung blieb.

Das Wundermittel »Klugolin«

Der zentrale Gedanke dieses Programms ist die Erfindung des Wundermittels »Klugolin«, mit dem man dumme Menschen gescheit machen kann. Der Hauptschlager hat einen fröhlichen Rhythmus:

Mit Klugolin, mit Klugolin,
Gäb's keine Teppen, keine Teppen,
Keine Teppen, keine Teppen,
Keine Teppen, keine Teppen mehr in Wien.

Die Geschichte dieses Wundermittels wurde bei der Erstaufführung am 8. März 1931, der 230. Aufführung des Politischen Kabaretts, enthüllt. Die Meldung über die Erfindung wurde als ein »Grubenhund« beschrieben. Darunter verstand man eine absurde Meldung, die von einem Spaßvogel in die Redaktion einer Zeitung hineinlanciert wurde, um die Zeitung zum Narren zu halten und ihre fachliche Unkenntnis zu entlarven.
Der ursprüngliche »Grubenhund« wurde von einem Ingenieur Schütz der *Neuen Freien Presse* zugeschickt und von dieser am 18. November 1911 veröffentlicht. Er berichtete über ein Erdbeben im Mährisch Ostrauer Kohlenrevier und erwähnte dabei, daß der im Laboratorium des Einsenders (der sich Winkler nannte) schlafende Grubenhund schon eine halbe Stunde vorher auffallende Zeichen größter Unruhe von sich gegeben habe. Der diensthabende Redakteur der *Neuen Freien Presse* hätte wissen müssen, daß ein »Grubenhund« kein Tier ist, sondern ein im Kohlenbergbau verwendeter Schienenkarren. Die Blamage der *Neuen Freien Presse* wurde von dem Satiriker Karl Kraus berühmt gemacht.
Die *Neue Freie Presse* brachte nicht nur die Geschichte mit dem »Grubenhund«, die so aufgezäumt war, daß sie in das politische Programm der Zeitung hineinpaßte; sie veröffentlichte einige Zeit später die Beschwerde eines Lesers – es war wieder der gleiche Ingenieur Schütz – über das aufreizende Benehmen von »Laufkatzen mit ihren Jungen«. In Wirklichkeit kann eine Laufkatze nicht miauen und hat keine Jungen, denn auch sie ist ein technisches Gerät.

Ingenieur Schütz beschränkte sich nicht auf die *Neue Freie Presse,* sondern legte später auch andere Zeitungen hinein, indem er deren politische Vorurteile geschickt ausnützte. Zum Beispiel foppte er den linkssozialistischen *Abend,* den er zur Veröffentlichung einer Beschwerde veranlaßte, die sich gegen einen Kapitalisten und dessen Hündchen, einen »kläffenden King Charles Cowlbairt«, richtete. Gemeint war damit der allgemein bekannte Herausgeber des *Abend,* Carl Colbert.
Nun, in diesem Kabarettprogramm vom März 1931 war die gefoppte Redaktion diejenige des *Neuen Wiener Skandals.* Unter diesem Namen war das *Neue Wiener Journal* deutlich erkennbar, besonders, da der Chefredakteur dieses antisozialistischen Blattes Lippowitz hieß, ein Name, der im Kabarettprogramm durch »Chefredakteur Sliwowitz« für jeden verständlich angedeutet wurde. Der Vorwurf, der dem *Neuen Wiener Journal* immer wieder gemacht wurde, war der des unbefugten Abschreibens oder Abdruckens von Artikeln aus anderen Zeitungen. »Chefredakteur Sliwowitz« wurde daher im Politischen Kabarett ebenso wie Lippowitz in sozialdemokratischen Karikaturen immer mit einer großen Schere dargestellt.
Allerdings war in der Kabarettszene der Verfertiger des »Grubenhundes« ein Mitglied der Redaktion des *Neuen Wiener Skandals* selbst. In der Redaktionskonferenz stellt Sliwowitz die Frage: »Was bringt man heute für eine Sensation?« Mit Raub-, Lust- und Doppelmorden seien die Leser übersättigt. Die täglichen Artikel über die Steuern des sozialdemokratischen Finanzstadtrats Breitner wüßten die Leser schon auswendig, wenn sie sich entschlossen hätten, sie zu lesen. Sämtliche Bettgeheimnisse sämtlicher Primadonnen habe der *Neue Wiener Skandal* bereits vor den Lesern ausgebreitet.
Da kommt, wie Alexander Gottlieb in seinem Bericht in der *Arbeiter-Zeitung* vom 12. März 1931 erzählt, dem Redakteur Fix eine Idee: Ein österreichischer Gelehrter hat ein Mittel zur Heilung der Dummheit, das »Klugolin«, erfunden! In Riesenlettern berichtet *Der Neue Wiener Skandal* am nächsten Tag von der sensationellen Erfindung. Das Radio trägt die Nachricht durch die Welt.
Und dann tritt etwas ein, das nicht vorauszusehen war.

Chefredakteur Sliwowitz und sein Stab haben seit der Veröffentlichung der erfundenen Meldung keine ruhige Minute mehr. Sein Leitartikel hätte von dem neuesten Film der deutschen Filmgesellschaft »Bluffa« handeln sollen. Der (fiktive) Film mit dem Titel *Die Wacht am Rhein* richtet sich gegen den deutschen pazifistischen Schriftsteller Remarque und dessen Buch *Im Westen nichts Neues*. Aber der Leitartikel gedeiht nicht weiter als bis zum zweiten Satz. Ununterbrochen kommen telefonische Anrufe, die den Chefredakteur in seiner Arbeit stören. Alle wollen wissen, wo man das Mittel gegen die Dummheit bekommen kann. Schließlich stürmt die ungeduldige Menge die Redaktion. Sliwowitz kann sich des Ansturms nicht erwehren.
Verzweifelt und wütend ruft der Chefredakteur den Redakteur Fix zu sich und droht ihm mit der Entlassung, wenn er nicht sofort den Erfinder des »Klugolins« herbeischafft. Und so bleibt dem Redakteur nichts übrig, als zu seiner Erfindung auch noch den Erfinder zu erfinden. (Ähnliches hat sich in der wirklichen Welt bei erfundenen Meldungen tatsächlich zugetragen!) Nach längerer Suche »Unter den Dächern von Wien« findet der Redakteur einen armen Teufel namens Schlamp, der sich zu allem hergibt. Schlamp wird mit dem Professortitel, dem Doktortitel und dem Rezept ausgestattet. Dieses ist ein unbeschriebener Zettel in einer geheimnisvollen schwarzen Mappe. Und damit beginnt ein wildes Treiben.
Nicht nur Chefredakteur Sliwowitz fällt auf den Schwindel hinein, sondern auch viele andere Personen, darunter alte Bekannte aus den Programmen des Politischen Kabaretts. Unter ihnen ist der Generaldirektor Goldschieber, das schwarz-gelbe Kerzelweib, der Judenfresser Teut (ein Hinweis auf die »teutonischen« deutschnationalen Antisemiten) und der »ewige Heeresminister«. In der Regierung Ender war nämlich Vaugoin trotz allem wieder Heeresminister.
Bald darauf wird sogar ein »Klugolin-Sanatorium« eröffnet. Aber es liegt gar nicht im wirklichen Interesse der herrschenden Klasse, daß ein Mittel gegen die Dummheit verwendet wird. Wer wird bereit sein, die jetzigen Regierungen zu wählen, wenn alle Leute gescheit geworden sind? Darum kauft Goldschieber dem »Erfinder« das Wundermittel um zehn Millionen Schilling ab, um es zu unterdrücken, und

merkt zu spät, daß er einem Schwindler aufgesessen ist. Ein Bericht in der sozialdemokratischen illustrierten Wochenzeitschrift *Der Kuckuck* vom 22. März 1931 stellt die »Klugolin«-Affäre von der heitersten Seite dar. Die Titelseite zeigt ein großes Bild von acht strahlenden Girls mit kurzen Röcken und trichterförmigen Kappen – dem berühmten »Nürnberger Trichter«, mit dem einem nach der Legende die Weisheit eingeträufelt werden sollte. Das sind die »Klugolin-Girls«. Die Titelschrift lautet: »Die Mädel vom Wiener Politischen Kabarett«. Aus einem anderen Bild im Inneren des Blattes geht hervor, daß jedes der Girls ein Fähnchen mit einem Buchstaben des Wortes »Klugolin« trägt – K-L-U-G-O-L-I-N. Ist das eine Verspottung der Reklame? Oder eine Verherrlichung? In Wirklichkeit wohl beides. Man könnte aus diesem Fall die zwiespältige Haltung des Satirikers zu seinem Gegenstand oder des Sozialdemokraten zu den angenehmeren Erscheinungsformen des Kapitalismus herauslesen.
Dann aber kommen Szenen, in denen andere Elemente der Zeit vorgeführt werden, die zum Nachdenken Anlaß geben. Den Höhepunkt des neuen Programms, meint *Der Kuckuck,* bildet eine Parodie auf einen hurrapatriotischen Tonfilmschmarren des deutschen Magnaten Hugenberg. In der Filmgesellschaft »Bluffa« ist die von Hugenberg beherrschte deutsche Gesellschaft »Ufa« unschwer zu erkennen. »Das Kabarett tauft ihn in richtiger Einschätzung in ›Hugenhügel‹ um.« Da ist der Krieg, wie ihn die Hakenkreuzler sehen, in Wort und Bild. »Da gibt es Kriegerfrauen, die mit Begeisterung hungern. Ein Feldmarschall opfert sich für die Mannschaft auf. Ein Soldat stirbt mit einem Leitartikel auf den Lippen.« Das ist also der »Anti-Remarque«-Film. Er soll die Antwort auf den Film *Im Westen nichts Neues* darstellen, der nach dem gleichnamigen Antikriegs-Roman des deutschen Schriftstellers Erich Maria Remarque gedreht wurde. Dieser Film war den Nationalsozialisten und Deutschnationalen verhaßt, und die Aufführungen dieses Films wurden auch in Wien von ihnen mit Krawallen und Stinkbomben gestört.
Die Idee, ihn mit einem »Anti-Remarque-Film« zu beantworten, der den Krieg so zeigt, wie die Gegner Remarques ihn sehen wollten, war also eine aktuelle Idee. Darin liegt übrigens ein Zeichen der veränderten Frontstellung. Während

in Österreich so wenig los ist, daß man sich ein »unpolitisches Kabarett« leisten kann, ballt sich in Deutschland die drohende Wolke des Nationalsozialismus zusammen, die jetzt schon auch Österreich zu überschatten beginnt.
Eine Illustration im *Kuckuck* zeigt den Chefredakteur Sliwowitz, wie er, sein Telefon schwingend, zwei Interessenten über das neue »Klugolin« Auskunft erteilt. Der eine Interessent ist ein kleiner Mann mit einer weißen »Melone« auf dem Kopf und großen Augengläsern. Der andere ist ein langer Stutzer mit einer dunklen Melone und einem Schnurrbart. Karikiert wird die Mode der Zeit. Daß die Mode auch eine attraktive Seite hat, zeigen in einer anderen Illustration die drei »Modegirls« mit langen Kleidern und hochgeschwungenen Armen. Sie grüßen das Publikum: als Triumph der Jugend.

Die Heimatwehr steht über den Parteien . . .

Die faschistische Heimwehr behauptete immer wieder, »über den Parteien« zu stehen. Eine andere Behauptung, die der Propaganda der Heimwehr dienen sollte, war, daß sie »nicht judenfeindlich« sei. Diese Behauptung wurde immer dann vorgebracht, wenn es der Heimwehr finanziell schlecht ging und sie von jüdischen Kapitalisten Geld haben wollte. Gleichzeitig schlug sie in jenen Kreisen, wo das wirken konnte, antisemitische Töne an. Mit diesen Eigentümlichkeiten der Heimwehr beschäftigt sich ein Kabarettlied, daß in diese Zeit gehört.
Das Lied schildert, wie der Jude Kohn sich von den Beteuerungen der Heimwehr irreführen läßt und der Organisation beitritt. Bei der nächsten Gelegenheit wird er dann von den Heimwehrleuten verprügelt. Das Kabarettlied, das sich mit seinem Schicksal befaßt, hat in der ersten Strophe den Refrain:

Die Heimatwehr steht über den Parteien,
Sie kennt kan Unterschied der Konfession.
Es haben Platz in ihren weiten Reihen
Der Starhemberg und auch der Kohn.
Die Heimatwehr war nie antisemitisch
Sie kämpft für Toleranz, Demokratie.

Sie haut nur Juden, wenn sie allzu jüdisch,
Antisemitisch aber war sie nie.

In der letzten Strophe, die schildert, wie Kohn trotz allem von seinen Heimwehr-Kollegen verprügelt wird, heißt es dann in Abänderung der vorletzten Zeile:

Sie haut nur Juden, wenn sie eben jüdisch,
Antisemitisch aber war sie nie.

Das elfte Programm: »Warum? Darum!«

(Erstaufführung: 13. Dezember 1931)

Die Creditanstalt-Krise

Der Sommer des Jahres 1931 war beherrscht vom Zusammenbruch der größten österreichischen Bank, der Creditanstalt. Dieses Ereignis, das sich im Mai abgespielt hatte, war eine Folge der Weltwirtschaftskrise, die anderthalb Jahre vorher mit dem »schwarzen Freitag« an der New Yorker Börse begonnen hatte. Aber der Zusammenbruch der Creditanstalt leitete eine neue Phase der Weltwirtschaftskrise ein: die internationale Finanzkrise. Kurz nach -dem Fall der Creditanstalt gerieten die Banken Deutschlands in Schwierigkeiten. Die Wellen, die von Wien ihren Ausgang nahmen, rissen die finanziellen Metropolen des Westens mit. Das mächtige Großbritannien mußte vom Goldstandard abgehen. Diese Entwicklung erschien manchen zeitgenössischen Beobachtern wie zum Beispiel dem Amerikaner John Gunther im Rückblick als eine historische Tragödie. Ebenso wie der Mord von Sarajevo im Jahr 1914, in österreichisches Ereignis, den Ersten Weltkrieg herbeigeführt hatte, so schien der Bankenzusammenbruch, wieder ein von Wien ausgehendes Ereignis, direkt zum Zweiten Weltkrieg hinzuführen. Aber während die westliche Journalistik, die ihren Wiener Beobachtungsposten im Café Louvre hatte, die weltpolitische Entwicklung mit Sorge betrachtete, sah die österreichische Bevölkerung die Situation anders. Zwar war die österreichische Wirtschaft im Schrumpfen, die Arbeitslosigkeit nahm ein unerhörtes Ausmaß an, aber für die österreichischen Sozialisten, vor allem für die Jugend, schien diese Krise nur zu bestätigen, was längst vorausgesagt worden war: den Zusammenbruch des Kapitalismus.

Auch die sozialdemokratische Parteiführung war von dieser Auffassung nicht frei. Der Zusammenbruch der Creditanstalt führte zunächst einmal zu einer Schwächung der christlichsozialen Regierung. Die Regierung des demokratisch gesinnten Voralbergers Dr. Ender mußte zurücktreten, weil die Sozialdemokraten nicht bereit waren, die von Ender geforderten Vollmachten zu bewilligen. Im Juni 1931 ließ sich Dr. Seipel wieder mit der Regierungsbildung beauftragen und bot den Sozialdemokraten eine Koalition an. Die Sozialdemokraten lehnten diese einmalige Gelegenheit ab. Erstens war das Angebot nur eine »Koalition auf Zeit«: die Sozialdemokraten fürchteten, Seipel würde sie, wenn sie ihm aus den Schwierigkeiten herausgeholfen hätten, wieder in die Opposition zurückstoßen. Außerdem wollten sie nicht der »Arzt am Krankenbett des Kapitalismus« sein.

Unter diesen Umständen konnte Seipel keine Regierung bilden. Eine Mehrheit war nur mit Hilfe des »Schoberblocks«, der von Großdeutschen und Landbündlern zusammengesetzten Gruppe, möglich, und Schober war seit längerer Zeit mit Seipel verfeindet. Der niederösterreichische Landeshauptmann Dr. Karl Buresch übernahm die Regierung mit Schober als Außenminister.

Nach dem Fall der Creditanstalt war Österreich gezwungen, neuerlich die Finanzhilfe des Westens in Anspruch zu nehmen. Da die österreichischen Sozialdemokraten enge Beziehungen zu den sozialistischen Parteien des Westens unterhielten, konnten sie, trotz ihrer Oppositionsstellung, ihren Einfluß im Westen geltend machen und erreichen, daß die westlichen Regierungen Österreich finanzielle Hilfe gewährten.

Aus dieser stärkeren Stellung der Sozialdemokraten erklärt sich die trotz der schlechten Wirtschaftslage relativ gute politische Stimmung, die sich auch in der Jugend, bei den sozialistischen Studenten und also auch im Kabarett bemerkbar machte. Daß die finanziellen Skandale, die im Zusammenhang mit dem Fall der Creditanstalt offenkundig geworden waren, den Autoren des Kabaretts Gelegenheit zu bitterem Spott gaben, liegt auf der Hand.

Gegen Ende des Sommers 1931 fand in Wien die Arbeiter-Olympiade, das große internationale Sportfest der Sozialisten, statt. Unmittelbar darauf tagte im Wiener Konzerthaus der Kongreß der Sozialistischen Internationale, zu dem sozialistische Politiker aus der ganzen Welt in die österreichische Hauptstadt kamen. Auch diese beiden Ereignisse trugen dazu bei, das Selbstgefühl der sozialistischen Jugend in Österreich zu heben.

Der Pfrimer-Putsch

Es war also eine Zeit, in der es den österreichischen Rechtsextremisten trotz der Wahlerfolge Hitlers und der Nationalsozialisten in Deutschland und trotz der fortbestehenden Diktaturen in Italien, Ungarn und Jugoslawien nicht sehr gut ging. Das veranlaßte den »radikalen« Heimwehrführer Dr. Walter Pfrimer, einen Rechtsanwalt aus der steirischen Stadt Judenburg, einen Putschversuch zur Errichtung einer faschistischen Diktatur in Österreich zu unternehmen.
Infolge von inneren Streitigkeiten hatte sich Starhemberg zeitweilig von der Leitung der Heimwehr zurückgezogen. Pfrimer, der an seine Stelle getreten war, erließ am 13. September 1931 in der Obersteiermark einen Aufruf, in dem er erklärte, er habe in Österreich die Staatsführung übernommen, die Verfassung sei aufgehoben und das Standrecht verhängt. Die steirischen Heimwehrleute – ein paar tausend Mann – marschierten bewaffnet auf, mit einiger Verzögerung folgten Starhembergs Leute in Oberösterreich. Die Sozialdemokraten alarmierten den Schutzbund, das Bundesheer wurde aufgeboten und rückte – allerdings mit besonderer Langsamkeit – gegen die Putschisten vor. In der obersteirischen Stadt Kapfenberg wurden zwei Schutzbündler im Kampf mit den Heimwehrlern erschossen. Aber die Putschisten liefen auseinander. In wenigen Stunden war der ganze Putsch vorbei. Pfrimer flüchtete nach Jugoslawien. Starhemberg und einige andere Heimwehrführer wurden verhaftet, aber nach kurzer Zeit wieder freigelassen. Pfrimer, der nach Österreich zurückkehrte, wurde mit einigen anderen Anführern des Staatsstreichs vor ein Geschworenengericht gestellt, aber von den Geschworenen freigesprochen. Damit erwies sich neuerlich, daß die Geschworenen in politischen Prozessen meistens Freisprüche fällten, auch wenn die Schuld klar zutage lag. Die Verhandlung gegen Pfrimer und seine Mitschuldigen fand im Dezember 1931 statt, gerade zur Zeit der Erstaufführung des neuen Programms des Politischen Kabaretts *Warum? Darum!*

Daß sich die Heimwehr durch ihren fehlgeschlagenen Putsch lächerlich gemacht und die Regierung durch ihr zögerndes Einschreiten ihre Pflichten verletzt hatte – wofür vor allem Heeresminister Vaugoin verantwortlich war –, bildet das Thema dieses Programms, dessen Heiterkeit sich gegen den düsteren Hintergrund der Finanzkrise mit all ihren Begleiterscheinungen abhebt.

Ein politischer Bilderbogen

Das vierseitige Programm zur Erstaufführung, in dem *Warum? Darum!* als »ein politischer Bilderbogen« bezeichnet wird, beginnt mit einer ironischen Vorbemerkung »in eigener Sache«. Da heißt es: »Wir treten hiemit mit allem Nachdruck den Gerüchten entgegen, daß das Politische Kabarett die Leitung des Staatsstreiches vom 13. September innehatte. Die Sozialistische Veranstaltungsgruppe erwog vielmehr, gegen Dr. Walter Pfrimer mit einer Plagiatklage vorzugehen, hat sich jedoch schließlich entschlossen, Dr. Pfrimer ein Engagement beim Politischen Kabarett anzutragen. Das Politische Kabarett ist für die österreichische Politik überhaupt nicht verantwortlich zu machen.«
Es folgt eine Übersicht über die neun Szenen des Programms:

1. Vielleicht interessiert es Sie . . .
Vielleicht interessiert es Sie auch nicht. Jedenfalls geht es Sie sehr an. Diese Szene ist wirklich ernst gemeint. Sie lernen kennen: drei Zeitungsleser und einen freundlichen, alten Herrn.

2. Läutet den Frieden ein!
Wir bitten Sie, sich durch die Szenentitel nicht irreführen zu lassen. Wir sagen oft das Gegenteil von dem, was wir meinen. Wenn wir »Warum?« sagen, meinen wir häufig »Darum!«, und unser »Darum!« ist erst recht ein aufdringliches »Warum?«. So hat diese Szene in Wirklichkeit mit dem Frieden gar nichts zu tun.
Hingegen werden Sie die Vertreter der großen Nationen sehen und niedliche Friedensengelein sowie eine Reporterin, die so naiv ist, wie es Reporterinnen gar nicht sein können.

3. Hirnschal macht Weltgeschichte (Der Historie zweiter Teil)
Hirnschal ist längst eine legendäre Gestalt geworden. Sein Ruhm ist weit über Österreichs Grenzen gedrungen, und noch unsere Enkel werden voll Bewunderung von ihm erzählen. Uns begegnet er auf Schritt und Tritt, sogar im Traum lastet er als schwerer Alpdruck auf uns. So dürfen Sie es uns nicht übelnehmen, wenn Sie ihn im Politischen Kabarett wiedersehen, dort, wo er Name und Gestalt gewonnen hat.
In dieser Szene kommen schrecklich viele Personen vor. Vor allem er selbst, Hirnschal, diesmal Pfrimer genannt / dann Pfeifendeckel Kaczmarek / eine Köchin / ein Direktor der Alpine Montan / eine Sekretärin / ein General / Meldereiter / Wogehsthin / ein Bauernmädchen / ein Bundesheerauto / zwei Gendarmen / viele Hahnenschwänzler.

4. Wo bleibt der Staatsanwalt?
Sie dürfen diese Frage nicht zu ernst nehmen, im Grunde sind wir gar nicht neugierig. Übrigens werden Sie nach dieser Szene selbst antworten können. Es treten hier einige sehr verdienstvolle Männer auf: Ehrenfest / Sieghart / Starhemberg / drei Hahnenschwänzler / ein Photograph / ein Gendarm / ein Kindermädchen / ein Arbeiter / Staatsanwalt.

5. Zur Abwechslung etwas Unpolitisches
Sie werden bestimmt nichts dagegen haben. Diese Nummer ist, ebenso wie die folgende Pause, zur Erholung des Publikums bestimmt. Es spielt die Jazzkapelle des Politischen Kabaretts.

(Pause)

6. Des deutschen Spießers Wunderhirn (Was nicht im Baedeker steht)
Wir haben auch daran gedacht, diese Szene »Hirnschals Hirnschale« zu nennen, aber das würde wohl verwirrend wirken. Jedenfalls ist es eine höchst merkwürdige Angelegenheit.
Es treten auf: ein Fremdenführer / Sebastian Hirnschal / Eulalia, seine Gattin / altbackene Girls / der Doppelaar / ein Minister / ein Hakenkreuzler / eine rekommandierte Sendung / der Teufel.

7. Fauler Zauber
Mit dieser Nummer kommen wir dem stets wachsenden Bedürfnis nach Magie entgegen.
Es wirken mit: der Zaubermeister / der Zaubergehilfe / der Zauberlehrling.

8. Im Schatten des Kapitalismus

9. Schluß der Debatte
Schließlich wollen nicht nur Sie, sondern auch die Spieler nach Hause gehen. Es ist daher ratsam, die Diskussion jetzt zu schließen.
So sehen Sie zum Abschluß: Hakenkreuzler / Hahnenschwänzler / Monarchist / Journalist / Kerzelweib / Hofrat / Kapitalist / Militarist / Klerikaler.
Ende des Programms. Wir müssen uns allerdings Änderungen vorbehalten, da uns bisweilen die Weltgeschichte ins Programm pfuscht. Seien Sie also nicht überrascht, wenn wir etwas ganz anderes spielen, als auf dem Programmzettel steht.

Die Krise des Kapitalismus

In diesem Fall haben wir den besonderen Vorteil, einen Kommentar zu besitzen, den einer der Autoren des Politischen Kabaretts selbst geschrieben hat. Denn die Kritik, die im *Kleinen Blatt* vom 2. Dezember mit der Signatur L. W. erschienen ist, muß von Ludwig Wagner stammen. Es heißt dort unter dem Titel: »Das politische Kabarett meldet sich zu Wort«:
»Es gibt kein anderes Thema mehr als die Krise des Kapitalismus. Jedes Gespräch wird heute zu einer Diskussion über die ganze Gesellschaftsordnung. Wir alle fiebern nach Aussprache, nach Verständigung und hoffen: hinter den Worten kommt die Tat. Zu dieser Diskussion hat sich auch das Politische Kabarett zu Wort gemeldet.«
Dann folgt eine Erklärung der ersten Szene: »Man nehme ein paar Tageszeitungen, man reihe ihre Nachrichten bunt aneinander, und eine unerhört packende Szene ist fertig: Drei Zeitungsleser plaudern über fabelhafte neue Maschinen, unerhört gescheite Arbeitsmethoden, märchenhafte Ernteer-

träge und – dreißig Millionen Arbeitslose. So wird die Katastrophe in Tagesneuigkeiten umgemünzt, so predigen erzkonservative Zeitungen wider Willen die Revolution! Wir aber stehen schon von dieser ersten Szene an ganz im Banne der Diskussion, die von der Bühne auf den Zuschauerraum, von uns auf die Bühne überspringt.«

Was in der ersten Szene durch die Gegenüberstellung von Zeitungsnachrichten gezeigt wird, erlangt in der zweiten Szene Leben durch den Kontrast zwischen den salbungsvollen Reden der Diplomaten und den Kriegsvorbereitungen ihrer Länder: »Punkt zwei: der Weltfriede. Vier vollendete Diplomaten reden, wie halt Diplomaten reden müssen; sie reden viel und sagen nichts. Sie sitzen auf Kanonen und schwefeln über die Abrüstung. Die Girls vom Politischen Kabarett aber tanzen als bezaubernde Friedenengerl um die Weisen von Genf herum.« So finden auch in diesem Rahmen die Girls ein reizvolles Betätigungsfeld.

In der nächsten Szene erscheint der Putschistenführer Pfrimer, diesmal in der Gestalt des »Hirnschal«, der schon in früheren Kabarettprogrammen dargestellten Symbolfigur des Spießbürgers, des kleinbürgerlichen Spießers. Das achte Kabarettprogramm (im Februar 1930) hieß *Hirnschal macht Weltgeschichte.* Diesmal hat der kleinbürgerliche Heimwehrführer durch seinen Putsch wirklich Weltgeschichte zu machen versucht.

Ludwig Wagner schreibt in seiner Theaterkritik mit dem Untertitel »Putsch im Krähwinkel«: »Wer war zuerst da, der Hirnschal vom Politischen Kabarett oder der Pfrimer von Judenburg? Der zur Kabarettfigur ›vergeistigte‹ Provinzadvokat oder der leibgewordene Hirnschal? Das Politische Kabarett hatte es wirklich nicht leicht, mit dem Heimwehrputsch fertig zu werden. Wie soll man noch Kabarett spielen, wenn die Wirklichkeit zur Komödie und die Proklamation zum Witzblatt wird?«

Und weiter: »Da gibt es vortreffliche Regieeinfälle, den Steptanz eines Bundesheerautomobils oder den Aufmarsch der Fünfschillingmanderl direkt aus der eisernen Kasse der Alpine-Direktion heraus.« (Da ist wieder der Vorwurf gegen den Heeresminister Vaugoin, er habe die Soldaten, die an den Aufmärschen des christlichsozialen »Wehrbundes« teilnah-

men, mit Prämien von je fünf Schilling belohnt, sowie der Vorwurf an die mächtige Alpine Montangesellschaft, den Heimwehrputsch begünstigt zu haben.)
Und dann kommt der Spott über den Heimwehrputschisten, der, statt von Steiermark aus den »Marsch auf Wien« zu beginnen, nach Marburg in Jugoslawien flüchten mußte. »Vaugoin singt sich ins Zwerchfell jedes Zuhörers hinein, und der Pfrimer hat sich um eine Kleinigkeit geirrt: statt nach Norden ist er nach Süden gefahren. So wurde aus dem Marsch nach Wien eine kleine Überlandpartie nach Marburg. ›Jetzt ham's in Jugoslawien zwa Diktatoren‹, jammert der Stammtisch, ›und mir ham gar kan. So eine Ungerechtigkeit!‹ Ein Hahnenschwänzler greift in die Diskussion ein und hält ein naturgetreues Referat über die b'soffene Gschicht'.«
Zur Szene »Wo bleibt der Staatsanwalt« schreibt das *Kleine Blatt,* daß die »einzige Nebenrolle mit dem Staatsanwalt besetzt wurde«. Eine Karikaturzeichnung deutet an, daß Doktor Seipel das »Kindermädchen« ist, das den Staatsanwalt als Baby im Kinderwagen führt. Im Nachlaß Theo Neumanns findet sich das Fragment eines Liedes, das offenbar das Kindermädchen nach der Melodie von »Schlaf, mein Liebling« dem Baby singt:

Schlaf, Staatsanwalt, träum von lauter Rosen,
Schlaf, Staatsanwalt, Englein dich umkosen.
Morgen wird die Sonne wieder scheinen!
Schlaf, mein Liebling, schlaf ein!

Und in einer weiteren Strophe heißt es:

Ehrenfest läßt grüßen,
Schlaf, Staatsanwalt, schlaf ein.

Das zeigt, daß die Satire sich vor allem gegen die zögernde Verfolgung jener Finanzleute richtet, die im Zusammenhang mit dem Krach der Creditanstalt Verfehlungen begangen haben sollen. Einer davon war ein Direktor der Creditanstalt namens Ehrenfest, der aus Österreich nach Portugal geflüchtet war. Er wurde gerade zur Zeit der Erstaufführung dieses Programms auf Verlangen der österreichischen

Behörden in Lissabon festgenommen. Gar so untätig war die Staatsanwaltschaft in dieser Sache also doch nicht. Oder könnte die Erstaufführung des neuen Programms die Aktion der Staatsanwaltschaft beschleunigt haben?

Zugleich mit Ehrenfest taucht in dieser Szene auch Sieghart, der ehemals mächtige Chef der Bodencreditanstalt, auf, dem im Zusammenhang mit dem Finanzkrach ebenfalls verschiedene Vorwürfe gemacht wurden und der sich zu jener Zeit im Ausland aufhielt. Vielleicht waren diese beiden Männer gerade wegen ihrer jüdisch klingenden Namen geeignete Opfer der Satire?

Auf diese Szene folgt das große »Schlagerpotpourri«, von dem noch die Rede sein wird. Ludwig Wagner schreibt: »Dank sei der Jazzkapelle des Kabaretts, die uns eine vergnügte Viertelstunde verschafft! Die letzten Schlager, illustriert vom Politischen Kabarett, belebt durch Spiel und Tanz, werden gewiß allen Kabarettbesuchern viel Freude machen.« Es besteht Grund zu der Annahme, daß das »Schlagerpotpourri« die wirkungsvollste Attraktion dieses Programms darstellte.

»Des deutschen Spießers Wunderhirn« war eine Umformung einer früheren Umformung. Man konnte die alte Liedersammlung *Des Knaben Wunderhorn* von Achim von Arnim und Clemens Brentano als bekannt voraussetzen. Im Anklang daran nannte der Prager Schriftsteller Gustav Meyrink einen Band seiner Erzählungen *Des deutschen Spießers Wunderhorn.* Nun ging das Politische Kabarett einen Schritt weiter und machte aus dem »Wunderhorn« ein »Wunderhirn«.

Darüber schrieb Ludwig Wagner: »Nun ein Kapitel Anatomie. Des deutschen Spießers Wunderhirn. Die leere Bühne wird zum Hirnkastel, in dem nur dann etwas aufblitzt, wenn es wieder einmal einen Kurzschluß gibt. Was da in die Geschichte pfuschen und putschen will, fühlt sich in diesem Hirnkastel daheim. Gerührt versichert ein bekannter Soldatenvater: ›In diesem Lager ist Österreich‹.« Aus dem Personenverzeichnis wird deutlich, daß es sich bei diesem »Soldatenvater« um Heeresminister Vaugoin handelt. Über die nächste Szene schreibt das *Kleine Blatt*: »Auf vielfaches Verlangen werden einige Kunststücke dieser politischen Magie vorgeführt.«

Das *Kleine Blatt* zitiert auch das »Schlußwort« der Diskussion, das offenbar von einem Arbeiter gesprochen wird:

Wer's nicht wußte, hat's erraten,
Und wer's leugnet, glaubt es nicht:
Diese Welt von Gottes Gnaden
Kommt nicht mehr ins Gleichgewicht!
Da hilft kein Leimen, da hilft kein Löten.
Da hilft kein rosiges Vertrau'n.
Diese alte Welt geht flöten!
Da hilft nur eines: die neue bau'n!

Das politische Schlagerpotpourri

Aus einer Zusammenstellung von Robert Lucas geht hervor, wie diese Verbindung bekannter Schlager mit neuem politischen Text beschaffen war. Am Anfang heißt es: »Matrosenmarsch« (Aus: »Bomben auf Monte Carlo«). Girls: »Oh, du mein Österreich«.

Dann folgen acht kurze Einzellieder, die offenbar von einzelnen Schauspielern gesungen wurden:

»Das gibt's nur einmal, das kommt nicht wieder ...« (Vaugoin tritt auf.)

»Ich bin von Kopf bis Fuß auf Hiebe eingestellt ...« (Hakenkreuzstudent). »Hiebe«, nicht »Liebe«.

»Ein Freund, ein guter Freund ...« (Sandor Weisz kommt dazu mit Girls.)

»Wie wär's mit einer schönen, kleinen Überlandpartie ...« (Pfrimer mit Reisetasche: »Jugoslawien«.)

»Das hat ka Goethe g'schrieb'n ...« (Pfrimer zeigt die Proklamation.)

»Gold und Silber lieb ich sehr ...« (Nationalbank.)

»Du bist nicht die Erste, du mußt schon verzeihn ...« Creditanstalt (Mädchen).

»Ich bin ja heut so glücklich ...« (Der österreichische Steuerzahler.)

Über das Auftreten Viktor Grünbaums als Steuerzahler schrieb Theo Neumann:

»Ich bin ja heut so glücklich, so glücklich, so glücklich,
Ich fühl mich augenblicklich so glücklich wie noch nie.

Ich könnt vor Glück zerspringen, zerspringen, zerspringen!
Und möcht nur immer singen die eine Melodie:
Tralala, tralalala, wie ist das Leben so schön!

In dieser Szene trat Viktor Grünbaum in abgetragener Kleidung auf, mit eingetetschtem Hut, einen Stock in der Hand mit einer Tafel: ›Steuerzahler‹. Diese Szene war dank der Kunst des Sängers ein unbeschreiblicher Heiterkeitserfolg.«

Das eigentliche »Potpourri« wurde von den Girls vorgetragen:

SPRUDELFOX:
In Prag, in Wien,
In London, Berlin,
Da wackeln Banken und Konzerne krachen.
Die ganze Welt sucht jammernd ihr Geld.
Nur wir in Österreich haben noch zu lachen:

Das größte Wunder ist für mich der Pfrimer
Mit seinem Staatsstreich in der Nacht.
Der glaubt, er hält mit seinem Ochsenziemer
So mir nichts, dir nichts die Macht.
Er druckt Plakate und entbindet gleich
Von seinem Diensteide halb Österreich.
Zum Schluß steht der Diktator fertig da:
Das lang verwaiste Österreich hat endlich an' Papa!

DAS MÄRCHEN VOM GLÜCK:
Das Märchen vom Putsch
Wird einmal im Jahr
Für ganz Verrückte wahr.
Herr Vaugoin, in Wien
Der tut seine Pflicht
Und kümmert sich nicht – darum.

WIR KAMERADEN DER BERGE:
Die Kameraden der Heimwehr
Sehen ganz eigen die Welt!
Glauben, daß Öst'reich schon dem ghör
Der da ein Auto aufhält.

Du hast mir heimlich die Liebe ins Haus gebracht:
Sie haben heimlich die Waffen herausgebracht,
So mitten in der Nacht
Und habn sie aufgestellt.
Dann habn sie leise, noch eh jemand was gehört
Die Straßen abgesperrt
Bei Mondenschein.

Ein spanischer Tango:
Ja, spanische Reiter mit Maschinengewehr'n!
Die Sozi wern aufghängt, und wir sind die Herr'n!

(Mädchen gehen vorbei)

Ich bin ja so vergnügt:
Mir ham sie schon besiegt! Hallodaroh!
Der Breitner außifliegt! Hallodaroh!
Drum san mir so vergnügt! Hallodaroh!
Und wo's was zu verhafteln, zu gschaftln gibt,
Da san mir glei dabei,
Mir ham ja schon gesiegt!

Das Märchen vom Glück:
Doch was kommt dort von der Ferne her?
Ist das nicht das liebe Bundesheer?
Kommt von Graz heran – an die dreiundfünfzig Mann.

Ich bin von Kopf bis Fuss:
Da hat die Heimwehr die Aktionen eingestellt
Hat uns an' Schmäh erzählt und sonst gar nichts.
Das ist, was soll man machen, so ihre Natur,
Doch der Starhemberg, der hat scho gnua.

Mausi, süss warst du heut Nacht:
Pfrimer, blöd warst du heut Nacht,
Der ganze Putsch ist jetzt verkracht.
Alle lachen uns jetzt aus,
Und uns winkt das Graue Haus.

DIE MUTTER BRAUCHT JA NICHTS . . .
Das Ausland braucht ja nicht zu wissen,
Was in der grünen Steiermark passiert.
Der Schober hat in Genf sich drum gerissen,
Daß wir durch eine Anleih' wern saniert.
Da kommen die Trotteln und machen so a Gschicht.
Der Buresch macht a Gsicht.
Ja so was ghört sich nicht.
Da muß man die Affäre geschwind vertuschen,
Sonst kriegen wir vom Ausland kan Kredit.

WENN DER FRÜHLING KOMMT INS LAND:
Doch verging nur kurze Zeit
und man hat sie schon befreit,
Zieh hinaus
Aus dem Grauen Haus!
So ein kleiner Hochverrat
Gilt als eine Ehrentat,
So ein Putsch macht bei uns nichts aus!
Könnt euch brüsten
Und könnt weiter rüsten,
Und der Staatsanwalt, der schläft famos!
Wenn der Frühling kommt ins Land,
Ist der Heimatschutz beinand',
Und dann geht es schon wieder los!

Anmerkungen: Der Matrosenmarsch (»Das ist die Liebe der Matrosen«) und die anderen Schlager aus dem Film »Bomben auf Monte Carlo« gehörten zu den beliebtesten Liedern der Zeit. Auch »Ein spanischer Tango und ein Mädel wie du« und »Wenn der Frühling kommt ins Land, nimm dein Mädel bei der Hand« waren gerade damals überaus populär.
Marlene Dietrichs »Ich bin von Kopf bis Fuß auf Liebe eingestellt« war so sehr das, was man später als ein »Evergreen« bezeichnete, daß es ganz gut zweimal in diesem »Potpourri« Verwendung finden konnte.
»Wie wär's mit einer schönen, kleinen Überlandpartie« hat seine Beliebtheit bis in spätere Jahre erhalten. Daß das Kabarett auch in musikalischer Hinsicht aktuell war, erweist sich aus der Verwendung von »Das gibt's nur einmal« aus

»Der Kongreß tanzt«, einem Film, der in jenem Herbst 1931 in Wien zur Eröffnung des neuen Scala-Kinos seine Welturaufführung hatte.
»Spanische Reiter« sind bewegliche Drahthindernisse, die in bürgerkriegsähnlichen Situationen als Sperren dienten. Der Finanzstadtrat Breitner taucht hier noch einmal auf – an seine Stelle trat im folgenden Jahr Robert Danneberg, aber Breitner blieb das Symbol der sozialistischen Wiener Steuerpolitik.
Die Bestrebungen des Bundeskanzlers Dr. Karl Buresch und des Außenministers Dr. Johannes Schober, von den Völkerbundmächten in Genf eine Finanzhilfe zur Überwindung der Creditanstaltkrise zu erlangen, konnten durch einen Faschistenputsch in Österreich sehr ernstlich beeinträchtigt werden. Daß auch die Sozialdemokraten mitwirkten, um diese Schwierigkeiten zu überwinden, war den Autoren des Politischen Kabaretts vielleicht gar nicht bekannt – jedenfalls hinderte es sie nicht daran, darüber zu spotten.
Das Graue Haus ist der bekannte Spitzname des Wiener Straflandesgerichts. Daß die verhafteten Heimwehrführer sehr bald freigelassen wurden und nicht erst »wenn der Frühling kommt ins Land«, wurde durch den Freispruch des Geschworenengerichts im Dezember 1931 bestätigt.
Auch die sentimentaleren Schlager der Zeit wie »Ein Freund, ein guter Freund« und »Du bist nicht die Erste, du mußt schon verzeihn« tauchen in diesem Kompendium der Schlagerromantik naturgemäß auf.

Hirnschal-Couplet

Dieses Couplet gehört zweifellos zu Hirnschal in seiner Eigenschaft als Spießbürger, nicht als Heimwehrputschist Pfrimer. Vielleicht gehört es überhaupt zu einem anderen der Programme, in denen Hirnschal vorkommt:

Es is a Kreuz, daß alleweil bei uns was Neues gibt,
Seit neuestem san viele Leut in d'Planwirtschaft verliebt.
Was brauchen wir, so frag ich Sie, in der Wirtschaft einen Plan?

I hab zu Haus a Wirtschaft a, aber Plan brauch i deswegen kan.
An Tag iß i a Gulasch, an Tag an Fasan,
Amal trink i fünf Liter und amal nur an,
Amal hau i mei Frau, amal bin i zu bequem,
Das richt sich nach mei Gusto
Und i brauch ka System.
An Tag iß i z'viel und hab Schmerzen im Magn,
Dafür trink ma am nächsten mehr als ma vertragn.
Wie Sie sehen, komm i ganz ohne Planwirtschaft aus
Und glaubn S' ma, i hab a Trum Wirtschaft zu Haus.

No, is das net besser, no is das net g'scheiter,
No, is da net g'scheiter, es bleibt a so weiter?
Drum hörts ma nur auf mit die narrischen Sachen,
Wenn i davon hör, muß i drüber nur lachen.
Das neue Zeug kann i halt amal net schmecken
Und ihr könnt's alle – mein Interesse dafür nicht erwecken.

Heut hab i g'hört, Sie werden's net glauben,
A andre Neuigkeit:
A Wohnung muß hygienisch sein, sonst hab'n die Leut ka Freud!
A Sonn' wolln's haben, wie ma so hört, ma braucht auch Luft und Licht
In meinem Haus is's finster drin, daß ma den Dreck net sicht.

Schön gemütlich und wohlig fühln sich die Partein,
Und wem's net gnua luftig is, der schlaft halt im Frei'n!
Die Wohnung is klan, da gibt's nie a Gfrett,
Und damit's recht warm is, lieg'n viere in an Bett.
In der Kuchl is finster, da is's hamlich und schön,
Und der Mann hat a Ausred, in's Wirtshaus zu geh'n.
Der Abort is am Gang, die Bassena daneb'n,
Da tut's all'weil Tratsch und Zerstreuung gnua geb'n.

Refrain:
No, is das net besser, no is das net g'scheiter,
No, is da net g'scheiter, es bleibt a so weiter?

Anmerkung: Für die Arbeiterwohnungen alten Stils war das gemeinsame Klosett und die gemeinsame »Bassena« (Wasserleitung) am Korridor charakteristisch. Die Streitigkeiten der Hausfrauen bei der »Bassena« waren oft der Anlaß zu Feindschaften zwischen den »Hausparteien« (Mietern).
Das Programm *Warum? Darum!* wurde am 13. Dezember 1931 in den Pan-Spielen in der Riemergasse uraufgeführt und am 15. und 17. Dezember wiederholt. Weitere Aufführungen dieses Programms fanden u. a. am 16. Jänner 1932 im Ottakringer Arbeiterheim sowie am 17. und 23. Januar 1932 statt.

Ein Hauch von Versöhnlichkeit?

Es ist bemerkenswert, daß der linkssozialistische *Abend* in seiner Kritik dieses Programms (am 28. Dezember 1931) die Darstellung bei aller »fachlichen Schärfe« doch »im Grund freundlich, fast versöhnlich« findet. Es heißt hier: »So marschieren sie alle auf, die Ehrenfests und Siegharts, die Pfrimer und Starhemberg, die Seipel und Vaugoin«, und der *Abend* fügt hinzu: »Wenn die Angegriffenen eines Tages als Zuschauer erschienen, sie wären gar nicht böse.«
Nun ist satirische Schärfe ein sehr relativer Begriff. Wahrscheinlich hatten die Autoren und Schauspieler des Kabaretts eine gewisse Zuneigung zu den von ihnen geschaffenen Figuren (wie etwa dem Spießer Hirnschal) gefaßt, die sich in der Darstellung bemerkbar machte. Das heißt noch lange nicht, daß ein dogmatischer Eiferer wie Bundeskanzler Seipel oder ein faschistischer Hitzkopf wie Pfrimer ihre eigene Abbildung als komische Figuren wirklich gustiert hätten.
Auch das offizielle sozialdemokratische Parteiblatt, die *Arbeiter-Zeitung*, ist mit *Warum? Darum!* keineswegs ganz einverstanden. Sie schreibt (am 10. Dezember 1931), der »Bilderbogen« sei vielleicht ein wenig zu lang und am Schluß ein wenig zu pathetisch. Die »trefflichen Autoren und Regisseure« würden gewiß noch einige resolute Striche anbringen können.
Was der *Arbeiter-Zeitung* an *Warum? Darum!* gefällt, sind die drei Zeitungsleser am Anfang, von denen jeder sein Leibblatt liest und jeder etwas anderes findet. Sie wundern sich sehr

über die verschiedene Berichterstattung. Ein alter Mann tritt zwischen sie und fragt nach dem »Warum«. Was macht ein guter, noch nicht arbeitsloser Österreicher in einem solchen Fall? Er sagt: »Geh'n ma essen.« Denn der Zweifel will genährt sein, wenn er gedeihen soll.
Bei der Besprechung der Diplomaten des Völkerbundes ist wesentlich, daß ihre Reden von Friedensliebe triefen, während hinter ihrem Rücken schon die Heere mit Kanonen und Tanks und Kriegsschiffen aufmarschieren. Die Friedensengel, die ihnen vortanzen, sind ein Lichtblick. Aber mitten hinein in diese Friedensschalmeien platzt die Nachricht vom Krieg – in diesem Fall vom Krieg zwischen China und Japan. Im Rückblick erscheint dieser Konflikt zwischen China und Japan wirklich als einer der Vorboten des Zweiten Weltkriegs.
Dann – in der nächsten Szene – geht es um die »kerngesunde Bodenständigkeit und die bodenständige Kernigkeit unseres altbekannten Spießers Hirnschal«, der diesmal Pfrimer heißt und einen Putsch macht. Daß er nicht nach Norden und nach Wien marschiert, sondern nach Süden und nach Jugoslawien, wird auf einen Fehler in der Landkarte zurückgeführt, die er verkehrt in der Hand hält. Bei der Armee, die den Putschisten entgegengeschickt wird, fällt das »menschgewordene Lastauto« des Heeresministers auf.
Und der Staatsanwalt? Wie die *Arbeiter-Zeitung* berichtet, ist er vollauf damit beschäftigt, dem Pfrimer einen Bart wachsen zu lassen. Als Baby im Kinderwagen wird der Staatsanwalt von der Amme Seipel eingeschläfert und auch durch das Necken Ehrenfests, Siegharts und Starhembergs nicht aus dem Schlaf geweckt. Erst als ein Arbeiter, bei dem man ein Taschenmesser findet, aufgegriffen wird, braust der Staatsanwalt aus seinen Windeln auf und amtshandelt.
Der *Arbeiter-Zeitung* fällt auf, daß der Feldzug gegen die Putschisten mit einem energischen Feldgottesdienst eingeleitet wird. Der Ruf der Hakenkreuzler »Deutschland, erwache!« wird täglich ausgestoßen, damit die Deutschen nicht zu spät ins Geschäft kommen. Dann wird das Vierteljahrsjubiläum des Putsches mit einer Rede gefeiert und eine Diskussion zwischen dem Conférencier (Viktor Grünbaum) und seinem Maxi abgehalten. Und danach die Schlager mit zeitgemäßer Musik. Vielleicht war es gerade die Vielzahl

dieser Schlagerlieder, die den Kritikern des damals noch recht strengen Parteiblatts mißfiel!
Der Heimwehrführer Pfrimer wandte sich später den Nationalsozialisten zu. Er war von 1938 bis 1945 Abgeordneter in Hitlers Reichstag in Berlin und lebte noch bis zum Jahr 1968 in seiner Villa bei Judenburg.

Das zwölfte Programm: »Wie wählt Wien?«

Erstaufführung: 3. April 1932

Die Gefahr kam von draußen

In Wien fanden am 24. April 1932 Gemeinderatwahlen statt. Gleichzeitig gab es Landtagswahlen in Niederösterreich und Salzburg sowie Gemeindewahlen in Kärnten und Steiermark. Diese Wahlen bedeuteten eine große Wende in der österreichischen Politik. Hitlers Nationalsozialisten, die in Deutschland schon 1930 bedeutende Wahlerfolge errungen hatten, waren in Österreich lange Zeit eine kleine Partei geblieben. Bei den österreichischen Parlamentswahlen 1930 erhielten sie nur drei Prozent der Wählerstimmen. Nun, im April 1932, hatten sie auch in Österreich große Erfolge. In Wien gewannen sie fünfzehn Gemeinderatsmandate auf Kosten der Christlichsozialen, die Sozialdemokraten konnten ihren Stand halten. In den anderen Bundesländern erlitten auch die Sozialdemokraten Verluste. Die kleinen Parteien, die Großdeutschen, der Landbund und der »Heimatblock«, verloren einen Großteil ihrer Wähler an die Nationalsozialisten.
Schuld daran war vor allem die außenpolitische Lage: die internationale Wirtschaftskrise, die Art, wie Österreich als hilfloser Spielball zwischen den Mächten hin- und hergeworfen wurde. Der Versuch des Außenministers Dr. Schober, durch eine Zollunion mit Deutschland die wirtschaftliche Lage zu verbessern, scheiterte am Widerstand der Westmächte. Die Bestrebungen Frankreichs, Österreich in eine engere Verbindung mit seinen Nachbarn von der »Kleinen Entente« (Tschechoslowakei, Jugoslawien und Rumänien) zu bringen, fanden in England keine Unterstützung.
Die Autoren des Politischen Kabaretts, die das Programm für die Gemeinderatswahlen in April 1932 zusammenstellten, konnten die Folgen dieser Wahl nicht voraussehen. Daß aber mehr auf dem Spiel stand als nur Wiener Kommunalfragen, war ihnen wohl bewußt. Die Bevormundung der österreichi-

schen Wirtschaft durch das internationale Bankenkapital und die Winkelzüge der konkurrierenden faschistischen und halbfaschistischen Parteien finden in diesem Programm ihren Niederschlag.

In einer Hinsicht brach das Wahlkabarett vom April 1932 alle Rekorde. Die Uraufführung von *Wie wählt Wien?* fand Sonntag, den 3. April, im Hause der Gewerkschaft der gastgewerblichen Angestellten in Wien statt. In den drei Wochen bis zum Wahltag, dem 24. April, gab es 66 Aufführungen. Manchmal spielte das Kabarett vier bis sechsmal an einem einzigen Tag. Ein Beweis für die Dankbarkeit der Wiener Sozialdemokraten war ein Dankschreiben der Organisation Wien, unterzeichnet vom Wiener Sekretär Paul Richter, datiert 26. April 1932, in dem der Einsatz des Kabaretts mit seinen 66 Aufführungen im Wahlkampf rühmend hervorgehoben wird. Außerdem beschloß im Juni 1932 das sozialdemokratische Reichsparteisekretariat, »die Gründung und Führung derartiger Spielgruppen auf das kräftigste zu fördern«.

Gerade weil dieses Wahlkabarett auf einen so kurzen Zeitraum konzentriert war, und zum Teil auch, weil der Wahlausgang trotz des Erfolges in Wien schwierige Zeiten für Österreich und für die österreichische Sozialdemokratie einleitete, ist die Erinnerung daran ein wenig verblaßt. So schreibt die Zeitschrift der Sozialistischen Veranstaltungsgruppe *Die Politische Bühne* in ihrer Nummer von März/April 1933 von der Aufführung des nächsten (und letzten) Programms als dem »zwölften«. In den Listen der Programme kommt aber *Wie wählt Wien?* immer vor. Es wird auch hervorgehoben, daß die Stimmen der Mitwirkenden am Ende der drei Wochen schon heiser waren. *Wie wählt Wien?* soll also in keiner Weise als »verlorenes Programm« gelten!

Holländero!

Als das Leitmotiv des zwölften Programms kann das Couplet des holländischen Finanzmannes Adrianus van Hengel gelten, der von den englischen Bankiers der österreichischen Regierung als Generaldirektor und gleichzeitig als Vorsitzender des Exekutivkomitees der Creditanstalt aufgezwungen wurde. Er

wurde am 17. Februar 1932 in sein Amt gerufen. Er war, wie Karl Ausch in seinem Buch *Als die Banken fielen* erklärt, von vornherein in einer sehr zwiespältigen Position, da er gleichzeitig als Vertreter der Gläubiger und als Chef der mächtigsten Bank Österreichs zu fungieren hatte. Außerdem erhielt er ein Monatsgehalt, das die bei österreichischen Bankdirektoren damals üblichen Gehälter bei weitem überstieg.
Van Hengels Auftrittslied im Politischen Kabarett lautete:

Zweitausend Schilling
zahlt der Bund täglich mir;
und da soll wer sagen,
daß Österreich stier.
Ich bin a Holländeridio,
Holländero.
Holländeridio,
Für mi ist Geld do.

I freu mi amsterdamisch
und steck das Geld ein,
mein Freund ist der Kienböck,
der wird's nicht bereu'n.
Ich bin a Holländeridio . . . . (usw.)

Im ersten Bild des neuen Kabarettprogramms zeigten sich die Vertreter des Antimarxismus: der christlichsoziale Bankenschützer, der Hahnenschwänzler und der Hakenkreuzler. Dabei war diese Aufstellung zur Zeit der Aufführung schon nicht mehr gültig: die Heimatschützer hatten in Wien nicht mehr kandidiert, sondern waren auf die anderen Listen aufgeteilt.
Der Conférencier Viktor Grünbaum nahm dies, wie Ernst Fischer in der *Arbeiter-Zeitung* berichtet, »mit einem Achselzucken zur Kenntnis« und sagte: »Auf die Heimwehr kann man sich eben nie verlassen!« Er fügte hinzu, daß den Starhemberg jetzt überhaupt »kein Kurswechsel, sondern nur der Wechselkurs interessiere«. Der darin gelegene Vorwurf war wohl nicht ganz berechtigt. Jedenfalls stand die zwischen Starhemberg, Major Emil Fey und anderen Führern gespaltene Heimwehr zeitweise nicht mehr im Vordergrund des politischen Geschehens.

Das zweite Bild zeigte die Antimarxisten, wie sie auf Wählerfang gehen. Dabei stellen sie Mausefallen auf und legen »Wahlspeck« hinein. Bei den Nazis ist dieser Speck von einem »reinrassigen, durch und durch nordischen Schwein«. Schließlich geht jedem von ihnen ein Wähler in die Falle. Die Tür schnappt zu, und die Wähler »schnappen über, weil die antimarxistischen Rattenfänger nun ihr wahres Programm zu verwirklichen beginnen«.
Das dritte Bild ist wohl der Höhepunkt des Stücks: die »Kostümleihanstalt zur zerfetzten Reaktion«. Der Hausherr wird auf einer Bahre hereingetragen, »ausgesaugt bis auf die Knochen vom Breitner«. Er ist aber trotzdem noch ziemlich dick. Er borgt sich ein Bettlerkostüm aus, um zuerst Mitleid und dann die Mieter zu schinden. Dabei wird er als »Kunschakal der alten Hausherrenherrlichkeit« bezeichnet - ein Wortspiel, das der politischen Wirklichkeit nicht mehr ganz entspricht, denn der christlichsoziale Arbeiterführer Leopold Kunschak war um diese Zeit ebenso wie die anderen alten, der Heimwehr abgeneigten christlichsozialen Politiker schon praktisch ausgeschaltet. Kunschak kehrte erst 1945 als einer der Koalitionsführer der Zweiten Republik ins aktive politische Leben zurück.
Die Gattin des Hausherrn, Eulalia, wählt sich ein Kostüm als Fee mit »goldenem Wienerherzen«.
Eine andere, dem Publikum des Politischen Kabaretts wohlbekannte Figur, der Generaldirektor Goldschieber, verkleidet sich als »Unschuldslamperl«. Der Prälat Seipel, der »Prälat ohne Milde«, wählt ein Kostüm als guter Hirte, der seine Schäflein auf die grüne Wiese locken will, um ihnen dort das Fell zu scheren. Dann bekommt auch der Lakai des Generaldirektors Goldschieber ein Kostüm: der Leisetreter wird zum Lautsprecher, der treue Diener seines Herrn wird zum Nationalsozialisten. Jetzt fordert ihn Goldschieber auf, revolutionäre Phrasen herauszuschmettern. Der eingeschüchterte Lakai hat Angst. Der Generaldirektor schreit ihn an: »So, jetzt sag etwas recht Revolutionäres!« Darauf antwortet der Lakai: »Jawohl, Herr Generaldirektor.«
Dieses Detail zeigt allerdings eine Unterschätzung der nationalsozialistischen Gefahr. Im nächsten Bild sprechen zwei christlichsoziale Redner gleichzeitig zum Publikum. Sie

bringen einander ununterbrochen aus dem Konzept. Der eine sagt, die Wiener Gemeindehäuser seien so schlecht gebaut, daß sie zusammenfallen. Das war damals ein von den Gegnern der Gemeinde Wien ernstlich verbreiteter Alarm. Der andere Redner dagegen sagt, die Gemeindebauten seien Festungen des Marxismus. Der erste Redner sagt, die angeblichen sechzigtausend Wohnungen existierten gar nicht. Der andere erklärt, darin wohnten sechzigtausend sozialdemokratische »Bonzen«. So werden die beiden Redner durch ihre Widersprüche entlarvt. In seinem Kommentar in der *Arbeiter-Zeitung* sagt Ernst Fischer: »Ein Argument des Gegners stellt dem anderen das Bein.«

Im Schlußbild »Wohin rollst du, Schilling?« stehen zwei Schillinge, Hartgeld mit hübschen Girlbeinen, auf der Bühne. Der eine Schilling kommt aus einem Nachtlokal und rollt (als Lustbarkeitsabgabe) in die Kasse der Gemeinde. Der andere Schilling kommt aus einem Arbeiterhaushalt und rollt in die Bundeskasse. Das Schicksal der beiden Schillinge ist verschieden. Der Schilling des Armen wird den Reichen geschenkt. Seine Empfänger sind ein Villenbesitzer, ein Bankier, ein Heimwehrführer und schließlich der holländische Finanzkontrollor Van Hengel, der bei dieser Gelegenheit sein Lied »Holländero« singt. Der andere Schilling wandert zu den Gemeindebauten. Arbeiter und Arbeiterinnen tragen rote Quadern zusammen. Sie bauen daraus eine Mauer, ein Wohnhaus, und schließlich leuchtet oben auf dem Haus die Parole: »Das rote Wien«.

In den Pausen dieses Kabaretts wurde für den sozialdemokratischen Wahlfonds gesammelt. Dies geschah durch zwei zerlumpte Männer mit zerfransten Hosen, den Hausherrn und den Fabrikanten. Der Hausherr war Ullsperger, der Fabrikant Viktor Grünbaum. Sie spielten auf einem Leierkasten und sangen dazu:

I bin a armer Hausherr!
Und ich ein Fabrikant!
Das wir jetzt müssen betteln gehn,
Das is an' Affenschand!

Das haben die Sozi getan, getan!
Der Breitner ist schuld daran!
Das haben die Sozi getan, getan!
Der Breitner ist schuld daran!
(Text: Theo Neumann und Karl Bittman)

Text und Melodie prägten sich den Zuschauern ein. Das Lied wurde von Theo Neumann aufbewahrt und von Karl Bittman aus Australien zurückgebracht.
Die politische Wende, die bald nach diesen Gemeindewahlen eintrat, drückte sich in einem Personenwechsel aus. An die Stelle der Regierung Buresch trat eine neue Regierung unter dem jungen Landwirtschaftsminister Engelbert Dollfuß. Im Frühling starben kurz nacheinander Dr. Ignaz Seipel und Dr. Johannes Schober. Bei den Sozialdemokraten legte Hugo Breitner die Führung des Finanzressorts nieder. An seine Stelle trat als Stadtrat für Finanzwesen Robert Danneberg.

Das Publikum des Kabaretts

Zur Geschichte jedes Theaters gehört die Publikumsgeschichte. Denn jedes Theater wird bis zu einem gewissen Grad durch das Publikum geformt, das seine Aufführungen besucht. Das gilt besonders für eine Kleinkunstbühne, für ein Kabarett, in dem das Geben und Nehmen zwischen Darstellern und Zuhörern ein ständiger Vorgang ist. In diesem Sinn entsprach das Politische Kabarett besonders genau der jeweiligen Stimmung seines Publikums.
Karl Sobel-Bittman, der zuerst als Schauspieler, dann als Autor im Politischen Kabarett seit 1928 mitwirkte und später in Australien als Gründer und Leiter des »Kleinen Wiener Theaters« in Sydney die Tradition fortsetzte, berichtet, wie jedesmal im Laufe der langen Proben bei Autoren und Darstellern eine Ermüdung eintrat. Sie hatten die Witze schon so oft gehört, daß sie sich gar nicht mehr vorstellen konnten, daß jemand darüber lachen würde. All das änderte sich bei der Erstaufführung, die gewöhnlich in den Pan-Spielen in der Riemergasse stattfand und ein besonders festlicher Anlaß war, weil in der ersten Reihe die Spitzen der Sozialdemokratischen Partei saßen: Bürgermeister Seitz persönlich, der brillante und

brillant-kritische Otto Bauer mit seiner gescheiten Gattin Helene, dann Julius Deutsch, ein besonderer Förderer des Kabaretts, mit seiner Lebensgefährtin, der Gemeinderätin Marie Deutsch-Kramer, die auch selbst politische Freiheitslieder veröffentlicht hatte. Ihre Tochter Hexl Kramer gehörte eine Zeitlang zu den »Girls«. Dann war dort – es war ja Sonntag abends, und die *Arbeiter-Zeitung* erschien am Montag nicht – die ganze Redaktion der *Arbeiter-Zeitung* und ihrer kleinen Schwester, des *Kleinen Blattes*. Von Chefredakteur Oscar Pollak angefangen bis zu Dichtern wie Ernst Fischer und Redakteuren, die entweder wie Ludwig Wagner zu den Gründern des Politischen Kabaretts gehörten oder wie Robert Ehrenzweig (Lucas) in den Kreis der Autoren des Kabaretts eintraten, waren alle da. Natürlich lauschten die Verfasser der Szenen ebenso wie die gerade nicht beschäftigten Schauspieler mit begreiflicher Nervosität, welche Aufnahme ihre Witze und Lieder bei diesem erlesenen Publikum finden würden, und waren jedesmal überrascht und erfreut, wenn die prominenten Persönlichkeiten über die Witze des Kabaretts herzlich lachten.
Dazu ist zu bemerken, daß die Witze des Kabaretts manchmal knapp an der Grenze dessen lagen, was schon als unzulässige innerparteiliche Kritik verstanden werden konnte. Eigentlich war sogar die »Vermoppelung« der Politik im allgemeinen etwas, das bei der Parteiführung und den Redaktionen, die an der Festsetzung der Linie der Partei mitwirkten, ein gewisses wohliges Gruseln hervorrief. Das war zum Teil der Reiz des Kabaretts: das Element der seelischen Befreiung.
Und die Studenten und Jugendlichen, die bei der ersten Aufführung in den übrigen Reihen saßen – und bei denen es Ehrensache war, sich ohne Eintrittskarte einzuschleichen und dadurch die Zugehörigkeit zum engsten Kreis zu dokumentieren – und auch diejenigen, die bei den späteren Aufführungen das Publikum bildeten, Männer und Frauen aller Bevölkerungsschichten, nahmen teil an diesem Gefühl der Begeisterung. Es war sicherlich eine der Ursachen für den Erfolg des Kabaretts, daß es den Österreichern zeigte, daß man die Politik nicht unbedingt tierisch ernst darstellen muß, daß man bei aller Bitterkeit auch darüber lachen kann.
Das Element der Selbstverspottung, das im Politischen Kaba-

rett mit seiner Darstellung österreichischer politischer Schwächen enthalten war, kam natürlich noch viel stärker in den Fortsetzungen des Politischen Kabaretts in der Emigration zum Ausdruck, wo der Zusammenprall zwischen den Emigranten und den (englisch sprechenden) Einheimischen ein dauerndes Thema der Belustigung für das zweisprachige Kabarett bildete.
Karl Bittman hieß, als er im Jahr 1928 zum Politischen Kabarett kam, Karl Sobel. Sein Vater war das Kind einer jüdisch-rituellen Ehe, die in Österreich gesetzlich nicht anerkannt war. Deswegen trug er den Namen der Mutter. Später wurde die Ehe des Vaters nach österreichischem Recht anerkannt und daher auch der Name des Kindes geändert. Bittman hatte von klein auf einen Hang zum Theater. Er hatte schon in sozialdemokratischen Parteisektionen Dichterlesungen veranstaltet und Politiker imitiert. Im Kabarett war er zuerst Schauspieler, später Autor. Dabei kam seine genaue Kenntnis des jüdischen Dialekts dem Kabarett zugute.
Er war mit dem wunderschönen Kabarett-»Girl« Mary Mayerhofer befreundet. Sie war Notariatsangestellte, kam von der Sozialistischen Jugend und wirkte erstmals im »Wahlkabarett« (dem neunten Programm) mit. Dabei lernten die beiden einander kennen. Als sie 1936, zu einer Zeit, da Karl seinen Familiennamen schon geändert hatte, heirateten und als »Karl Bittmann und Mary Mayerhofer« Vermählungsanzeigen aussandten, sagte jemand, der von der Namensänderung nichts wußte: »No, ich hab immer gesagt, sie wird den Sobel stehen lassen.«
Seinen ersten Kontakt mit der »Parteispitze« hatte Karl Bittman 1932, als das *Kleine Blatt* seinen fünfjährigen Bestand feierte. Die Feier fand im Café Landtmann auf der Ringstraße statt; die Führer der Partei und die Redakteure aller Zeitungen des Parteiverlags waren dort. Es wurde eine Art »internes Kabarett« veranstaltet, so daß schon aus diesem Grund die Angelegenheit erwähnt werden soll. Das Thema war die Hypothese, der sozialdemokratische Parteivorstand hätte die Redaktion des *Kleinen Blatts* mit der Übernahme der Regierung in Österreich betraut. Robert Ehrenzweig (Lucas) war der Autor.
Man hatte erwartet, Otto Bauer werde bei dieser Gelegenheit

eine Ansprache halten, aber er wollte nicht. Nach einigem Überlegen beschlossen die hinter dem Vorhang zusammengedrängten Kabarettisten, Karl Bittman solle als »Otto Bauer« auftreten. Es wurde also mitgeteilt, Otto Bauer werde doch reden, und Bittman trat vor den Vorhang. Er hielt eine Ansprache, in der er Tonfall, Gestik und Stimme Otto Bauers imitierte und auch dessen gebräuchlichste Redewendungen anbrachte, insbesondere also gemäß dem »Linzer Programm« erklärte, man werde Gewalt nur anwenden, wenn der Gegner dies tue.

Der Erfolg war groß. Auch Otto Bauer lachte über die eindrucksvolle Imitation und sagte zu Bittman, wenn man nächstens von ihm die gleichzeitige Anwesenheit bei zwei Versammlungen verlangen sollte, werde er zu der einen Bittman an seiner Stelle hinschicken. Der Parteivorsitzende, Bürgermeister Karl Seitz, ließ sich den jungen Politiker-Imitator vorstellen, fragte ihn nach seinem Beruf und meinte, als er hörte, daß Bittman in einer Lampenfabrik angestellt war: »Nun, Glühlampen braucht man immer.« Dann sagte er, in einem Punkt bestehe doch ein Unterschied: Otto Bauer habe immer so gepflegte Fingernägel, Bittman aber nicht. Ernst Fischer, damals Kultur-Redakteur der *Arbeiter-Zeitung*, lud den jungen Bittman ein, für die Zeitung Glossen zu schreiben. Diese erschienen von da an unter dem Pseudonym »Karl«. Auch Bittmans Freund Robert Laufer, der nicht im Kabarett tätig war, schrieb von da an für die *Arbeiter-Zeitung* Glossen unter dem Namen »Robert«.

Karl Bittman erzählt, mit welcher Begeisterung die Mitarbeiter des Kabaretts hinter dem Vorhang zuhörten, wenn Viktor Grünbaum seine Conférence hielt. Viktor brachte immer neue Pointen, die er sich unmittelbar vorher – speziell für diese Gelegenheit – ausgedacht hatte.

Mary Mayerhofer erinnert sich an eine der ersten Rollen, in denen sie Karl Bittman gesehen hat. Dieser spielte den Chefredakteur Sliwowitz (das heißt Lippowitz vom *Neuen Wiener Journal*, dem man nachsagte, daß er sich für alle Meldungen in seiner Zeitung zahlen ließ). Sliwowitz diktiert gerade einen Absatz über Aktivitäten der Polizei und erwähnt dabei die Verwendung von Polizeihunden: »Die Hunde wurden von der Firma Kohn und Kompanie bereitgestellt«,

diktiert Sliwowitz. Die Sekretärin, die weiß, daß nach dem Gesetz entgeltliche Einschaltungen durch ein kleines Kreuz gekennzeichnet sein müssen, fragte: »Kreuzl, Herr Chef?« Sliwowitz erwidert: »Machen Sie einen Schlußpunkt und setzen Sie an den Schluß des Blattes den Satz, daß alle mit einem Schlußpunkt gekennzeichneten Sätze entgeltlich sind.« Dann läßt sich Sliwowitz zu seiner Stärkung einen »Lippowitz« bringen. Wenn der Chefredakteur im Kabarett den Namen des Zwetschkenbranntweins hatte, dann bekam der Branntwein den Namen des Chefredakteurs. Die Szene, von der Mary erzählte, stammt aus dem Siebenten Programm *Hallo, hier Klassenharmonie,* in welchem der zum Arbeiter gewordene Generaldirektor Goldschieber Hilfe bei einer Zeitungsredaktion sucht.
Zur Zeit, als Mary, ein Mitglied der Sozialistischen Arbeiterjugend im Bezirk Stadlau, dem Politischen Kabarett als Girl beitrat, gab es mehrere Girl-Truppen, weil so viele Aufführungen stattfanden. Das gilt auch für das zwölfte Programm – *Wie wählt Wien* –, als eine große Zahl von Aufführungen vor den Wiener Gemeinderatswahlen in einen kurzen Zeitraum zusammengedrängt werden mußten. Mary wurde in das Kabarett durch ihre Bürokollegin Vally Groß eingeführt, die ebenfalls als Girl mitwirkte. In der ersten Zeit lauschte Mary nur begeistert hinter der Bühne. Dann wurde sie als Girl »einberufen«. Die Girls wurden damals von der bekannten Wiener Tänzerin Gertrude Kraus ausgebildet.

Das dreizehnte Programm: »MM 1 oder der Triumph der Technik«

Erstaufführung: 19. Februar 1933

Die Zeit der Notverordnungen

Die nationalsozialistischen Erfolge bei den Gemeinderats- und Landtagswahlen im April 1932 veränderten die ganze politische Landschaft von Österreich, wenn auch dieser Effekt nicht sofort nach außen hin sichtbar wurde. Vor allem blieb die Position der sozialdemokratischen Opposition im Parlament zunächst unverändert, und auch im Wiener Gemeinderat war die Mehrheit der Sozialdemokraten in keiner Weise angetastet.
Was jetzt anders war, das war die Tatsache, daß die Christlichsozialen wußten, daß die nächste Parlamentswahl ihnen eine vernichtende Niederlage bringen würde. Sie würden dann, wenn sie weiterhin demokratisch regieren wollten, entweder mit den Sozialdemokraten oder mit den Nationalsozialisten eine Koalition bilden müssen. Keines von beiden wollten sie. Und damit begaben sie sich auf einen Weg, der sie geradewegs zur Diktatur führte.
Die Regierung des gemäßigten Christlichsozialen Karl Buresch trat zurück. An die Spitze der Regierung trat im Frühling 1932 der junge Dr. Engelbert Dollfuß, ein Mann, der erfüllt war von der Vorstellung, zum »Retter Österreichs« berufen zu sein. Die »großen Männer«, die in den ersten zwölf Jahren der Republik an der Spitze des rechten Flügels gestanden waren, der eifernde Prälat Dr. Ignaz Seipel und der gesetzestreue, aber reaktionäre Polizeipräsident Dr. Johannes Schober, starben kurz nacheinander. Von den übrigen Christlichsozialen traten der Arbeiterführer Leopold Kunschak und der sture Parteipolitiker Carl Vaugoin in den Hintergrund. Die Männer, die jetzt in der österreichischen Politik die entscheidende Rolle zu spielen begannen, waren Bundeskanzler Dr. Dollfuß, der junge Innsbrucker Rechtsanwalt Dr. Kurt

Schuschnigg und als Rechtsberater der Regierung Sektionschef Dr. Robert Hecht, der ein zufällig stehengebliebenes »Kriegswirtschaftliches Ermächtigungsgesetz« ausgrub, um es der Regierung zu ermöglichen, mit Notverordnungen zu regieren.

Technokratie plus Hitler

Aus der Kritik des Programms *MM 1* in der *Arbeiter-Zeitung* geht die Zwiespältigkeit in der Lage der österreichischen Sozialdemokratie deutlich hervor. Die Erstaufführung wird dort (in der Nummer vom 21. Februar 1933) so behandelt, als hätte das Programm mit der österreichischen Politik überhaupt nicht direkt zu tun, als richtete es sich gegen die »Technokratie«, die übermächtige Entwicklung der Technik im allgemeinen und wäre nur rein zufällig, durch Hitlers Machtübernahme in Deutschland, umgewandelt, überarbeitet und auf den letzten Stand gebracht worden.
Die Rezension trägt bezeichnenderweise den Titel »Oldenburg-Januschau sabotiert das Politische Kabarett« und richtet sich gegen den deutschen rechtsgerichteten Politiker Oldenburg-Januschau, dem die Schuld an der Machtübernahme Hitlers zugeschrieben wird und der von der Existenz eines Politischen Kabaretts in Österreich sicherlich ebensowenig eine Ahnung hatte wie das österreichische Politische Kabarett bis dahin von ihm. Die Signatur ist A. G. – die des Redakteurs Alexander Gottlieb.
Es heißt dort: »Die politischen Meteorologen vom Politischen Kabarett haben sich noch selten in ihren Prognosen geirrt. Sie haben zum Beispiel seinerzeit den Heimwehrputsch in allen Einzelheiten vorausgeahnt und den Lacherfolg, den Herr Pfrimer später erzielte, vorweggenommen. Aber das politische Tief, das sich jetzt plötzlich über Deutschland gelagert hat, war nicht vorauszusehen. Schon hatten die braunen Wolken begonnen zu zerflattern, schon legten sich die Wirbel der SA-Stürme. In dieser stilleren Atmosphäre wandte sich das Politische Kabarett ein wenig von den Tagesfragen ab und dem aktuellen Problem der Technokratie zu. So entstand die Revue *MM 1.*«
Dann beschreibt die *Arbeiter-Zeitung* das Programm: »MM 1

ist der Maschinenmensch des Professors Elektron. MM 1 ist der Idealarbeiter nach dem Herzen des Kapitalisten. Er verlangt keinen Lohn, er organisiert sich nicht, er streikt nicht, er denkt nicht und ist infolgedessen nicht revolutionär. MM 1 arbeitet nur. Er arbeitet nicht mit Menschen-, sondern mit Pferdekräften, er arbeitet 24 Stunden im Tage, 168 Stunden in der Woche, 8700 Stunden im Jahr (im Schaltjahr um 24 Stunden mehr). Sein einziger Mangel ist, daß er keine Überstunden machen kann. Aber auch so macht er die Arbeiter von Fleisch und Blut vollkommen überflüssig.« An die Stelle aller Kulturen tritt die Reinkultur des Kapitalismus. »Ich kauf', ich verkauf'!« ist die Losung, die Aktien steigen, hundert, tausend, zehntausend, bis in den siebenten Himmel. »Selbst dem alten Petrus wässert der Mund nach den reizenden jungen Aktien in Engelsgestalt. Auch die Großaktionäre, die Rothschild, Sieghart, Hugenberg sind im siebenten Himmel. Aber dort ereilt sie die Nachricht vom Ausbruch der Krise, die nun einmal zum Wesen des Kapitalismus gehört. In ihrem Gefolge bricht ein neuer Weltkrieg aus. Die Maschinenmenschen werden einrückend gemacht. Sie sind ideale Soldaten. Sie essen nicht, sie trinken nicht, sie verbrüdern sich nicht, sie denken nicht und revoltieren daher auch nicht, sie kämpfen bis ans Ende, bis die ganze Menschheit vernichtet ist.« Und weiter heißt es unter dem Titel »Oldenburg-Januschau greift ein«: »Die Revue war fix und fertig, der Tag der Erstaufführung war angesetzt, famose Dekorationen von bewährter Künstlerhand geschaffen, die Rollen einstudiert, die Girls auf Glanz hergerichtet, alles klappte, soweit es überhaupt bei einer Erstaufführung des Politischen Kabaretts klappt – da klappte Generalfeldmarschall Hindenburg zusammen, er machte den Korporal Hitler zum Reichskanzler und das Programm des Politischen Kabaretts zuschanden. Hindenburgs Freund und Ratgeber, der alte Junker Oldenburg-Januschau, hatte es durchgesetzt. Oldenburg-Januschaus Streich war eigentlich nicht dem Politischen Kabarett vermeint, von dessen Existenz der Mann in seiner junkerlichen Unbildung vielleicht gar nichts weiß. Er wollte nur die weitere Enthüllung des Osthilfeskandals, in den er tief verwickelt ist, verhindern, und dazu war ihm der von Herrn von Papen entlauste Hitler gut.«

Nun, »man kennt ja zur Genüge die kleinlichen Ränke, denen das Dritte Reich seine Entstehung verdankt. Hier sei nur festgehalten, daß sie mit einem Schlag, dem Schlag, der das deutsche Volk so schwer getroffen hat, das Politische Kabarett vor eine völlig neue Situation gestellt haben. Die Mitwelt hätte es nicht begriffen, wenn es zu den neuen Ereignissen nicht Stellung genommen hätte. Die Machtergreifung Hitlers hat nicht nur ihn, sondern – wie der geistreiche Conférencier des Politischen Kabaretts feststellte – auch dieses gezwungen, sein Programm umzuschmeißen.«
Und die Folge, mit dem Untertitel: »Der Nibelungen Not«: »So wurde rasch das Dritte Reich in den Maschinenmenschen hineingearbeitet. Es mußte mit rasender Eile geschehen, und in der Eile gelangen den Dichtern des Politischen Kabaretts Szenen von genialem Witz. Sie griffen in das Nibelungenwerk Richard Wagners, der mit seinem Gedenktag gerade bereitstand, und dichteten Siegfrieds Kampf mit dem Drachen und Siegfrieds Tod ins Hitlerische um. Es geht dabei alles viel besser aus als bei Wagner. Siegfried, der Hitler, verständigt sich mit dem Drachen des jüdischen Weltkapitals, und Papen von Tronjes Dolchstoß von hinten endet auch mit einer Packelei. Es stellt sich übrigens heraus, daß das Dritte Reich, wie bekanntlich das ganze Weltgeschehen, nur eine Mache der Weisen von Zion ist . . .«
Dann heißt es: »Geht hin und lacht! Man muß dem Politischen Kabarett in diesen bitterbösen Zeiten für seinen lachenden Kampf doppelt dankbar sein. Denn wenn heutzutage auch der alte Satz nicht mehr gilt, daß die Lächerlichkeit tötet, so bleibt doch der andre in Kraft: Lachen befreit.«
In einer Kritik in der Illustrierten *Der Kuckuck* wird die erste Szene von *MM 1* geschildert. In dieser Szene kommt »die geistige Wirrsal unserer Zeit« zum Ausdruck. Es ist eine Zeit der »Heldenverehrung«. Man verehrt Wissenschaftler, Boxer, Ärzte, Filmstars, Flieger, ja sogar Dauertänzer. Das ist die Atmosphäre, in der der Maschinenmensch erfunden wird – die neueste, größte Erfindung der Technik.
In der *Politischen Bühne* beschreibt Robert Plank die turbulente Anfangsszene: »Der aufgehende Vorhang enthüllt einen bunten griechischen Chor, Gipsbüsten werden ins Scheinwerferlicht gestellt, Girls wirbeln vorüber, im Tempo der Jazz

springt Figur nach Figur auf die Bühne, singt, spricht, wird beklatscht, verschwindet. Musik hüllt den Zuschauer ein, Larven hypnotisieren ihn, die satirische Maschinerie bombardiert ihn mit ihren gereimten Gedanken, deren Kaliber klein, deren Durchschlagskraft aber beträchtlich ist.«
Erwähnt werden: »Maschinenmenschen, Nibelungen, Bankchristen, Pressejuden, SA-Tschechen. Keine Spezies, die eigentlich ausgestorben sein sollte, fehlt im Tierreich. Der Stoff, als der der verfaulende Kapitalismus sich bietet, und die Schwierigkeiten solchen Theaters sind im heurigen Programm noch stärker bewältigt als jemals vorher.«
Der Maschinenmensch wird erfunden, verdrängt die Arbeiter aus der Fabrik, die Soldaten vom Kriegsschauplatz und schließlich – unentrinnbare Folge – die Menschheit aus dem Leben.
Die »SA-Tschechen«: das geht gegen jene deutschtümelnden Nationalsozialisten, deren Namen ihre tschechische Abstammung verraten.
Eine Szene zeigt den »ohnmächtigen Völkerbund«. Er hält gerade »die 5346. Sitzung der Abrüstungskonferenz« ab. Inzwischen steigen die Aktienkurse. Dann folgt der Sturz in die unvermeidliche kapitalistische Krise. Robert Plank berichtet: »Wer durch den siebenten Himmel der Kulissen und die entfesselte Hölle der Völkerbundszene dem roten Faden folgt, wird allerdings bemerken, daß die heitere Luft dieser Bühne nicht nur von Tänzerinnen und Witzen durchschwirrt ist, sondern nicht minder von Problemen.«
Hier wird die Frage aufgerollt, ob das Kabarett auf »satirische Übertreibungen« verzichten kann. »Es verschmäht es weder, den Herrn Hitler als livrierten Diener vorzuführen, noch die Naziredner bei jedem Satz steckenbleiben zu lassen.« Robert Plank kommt zu dem Ergebnis, daß das Politische Kabarett seine Existenzberechtigung ja nicht aus seinen künstlerischen, sondern aus seinen propagandistischen Leistungen ableitet. »Wir müssen den Gegner lächerlich machen, wenn er gefährlich ist.«
Aber auch Robert Plank ist beeindruckt »von der wundervollen Szene Naphraka«. »Wir erfahren, daß ›Naphraka‹ die Nationalsozialistische Phrasenkarthotek ist – eine jener für den Nationalsozialismus so typischen Abkürzungen. Aus

dieser Karthotek bringt der Diener Adolf Hitler die gewünschten Phrasen. Wie es dem Kabarett entspricht, wird diese Phrasenkarthotek auch bald lebendig.«
Robert Plank erwähnt, daß das »Politische Kabarett heute außerhalb Rußlands die einzige revolutionäre Bühne Europas ist«. Es wäre lächerlich, wollte man dieses einzige Lebendige inmitten des leichenstarren Theaterlebens Wiens nach der Art beurteilen, wie man gewöhnliche Theaterrezensionen schreibt, meint der Rezensent von der *Politischen Bühne*. Er findet es selbstverständlich, daß nicht die bürgerliche Welt, sondern die Polizei und der Staatsanwalt sich dafür interessieren.
Seinen Höhepunkt erreicht *MM 1* in dem Zusammenstoß Hitlers mit den »Weisen von Zion« und dem Scheinkampf »Siegfrieds« mit dem »jüdischen Drachen«.

Die Weisen von Zion

Im dreizehnten Programm des Politischen Kabaretts treten die »Weisen von Zion« auf. Ein Teil der nationalsozialistischen Mythologie war die Vorstellung, es gäbe einen geheimen Kreis der »Weisen von Zion«, der für die jüdische Weltherrschaft arbeitete.
Im Kabarett traten diese »Weisen von Zion« zu einer Sitzung zusammen, um über die Weltherrschaft zu beraten. Dabei sangen sie:

Wir sennen die berühmten Weisen
Von Zion
Und tun die ganze Welt bereisen,
O, Zion!
Die Nazi haben uns erdicht', o Zion.
Wir hab'n schon viel für sie gericht't.
O Zion, bei dir, o Zion!

(Text überliefert von Karl Bittman.) (Melodie: »O Mona!«)

Die Weisen beschäftigen sich auch mit der Nationalsozialistischen Phrasenkartothek. Dabei werden Karten gesucht und aus der Kartothek herausgezogen. Unter anderem findet man die Kartothekskarte »Friedrich der Große«.

FRIEDRICH:
Ich, Friedrich der Große,
Sag's euch heut persönlich,
Nehmt euch vor den Juden in acht!
's war stets eine Chose?
Was geschieht, hab'n gewöhnlich
Auf Erden die Juden gemacht.
Drum laßt euch nicht lange bitten,
Vernichtet recht schnell die Semiten.

DIE WEISEN VON ZION: Hab'n Sie gehört den letzten Satz?
Dann wird auch das Kartothekblatt des furchtbaren jüdischen Drachens Isidor herausgezogen, mit dem der nordische Siegfried zu kämpfen hat. Wolfgang Speiser erinnert sich an ein Programmblatt, auf dem der Kampf Siegfrieds mit dem Drachen abgebildet war – also vermutlich eine Einladung zu einer Aufführung des dreizehnten Programms. Die »Kennmelodie« des Drachens, die ebenso wie »Friedrich der Große« von Karl Bittman überliefert wurde, lautet:

Ich bin der Drache Isidor,
Bin international,
So wie Sie mich seh'n, so stell' ich vor
Das jüdische Kapital.
Alle arischen Geschäft richt' ich zu Grund'.
Arisch Blut
Schmeckt so gut!
Um mich zu amüsier'n,
Tu ich die Welt regier'n.

Eine andere Version lautet:

Ich bin der Drache Isidor,
Bumbala, bumbala, bum, bum, bum.

Dies konnte offenbar nach der Melodie von »Ich bin der Doktor Eisenbart« gesungen werden.
Im Programm des Politischen Kabaretts endete der Kampf Siegfrieds mit dem Drachen mit einer »Packelei« – das heißt,

einer gütlichen Einigung. In Wirklichkeit ging die Weltgeschichte nicht so gemütlich weiter.

Die letzten Aufführungen

Eine Karte im Besitz Robert Lammers kündigt an, daß die Erstaufführung von *MM 1* am 19. Februar 1933 in den Kunstspielen, Wien I., Riemergasse 11, stattfinden und daß die zweite Aufführung (am 25. Februar 1933) in den Kunstspielen die vierhundertste Aufführung des Politischen Kabaretts sein werde. Weitere Aufführungen (ebenfalls in den Kunstspielen) werden für den 2., 4. und 5. März am gleichen Ort angekündigt.

Das dürften die letzten nachweisbaren Aufführungen des Politischen Kabaretts im eigentlichen Sinn gewesen sein. Die Auflösung des österreichischen Parlaments in den Märztagen und die praktische Einführung des Polizeistaates machte die Veranstaltung von Aufführungen dieser Art mit einem vorbereiteten Programm unmöglich. Die Roten Spieler, die als eine Art Nachfolge-Organisation des Kabaretts aufgefaßt werden können, waren noch während des ganzen Jahres 1933 tätig. Von ihnen soll im nächsten Kapitel die Rede sein. Auch die Zeitschrift der Sozialistischen Veranstaltungsgruppe, die *Politische Bühne,* erschien noch das ganze Jahr 1933 weiter.

In der *Politischen Bühne* vom November 1933 findet sich auf Seite 186 eine Notiz, in der es heißt: »Das Politische Kabarett unterbricht vorläufig seine Tätigkeit, da es nicht gesonnen ist, sich den derzeitigen politischen Verhältnissen anzupassen.«

Diese Notiz markiert das Ende des Politischen Kabaretts der Sozialistischen Veranstaltungsgruppe. Viktor Grünbaum erinnert sich, daß die Autoren des Politischen Kabaretts sowohl bei den Roten Spielern als auch bei anderen, immer zahlreicher werdenden Kleinkunstbühnen in Wien »inoffiziell« tätig waren. Der schauspielerische Enthusiasmus der Wiener Kleinkunsttheater war, einmal geweckt, nicht so ohne weiteres zu unterdrücken.

Einzelne Lieder- und Textfragmente

Spanisches, Republikanisches

Im Jahr 1931 fanden in Spanien Gemeindewahlen statt. Sie brachten dem Land, das mehrere Jahre lang die Diktatur Primo de Riveras widerwillig ertragen hatte, einen Sieg der republikanischen Parteien. König Alfons XIII. mußte abdanken und ging ins Exil. Spanien wurde Republik.
Der Erfolg der demokratischen Kräfte in Spanien fand sein Echo im Wiener Politischen Kabarett. Hier kam ein Schauspieler als König Alfons auf die Bühne und sang folgendes Lied:

Mir kommt alles spanisch vor, ganz spanisch vor,
Was meine Untertanen sich erlauben.
Statt zu kämpfen mit dem Stier,
Tun sie's mit mir,
Und ich muß Thron und Kron' zusammenklauben.
Heut hab ich noch die Kron' und glaub, ich bin noch wer,
Morg'n jagn's mich davon.
Ich brauchert halt a Heimatwehr.
Mir kommt alles spanisch vor, ganz spanisch vor,
Was meine Untertanen sich erlauben.

(Text überliefert von Karl Bittman.)

Der Sieg der Republik in Spanien war für die Linke in Mitteleuropa eine Aufmunterung, die sie dringend brauchen konnte.

Der Traum des Monarchisten

Jessas na, die Ramasuri, habt ihr's denn noch net g'hört,
D' Monarchie ist ausgerufen, die Republik hat zugesperrt!
Auf dem Ring und drunt' im Prater sieht man nix als
Offizier',

Und ein großer Kaiseradler pickt schon über jeder Tür.
Hört's, in jedem Wirtshaus singt man: »Österreich wird ewig steh'n!«
's gibt schon wieder Patrioten, Mistbauern, Prinzessinnen.
In Schönbrunn, da wohnt,
Von Liebe besonnt,
Den Kopf voller Lorbeerreiser,
Unser herzliaber Kaiser.

Die Regierung, die ist prächtig, kruzitürken sakrament!
Denn der Doktor Ignaz Seipel ist Ministerpräsident!
Ja, der allerhöchste Herrscher hat dazu mit viel Geschick
Ihn ernannt zum Lohn für die Verdienste um die Republik.
Vaugoin ist auch Minister, das ist so schon Tradition,
Kienböck kühn bekämpft wie früher Defizit und Korruption.
Der Kaiser gibt Audienz,
Doch nur einer Exzellenz,
Voll Leutseligkeit,
Es hat ihn sehr gefreut.

Schließlich habe ich vernommen, und ich hoffe, es ist wahr,
Irgendwo droht, Gott sei Dank, nun endlich eine Kriegsgefahr.
Unser allerhöchster Kriegsherr schreibt geschwind ein Manifest,
Worauf sich ein jeder gerne für ihn heldentöten läßt.
Gut und Blut für unsern Kaiser opfert jeder voller Mut.
Mich geniert's nicht, ich sitz' hint' im Hauptquartier in sich'rer Hut.
Der Kaiser ist zufrieden,
Er bet' für den Frieden
Sein Schicksal ist hart:
Es bleibt ihm nichts erspart.

(Broschüre von 1929)

Kauft's österreichische Waren

Ihr Leutln, seids keine Narren,
Kauft's österreichische Waren!
Ihr habt's Profit davon

Und hebt's die Produktion!
So schreien die Plakate,
Drum Leute, ich euch rate
Zum Kauf der guten, raren,
Echt österreich'schen Waren:
Bitte sehr: eine Bank,
Bisserl faul, voll Gestank,
Schlamperei, Korruption,
Unterstützungsaktion!
Wer blamiert in dem Skandal,
Ist jetzt Heimwehrgeneral.
Bitte kaufen S' ab uns den
Steidle oder Rintelen!
Auch die Gerechtigkeit
Steht zum Verkauf bereit;
Besonders für Erpresser.
An die verkauft sich's besser.
Der »Freiheit« eine Gasse
Zur Unternehmerklasse!
Der Wiener voller List
Bezahlt noch diesen Mist,
»Freiheit«, »Turm«, »Tribunal«!
Klingt das nicht phänomenal?
Szandor Weisz ist zwar teuer,
Doch rentiert sich's ungeheuer;
Denn mit seinen schwarzen Künsten
Macht er alles sich zu Diensten.
Kauft's uns ab, ihr lieben Christen
Diese Szandor-Weisz-Gardisten!
Mit wuchtigen Schritten die Bürgerwehr marschiert;
Es san lauter Hausherr'n vom Pistor angeführt.
Und weil sie so gewichtig sind, verkauf ma's nach'n Gewicht.
Sie könnten uns zwar gstohln wern, doch will sie kaner nicht!
Auch ham ma a paar Steirergwand, Minister stecken drin,
Die gelten als besonders schwarz, doch sind sie noch ganz grün.
Dann hätt' ma den Mataja, im Restenausverkauf,
Und wann Sie an Prälaten wolln, da zahl ma no was drauf!

Das Lied wird in *Hallo, Klassenharmonie* von den beiden »Kerzelweibern« gesungen. Die vorliegende Fassung ist von Theo Neumann überliefert. Sie ist vollständiger als die Fassung, die in der Broschüre von 1929 steht, und auch vollständiger als jene, die in Australien gesungen wurde.
Theo Neumann bemerkte zu dem Text: »Äußerer Anlaß war eine Propaganda-Aktion für österreichische Waren, ein lächerlicher Versuch, die Wirtschaftskrise zu lindern.«
Die Melodie ist, laut Broschüre von 1929, »Der Donaugigerl«. Interessant ist die Änderung im Rhythmus an der Stelle, wo es heißt: »Mit wuchtigen Schritten«. Das ist die Stelle, wo die Zeilen länger werden.
Die »Kerzelweiber« in *Hallo, hier Klassenharmonie* waren die beiden »Kaiserinnen«, die Schwestern Trude und Klara Kaiser aus der Sozialistischen Arbeiterjugend des I. Bezirks. Die beiden Mädchen veranstalteten auch »bunte Abende« in Organisationen, bei denen sie Kabarett-Lieder sangen. Die Einladung zu einem solchen »bunten Abend« am 23. März 1929 ist erhalten.

Der Safaladi-Verein

Ja wissen S' halt, mir ham's ja g'lernt,
Die Dummheit ist a Glück.
An Lehrbuam g'scheider mach'n, ja,
Das is a Masterstück.
Mir lass'n uns nicht aufklär'n,
Was ham' ma denn davon,
Denn kaum, daß ein'm der Knopf aufgeht,
Is ma a Sozi schon.
Ja, unter Sozi, schaun S', was hat er denn davon,
Ka Jaus'n-Safaladi net
Und a ka Suspension.
Und schließlich kommt er nur in d' Höh,
Wo er recht g'martert wird,
Hätt er für d' Safaladi g'schwärmt,
Wär ihm das nicht passiert.
Wir san vom k. und k. Safaladi-Verein
Stramme Kerzelschluckerbuam san mir, küß die Hand,

Mir san vom k. und k. Safaladi-Verein
Stramme Kerzelschluckerbuam san mir.

Und wann mir dann erst ausg'lernt san
Nimmt uns der G'sellenverein,
Natürlich der katholische.
Dort wird der Heiligenschein
Ein'm jeden extra anprobiert,
Wir krieg'n den letzten Schliff
Und folgen dem Herrn Koprator dann,
Dem Pfarrer auf'n Pfiff.
Wir dürf'n mit'n Umgang gehn
A Mascherl auf'n Gwand,
Der Pate darf die Fahne trag'n . . .
Mir san vom k. und k. usw.

(Text mitgeteilt von Karl Bittman. Melodie: »Deutschmeisterlied«. Safaladi war der wienerische Ausdruck für Zervelatwurst, eine aus Italien stammende Sorte.)

Das Land, wo keine Zitronen blüh'n . . .

Kennst du das schöne Land, wo statt Zitronen nur der Unsinn blüht,
Mein Österreich,
Maulesel es nicht am Berg, sondern im Amte gibt,
Mein Österreich!
Dorthin, dorthin, will keiner zieh'n.
Von dort, von dort, will jeder fort.
Kennst du das Land, wo statt Zitronen nur der Unsinn blüht?
Mein Österreich!
(Übermittelt von Karl Bittman)

I hab zwa habe Rappen – g'habt

I hab zwa habe Rappen g'habt
Mein Zeugl is am Grab'n – g'standen
No so wie die 'trabt ham

Wern S' no net viel g'sehn ham.
Doch jetzt die Autotaxen
die bringen uns in Rasch
Fahrn d'n Leuten über d'Haxen,
die notige Bagage!
Wie schön wár doch die Praterfahrt
Dereinst am ersten Mai!
Jetzt aber geht's zu Fuß durch d' Stadt
Weil kan's ka Geld zum Fahr'n net hat.
Am Thury baun's a G'meindehaus,
Mistbauern gibt's kan mehr!
Vorbei ist die Gemütlichkeit
Und's gibt ka Militär.

(Fragment aus der Sammlung Victor Gruens)

(Anmerkung: Melodie des Fiaker-Liedes; der »Thury« ist der Name für einen Teil des Wiener Stadtbezirks Alsergrund. Auch hier wurden, wie in anderen Teilen von Wien, Gemeindebauten errichtet.)

Breitner-Lied

Nicht genug kriegt der Sadist,
Saugt uns aus noch ganz!
Will die Affen gar besteuern
Vom Kopfe bis zum Schwanz!
Herr, das hätten S' sehen sollen,
Wie die ham obstruiert,
Und in jeder bessern Zeitung
Ham die Affen protestiert.

(Aufbewahrt von Theo Neumann)

Chor der Presse (Seipel wird Bundeskanzler)

Es treten auf: Benedikt von der *Presse*, . . . Sieghart vom *Tagblatt*, Lippowitz (mit riesiger Schere) vom *Neuen Wiener Journal.*

Im Parlament ward schon lang nicht gelüftet!
Wann kommt der, der die Atmosphäre entgiftet?

CHOR:

Hosianna! Hosianna! Er kommt! Er naht!
Sein Kommen verkündet die rettende Tat!

(Aufbewahrt von Theo Neumann)

Die Roten und ihre Häuser

Von diesem Lied, das sich mit dem Bau der Gemeindehäuser durch die Gemeinde Wien beschäftigt, wurde die erste Strophe von Emma Baron-Weißmann, die zweite von Karl Bittman aufbewahrt.

Die Roten bau'n schreckliche Burgen
Am nächsten Tag falln's wieder z'samm.
Drin tun sie sich selber versurgen,
Weil's sonst keine Posten net ham.
So tun sie die Wirtschaft ruinieren.
Beim Bund kann uns das nicht passieren.
Die Häuser vom Bund steh'n noch neu jetzt hier,
Sie stehen ja nur am Papier.

Die Roten, sie sag'n, sie baun Häuser.
Das glauben wir ihnen doch nie.
Uns sagte ein Kenner, ein Weiser,
Das Ganze ist nur Strategie.
Vom Marx-Hof drohen die Zinnen
Und tausend Kanonen sind drinnen.
Bald führt die Kolonia Tanks, o je,
Mit Stacheldraht schaufeln s' den Schnee.

Die Melodie ist die des bekannten Skiliedes »Zwei Brettln, a führiger Schnee, juchhe!« Die Müllabfuhr mit geschlossenen Behältern, die nach ihrem aus Köln stammenden Patentverschluß »Kolonia-Kübel« genannt werden, wurde von der sozialdemokratischen Gemeindeverwaltung anstelle der unhygienischen Kehrrichtabfuhr in offenen Kisten des »Mistbauern« eingeführt.

Ausstrahlungen des Politischen Kabaretts

Die Roten Spieler

In der Zeitschrift *Die Politische Bühne* vom September 1932 (1. Jahrgang, Nummer 1) wurde mitgeteilt, daß Edmund Reismann zum Leiter der neu aufgestellten Roten Spieler bestimmt worden sei. Auf diese Art wurde offiziell bekanntgemacht, daß eine neue Phase in der Veranstaltungstätigkeit der Sozialistischen Jugend begonnen hatte. Mit der Verbindung zwischen der Partei und den Roten Spielern wurde Fritz Jahnel betraut.

Der Grund, warum neben dem Politischen Kabarett nun eigene Gruppen von Roten Spielern gegründet wurden, lag zum Teil im Erfolg des Kabaretts selbst. Von den sozialdemokratischen Lokalorganisationen wurden immer mehr Aufführungen des Kabaretts verlangt, vor allem auch in den Provinzstädten. Damit wären Zeit und Kraft der Schauspieler des Kabaretts überfordert gewesen. Ein zweiter Grund lag darin, daß die Witze und Lieder, aus denen die Texte des Politischen Kabaretts bestanden, für die kleineren Städte Österreichs nicht immer geeignet waren. Intellektuelle Wortspielereien und jüdische Witze konnten in Wien immer gute Aufnahme finden, wurden aber in kleinen Städten, in denen es wenig Intellektuelle und gar keine Juden gab, nicht verstanden. Es war daher notwendig, für Aufführungen in solchen Orten eigene Texte zu verwenden.

Ein dritter Grund lag in der politischen Situation. Es war – was allerdings die jungen Sozialisten nicht wissen konnten – die Endphase der demokratischen Republik. Immer wieder wurden politische Versammlungen verboten, immer weniger konnte ausgesprochen werden, ohne Veranstalter und Redner der Gefahr politischer Verfolgung auszusetzen. Daher wuchs bei den lokalen Organisationen der Wunsch nach Veranstaltungen, die nicht rein politisch, sondern wenigstens zum Teil künstlerisch waren. Man konnte noch singen, wenn man nicht mehr reden durfte.

Gruppen von Roten Spielern hatte es schon einige Zeit vor ihrer offiziellen Anerkennung gegeben, sowohl in Wiener Bezirken als auch außerhalb Wiens. Man unterschied Rote Spieler und Blaue Blusen. Die Spieler waren Theatergruppen, die manchmal in Kostümen auftraten, manchmal auch Sprechchöre und Lieder vortrugen. Die Blauen Blusen sangen und veranstalteten Sprechchöre in ihrer Parteikleidung. Die blaue Bluse war in dieser uniformfreudigen Zeit für die sozialistischen Jugendlichen das geworden, was für die Faschisten das schwarze und für die Nationalsozialisten das braune Hemd war. Die Burschen und Mädel der Sozialistischen Arbeiterjugend (und auch Mittelschüler) trugen ihre blauen Blusen bei Ausflügen, bei politischen Domonstrationen, bei Vereinsabenden. Nicht alle Jugendlichen waren beim Singen und bei den Chören beschäftigt. Wenn es in einer Ankündigung hieß, die Blauen Blusen würden auftreten, so bedeutete das eine Teilnahme von singenden, in Chören sprechenden oder Gedichte aufsagenden Jugendlichen in ihrer Parteikleidung.
In den Wiener Bezirken hatten die Roten Spieler um diese Zeit (1932) schon sieben Bezirksgruppen. Es gab keine zentrale Organisation der Roten Spieler. Diese waren eine »Tätigkeit« der Sozialistischen Arbeiterjugend. Was außerhalb Wiens an Roten Spielergruppen gebildet wurde, war ganz autonom und wurde von Wien nur mit Material (Szenen, Liedern usw.) versorgt.
In Wien wurde in den Parteilokalen geprobt. Die Proben wurden in einigen Bezirken von Viktor Grünbaum geleitet, in anderen von Edmund Reismann, der mir diesen Bericht gegeben hat. Zum Teil wurden auch Schauspieler des Kabaretts eingesetzt (zum Beispiel Alois Wagner). Texte des Kabaretts wurden umgearbeitet und übernommen.
Eine ständige Figur war natürlich Starhemberg. Im Wiener Arbeiterbezirk Favoriten fand sich ein schlanker junger Mann mit großer Nase, der wegen seiner Begabung regelmäßig mit der Rolle Starhembergs betraut wurde. Dieser Mann wurde in der Zweiten Republik Bürgermeister von Wien: Felix Slavik.
Bei den Roten Spielergruppen gab es auch transportable Bühnen. Man führte die Truppen mit dem Autobus auf ein- bis zweitägige Gastreisen in kleinere Orte Niederösterreichs. Man spielte zum Beispiel auch in Turnsälen.

Eine Schwierigkeit bestand darin, daß die österreichische Polizei nicht nur das Ansehen der österreichischen Regierungspolitiker schützte; auch ausländische Staatsoberhäupter durften nicht verspottet werden. Hitler wurde zwar erst nach dem Tod Hindenburgs im Juli 1934 deutsches Staatsoberhaupt, aber er war schon seit dem Januar 1933 deutscher Reichskanzler und durfte nach Meinung der österreichischen Polizei nicht verunglimpft werden. Edmund Reismann erinnert sich an eine Aufführung im Wiener Bezirk Meidling, bei der er (aushilfsweise) Hitler zu spielen hatte. Dazu trug er den obligaten Schnurrbart, aber auch einen offensichtlich angeklebten Vollbart, so daß man sagen konnte, er sei nicht Hitler. Der Vollbart war sichtbar mit einer Schnur am Gesicht befestigt. Die Polizei war bei jeder Vorstellung anwesend. »Mundl« Reismann mußte gewöhnlich nach der Hitler-Szene schleunigst die Flucht ergreifen. Die technische Bezeichnung für diese Form der Hitler-Darstellung war bei den Roten Spielern: »Vollbart am Schnürl«.
Immer wieder wurden Aufführungen der Roten Spieler von der Polizei abgebrochen. Manchmal wurden ganze Truppen festgenommen und nach Hause geschickt. Immerhin kann man sagen, daß die Tätigkeit der Roten Spieler in dieser bewegten Zeit erfolgreich war. Wenn schon nichts anderes, so wurde wenigstens die Existenz der Partei auch in kleineren Orten demonstriert, und es wurde gezeigt, daß die jungen Sozialisten noch immer »etwas zu lachen hatten«.
Es entstand auch ein neuer Stil der Literatur für diese Aufführungen, mit Texten, die eigens für die Roten Spieler geschrieben waren und nicht die österreichische Regierung, sondern den Faschismus im allgemeinen angriffen.
Ein von Josef Eksl geleitetes »Heiteres Putschkabarett« entfaltete in dieser Zeit ebenfalls eine lebhafte Tätigkeit.

Die »Politische Bühne«

In den letzten anderthalb Jahren ihrer Existenz hatte die Sozialistische Veranstaltungsgruppe ihre eigene Zeitschrift. Es war die Monatsschrift *Politische Bühne* mit Robert Ehrenzweig (dem späteren Robert Lucas) als Eigentümer, Verleger, Herausgeber und verantwortlichem Redakteur. Die Zeit-

schrift stand unter den Auspizien der Partei, wurde in deren Verlagshaus in der Rechten Wienzeile hergestellt und enthielt vor allem Texte für Aufführungen der Roten Spieler und ähnlicher Gruppen sowie auch Beiträge von deutschen Schriftstellern, die unter dem Druck des Nationalsozialismus von Deutschland nach Österreich ausgewandert waren.
Die *Politische Bühne* erschien zuerst Anfang Februar 1932 in hektographierter Form. In den folgenden Monaten erschienen noch drei weitere hektographierte Nummern. Robert Lucas in London besitzt ein gebundenes Exemplar dieser vier Ausgaben. Die erste gedruckte Nummer war eine »Sondernummer« vom Juli 1932. (Ein Exemplar befindet sich in der Österreichischen Nationalbibliothek.) Sie enthielt Sprechchöre für Rote Spieler und eine Szene mit dem Titel »Das politische Wetterhäuschen«. Das war auch der Titel eines Programms des Politischen Kabaretts im Jahr 1928 gewesen, aber der Inhalt war jetzt natürlich ein anderer.
Im September 1932 erschien die erste »reguläre« Nummer der *Politischen Bühne*. Ein Exemplar befindet sich im Besitz von Victor Gruen. Von den Nummern 3 (November 1932) und 4 (Dezember 1932) besitzt Robert Lucas je ein Exemplar. Vom zweiten Jahrgang (1933) hat Victor Gruen Exemplare der Nummer 2 (Februar), der Doppelnummern 3/4 (März/April) und 5/6 (Mai/Juni). Bei Robert Lucas befindet sich ein Exemplar der Doppelnummer 7/8 (Juli/August). Ferner gibt es Exemplare der Nummer 10 (Oktober 1933), die von der Staatsanwaltschaft beschlagnahmt und später freigegeben wurde, sowie 11 (November 1933) und 12 (Dezember 1933). Nach dieser Nummer (sie hat als Titelblatt ein geigenspielendes Totengerippe, gezeichnet von Franz Masereel, mit der Unterschrift »Ins Neue Jahr«) scheint die *Politische Bühne* nicht mehr erschienen zu sein.
Was die *Politische Bühne* interessant und für die Geschichte der Zeit bedeutungsvoll macht, sind die Beiträge bedeutender Künstler und die Berichte über die Tätigkeit der Roten Spieler. Die Spieler hatten eine aufregende und wechselvolle Zeit. So berichtet die Nummer vom Oktober 1933 über die Verhaftung der Spielergruppen der Wiener Bezirke Favoriten und Döbling. Die Favoritener Spieler wurden nach einer stürmisch bejubelten Aufführung am 25. August in Sollenau

(Niederösterreich) zwei Tage später in Wiener Neustadt von der Bühne weg verhaftet – sieben Burschen und fünf Mädchen. Sie mußten die Nacht im Arrest der städtischen Polizei verbringen und erhielten am nächsten Tag wegen »Schmähung der Regierung« Arreststrafen zwischen vier Wochen und zwei Tagen. Die Döblinger Spieler wurden von einer Fahrt nach Dürnkrut (Niederösterreich) zurückgeschickt. Bei der Rückkehr ins Wiener Stadtgebiet wurden sie – elf Burschen und neun Mädchen – mit ihrem Autobus angehalten und vom Bezirksgericht Floridsdorf zu Arrest- und Geldstrafen verurteilt.

Unter den Texten für Kundgebungen, die in der *Politischen Bühne* veröffentlicht wurden, ist eine Revue »Das Bauvolk der Erde« von Willy Miksch zu erwähnen. Die November-Nummer 1933 enthält eine Republik-Kundgebung von Fritz Brainin mit dem Titel »Noch sind nicht alle November vorbei«. Deutschland-Kundgebungen mit dem Titel »Wir klagen an!« werden angekündigt. Bemerkenswert ist ein satirischer »Chor der Einheitshemden« von Gerhart Hermann Mostar in der Ausgabe vom Dezember 1933. Den Abschluß der Nummer bildet eine »Rote-Spieler-Szene für eine Silvesterfeier« von Jura Soyfer. Der begabte Jura Soyfer wurde 1912 in Rußland geboren und kam während des Ersten Weltkriegs mit seinen Eltern nach Wien. Er war eine der großen Hoffnungen der jungen Dichtergeneration. Mit sechzehn Jahren begann er für die *Arbeiter-Zeitung* unter dem Namen »Jura« zu schreiben und wurde um dieselbe Zeit Mitglied des Autorenteams im Politischen Kabarett.

Nach den Ereignissen des Jahres 1934 wurde Jura einer der aktivsten Autoren der neuen Generation von Kleinkunstbühnen, die von da an in Erscheinung traten. Er schrieb mehrere Theaterstücke, von denen *Astoria* und *Vineta* die bekanntesten sind. Er schloß sich der Kommunistischen Partei an, wie es viele junge Sozialdemokraten in ihrer Enttäuschung über die politische Entwicklung taten. Es besteht Grund zu der Vermutung, daß Jura, wenn er die Nachkriegszeit erlebt hätte, von Moskau enttäuscht gewesen wäre und wie die meisten Mitglieder seines engsten Freundeskreises zu selbständigem sozialistischem Denken zurückgefunden hätte. Aber Jura fiel der Hitlerzeit zum Opfer. Er wurde 1938 bei dem Versuch,

Österreich zu verlassen, an der Grenze festgenommen. Er starb am 16. Februar 1939 im Konzentrationslager Buchenwald an Typhus und Lungenentzündung.
Es liegt eine tragische Ironie darin, daß Juras Szene in der letzten Nummer der *Politischen Bühne* unter dem Titel »König 1933 ist tot – Es lebe König 1934!« sich mit den Aussichten für dieses neue Jahr befaßt, das für Österreich so schicksalsschwer werden sollte. Unter den Personen der Szene sind »Das Jahr 1933 (ein häßlicher Greis)« und »Das Jahr 1934 (ein hübscher Junge)«. Dem »hübschen Jungen« werden von bösen Ratgebern, nämlich der »Gesellschaftsordnung«, dem »General Faschismus« und dem »Kapital«, alle möglichen schlechten Ratschläge gegeben. Am Schluß springt »einer aus dem Publikum« auf die Bühne und ruft: »Und wir, liebes Jahr, in kommenden Tagen werden gründlich Sorge tragen, deine Berater davonzujagen!« Daraufhin reißen »Kapital«, »Gesellschaftsordnung« und »General« ihre Kostümierung herunter, stehen in ihrer einfachen Kleidung da und rufen: »Ganz unsere Meinung! Der Wunsch werde wahr!« (Es schlägt zwölf.) »Mitternacht! Prosit Neujahr!« In Wirklichkeit hat den »hübschen Jungen«, das Jahr 1934, ein weniger freundliches Schicksal getroffen.

Wiener Kabarett 1934 bis 1938

Der Bürgerkrieg vom Februar 1934, die Errichtung der österreichischen Diktatur (des »Ständestaates«) und das Verbot der Sozialdemokratischen Partei und aller ihrer Organisationen machte das Bestehen eines eigentlichen sozialistischen Kabaretts in der Zeit bis zum Einmarsch Hitlers im März 1938 unmöglich. Trotzdem war diese Periode eine Blütezeit der Kleinkunstbühnen.
Eine der Ursachen war die schlechte Wirtschaftslage, die zur Schließung von Theatern führte und viele Schauspieler arbeitslos machte. Als Ersatz entstanden, vor allem in Kaffeehäusern, die Kleinkunstbühnen, die billig zu führen waren und ihre Mietkosten an das Kaffeehaus durch das Geld deckten, das die Besucher für den Kaffee zahlten. Außerdem fielen kleine Theaterbetriebe mit weniger als 50 Sitzen nicht unter das Theatergesetz mit seinen strengen Feuerpolizeivorschrif-

ten. Das gab Kleinkunstbühnen mit bis zu 49 Sitzen eine größere Freiheit. Und schließlich war Österreich eine relativ schwache Diktatur, über die man Witze machen konnte, wenn man sie richtig verhüllte und verpackte. Es war der ideale Boden für Kabarette mit politischer Tendenz.

Manche dieser Kleinkunstbühnen spielten ganze Theaterstücke oder zusammenhängende Revuen, andere einzelne Szenen von der Art, die man als »Sketch« bezeichnete. In der bekanntesten dieser Kleinkunstbühnen, der »Literatur am Naschmarkt«, die von F. S. Stein im November 1933 gegründet wurde und in der Rudolf Weys die literarische Leitung führte, entstand die Tradition des »Mittelstücks«, einer längeren zusammenhängenden Folge von mehreren Szenen, um die dann einzelne »Sketch«-Szenen locker herumgelegt werden konnten. Besonders günstig war die Möglichkeit, die Satire gegen die Nazidiktatur im benachbarten Deutschland zu richten, wenn es nicht so offenkundig geschah, daß man darin eine »Beleidigung ausländischer Politiker« sehen konnte, und damit gleichzeitig die Diktatur im allgemeinen, also auch die österreichische Variante, zu kritisieren.

Typisch für die »Literatur am Naschmarkt« war ein Stück, in dem von der Türkenbelagerung Wiens gesprochen wurde und in welchem nach der Einnahme Wiens die Einwohner versicherten, sie seien »immer schon gute Türken« gewesen.

In diesen Kleinkunstbühnen traten manche Schauspieler und Schauspielerinnen, die später berühmt wurden, zum ersten Mal auf.

Zu den bekanntesten Kleinkunstbühnen gehörten neben der »Literatur am Naschmarkt« der von Stella Kadmon im Café Prückl eröffnete »Liebe Augustin«, wo Peter Hammerschlag als Autor tätig war, ferner die »Stachelbeere«, die ihren Sitz zuerst im Café Döblingerhof im Bezirk Döbling hatte und später in das Colonnaden-Café beim Wiener Rathaus übersiedelte, schließlich das »ABC«, das zuerst im Künstlercafé in der Porzellangasse spielte und später sein Lager im Café Arkaden hinter der Wiener Universität aufschlug. Für das »ABC« arbeitete Jura Soyfer.

Das »ABC« trat im Café Arkaden an die Stelle eines kurzlebigen Unternehmens, genannt »Kabarett Regenbogen«, das insofern eine Fortsetzung des Politischen Kabaretts genannt werden konnte, als Viktor Grünbaum dort als Conférencier tätig war. Er erinnert sich daran, daß dort eine sogenannte »unpolitische Revue« gespielt wurde; diese kleine, scheinbar unschuldige Veranstaltung wurde dann aber in den Wiener Außenbezirken mit großem Erfolg vor den Arbeitern gegeben – der Zensor hatte gewisse Anspielungen nicht verstanden oder nicht verstehen wollen und sie passieren lassen. Edmund Reismann erinnert sich, daß dieses Kabarett, für das Ehrenzweig, Bittman und Jura die Texte schrieben, nur ein einziges Programm und nur ein paar Aufführungen hatte und bis zum 11. Februar 1934 dauerte. Es hatte nach außenhin keine Verbindung mit dem ehemaligen Politischen Kabarett.

Symbolisch für den Geist der Zwischenzeit war ein Programm der »Literatur am Nachmarkt« in der Zeit vor 1938. Darin wird ein schreckliches Zukunftsland geschildert, und ein alter Mann flüstert von Zeit zu Zeit nostalgisch: »Ja, mit den Trachten hat's ang'fangen!« Es hatte angefangen, und das Ende stand bevor.

Nachwirkungen

Das Kabarett in der Emigration

In den Jahren 1938 bis 1945 war in Österreich kein sozialistisches politisches Kabarett möglich. Das widerspricht der Regel, daß in Zeiten politischer Unterdrückung die Satire blüht. Aber in Österreich, wo unter der nationalsozialistischen Herrschaft sogar der Name des Landes ausgelöscht war, konnte unter der Kontrolle der Gestapo kein Kreis von Regimegegnern zusammenkommen, um zu lachen. Dazu kamen noch zwei besondere Ursachen: Der Zweite Weltkrieg erschütterte die normalen gesellschaftlichen Strukturen, und ein großer Teil der Teilnehmer wie auch der Zuschauer des ehemaligen sozialistischen Kabaretts ging entweder, weil sie Juden oder Regimegegner oder beides waren, in die Emigration oder verschwand in den Konzentrationslagern des Nationalsozialismus.

Daß es trotzdem Ansätze zu einem österreichischen Kabarett gab, vor allem das »Wiener Werkl« unter der faktischen Leitung von Rudolf Weys, kann als Zeichen des Mutes und gleichzeitig geschickter politischer Diplomatie aufgefaßt werden. Mit dem Politischen Kabarett der Sozialisten hatte das nichts mehr zu tun, weder personell noch gedanklich, schon wegen des Intervalls von 1934 bis 1938, das dazwischen lag. Es gehörte schon genug Courage dazu, überhaupt »österreichisch« zu sein.

Hingegen ist es kein Wunder, daß in den Ländern, wohin die ehemaligen Veranstalter des Politischen Kabaretts der Sozialistischen Veranstaltungsgruppe ausgewandert waren, bald Ansätze zu einem Wiederaufleben des österreichischen kabarettistischen Geistes bemerkbar wurden. Das nahm in den einzelnen Emigrationsländern unterschiedliche Formen an. In den Vereinigten Staaten gab es Theateraufführungen, in denen Viktor Grünbaum mitwirkte. In England ließ Robert Lucas (Ehrenzweig) in deutschen Sendungen der britischen Rundfunkgesellschaft BBC den alten Hirnschal wieder auferstehen. In Australien startete Karl Bittman ein echt österreichisches Kabarett.

Revue in New York

Im Juli 1938 langte Viktor Grünbaum als Emigrant in New York ein und begann sich gleich nach Möglichkeiten für eine österreichische Theatergruppe umzusehen. Er erzählt, daß er am 11. März 1938, dem Tag von Schuschniggs Rücktritt und der Machtübernahme der Nationalsozialisten, eine Gesellschaft von Kleinkunst-Schauspielern in seiner Wiener Wohnung zu Gast hatte. Als sie im Radio die Nachrichten hörten, waren die meisten sehr deprimiert und sagten, Viktor könne sich als Architekt leicht überall in der Welt durchschlagen; für die anderen sei die Lage aber nicht so günstig. Viktor versprach - vorschnell, wie er jetzt sagt –, ihnen in Amerika Arbeit als Schauspieler zu verschaffen.

Tatsächlich traten auch manche von ihnen in New York mit Viktor in Kontakt. Er hatte eine Reihe von Empfehlungsschreiben, darunter eines an den berühmten Physiker Albert Einstein, den er in Princeton besuchte und der ihm Empfehlungen an New Yorker Theaterleute gab. Im Oktober 1938 wurde die Viennese Theatre Group gegründet, als deren Direktor der mit Viktor befreundete Schauspieler Herbert Berghof fungierte. Die Theatergruppe, in der auch die bekannte Wiener Schauspielerin Liesl Neumann mitwirkte, die später den Regisseur Berthold Viertel heiratete, brachte in der Zeit von 1939 bis 1940 zwei Revuen heraus, die am Broadway mit Erfolg aufgeführt wurden. Die eine Revue hieß *From Vienna*, die andere *Reunion in New York.* Außerdem wurde Jura Soyfers Stück *Der Lechner-Edi schaut ins Paradies* ins Englische übersetzt und von der Viennese Theatre Group aufgeführt.

Die Theatertätigkeit Viktor Grünbaums in Amerika endete 1940, als er sich wieder gänzlich der Architektur zuwandte. Er hatte in den nächsten Jahren als Architekt und Städteplaner in Amerika viel Erfolg.

Die große Zeit des Gefreiten Hirnschal

Eine der Figuren aus dem Politischen Kabarett hat den Zweiten Weltkrieg mitgemacht und im Kampf gegen Hitler wertvolle Dienste geleistet – als Soldat der deutschen Wehr-

macht. Das war der Gefreite Hirnschal, dessen Briefe an seine »vielgeliebte Gattin Amalia« von der britischen Rundfunkgesellschaft BBC zwischen 1940 und 1945 wöchentlich ausgestrahlt und von vielen deutschen Nazigegnern, aber auch von der Bevölkerung der von den Deutschen besetzten Gebiete mit großer Begeisterung gehört wurden.
Der Schöpfer des »Gefreiten Hirnschal« war Robert Lucas, einst Mitglied des Autoren-Teams im Politischen Kabarett unter dem Namen Robert Ehrenzweig. Er war mit seiner Familie schon vor 1938 nach England ausgewandert. Nach Kriegsbeginn trat er der Deutschland-Abteilung der BBC als Mitarbeiter bei und verfaßte die »Briefe des Gefreiten Hirnschal«, die – immer im Ton devoter Pflichtbegeisterung für das Dritte Reich – den Hörern auf dem Kontinent die desolate Lage Hitlerdeutschlands und insbesondere der deutschen Soldaten im Feld in drastischer Weise schilderte.
Über den Zusammenhang zwischen dem Spießer Hirnschal aus den Programmen des Politischen Kabaretts und dem Soldaten Hirnschal läßt sich sagen, daß dieser Spießer schon in der Zeit des Kabaretts eine Lieblingsfigur Robert Ehrenzweigs war und auch in seiner Rolle als österreichischer Erzspießer schon gigantomanische Züge zeigte, vor allem bei seiner »Eroberung der Welt« im achten Programm mit dem Titel *Hirnschal macht Weltgeschichte.* Zugleich hatte der welterobernde Spießer Hirnschal, der den »braven Soldaten Schwejk« als Berater zuzog, eine gewisse Verwandtschaft mit diesem tschechischen Ober-Saboteur.
Ein Unterschied zwischen dem Spießer Hirnschal aus dem Kabarett und dem braven Soldaten Hirnschal im Weltkrieg besteht allerdings darin, daß der letztere nicht spezifisch als Österreicher auftritt. Bis zur Moskauer Erklärung von 1943 war die Unabhängigkeit Österreichs kein erklärtes Kriegsziel der Alliierten. Die Propagandasendungen der Rundfunkgesellschaft BBC richteten sich an die deutsche Wehrmacht im allgemeinen. Man könnte nun annehmen, daß die Briefe des Gefreiten Hirnschal an sein »vielgeliebtes Weib Amalia« in Zwieselsdorf schon ihrer ganzen Diktion nach von einem österreichischen Soldaten in der deutschen Wehrmacht herrührten. Die geographische Lage von Zwieselsdorf wird auch nicht genauer bestimmt. Doch findet sich in der nach Kriegs-

ende erschienenen Auswahl der Briefe des Gefreiten Hirnschal ein schlüssiger Hinweis: Hirnschal empfiehlt seiner Frau, seine ehemaligen Mitgliedskarten der SPD und der KPD vorsichtshalber aufzuheben, »weil man ja doch nicht wisse«, was nach dem Krieg kommen würde. Wäre er ein Österreicher gewesen, dann hätte er die Aufbewahrung seiner Mitgliedskarte der Sozialdemokratischen Partei Österreichs empfohlen. Im übrigen ergibt sich Hirnschals österreichischer Charakter aber auch schon aus seiner Beziehung zu seinem Kameraden Jaschke, der offenbar den preußischen Saboteur darstellt. Ein Beweis für die Popularität Hirnschals bei der Bevölkerung der besetzten Gebiete ist der Umstand, daß in Amsterdam zur Zeit der deutschen Besetzung sogar eine illegale Marionettenbühne existierte, auf der ein Puppenspiel über Hirnschal aufgeführt wurde. Hirnschal und sein Freund Jaschke wurden auf der Fahrt zur Hölle gezeigt, wo sie Hitler, Himmler, Heß, Göring und Goebbels treffen.

In seinem Vorwort zu dem 1945 in Wien und Zürich erschienenen Buch von Robert Lucas, *Teure Amalia? vielgeliebtes Weib! Die Briefe des Gefreiten Adolf Hirnschal an seine Frau in Zwieselsdorf,* schildert im Vorwort der damalige Chef der Rundfunkgesellschaft BBC, Hugh Carleton Greene, wie den Engländern in der BBC der Vorschlag von Robert Lucas, sein Geistesprodukt »Hirnschal« zu nennen, zuerst nicht sehr überzeugend vorgekommen sei. Nach einiger Zeit aber seien sie alle der Meinung gewesen, der schreibende deutsche Gefreite könne gar nicht anders heißen. Es war wohl ein zufälliges Produkt dieser Namensgebung, daß Hirnschal, wenn er von einem Offizier um seinen Namen gefragt wurde, nur stottern konnte: »Adolf Hi ..., Adolf Hi ... « und damit den Offizier, der plötzlich glaubte, seinem verehrten Führer gegenüberzustehen, in Angst und Schrecken versetzte.

Wieviele Freunde sich dieser Hirnschal in der Kriegszeit erwarb, zeigt sich aus der Korrespondenz der BBC. Da berichtet Hugh Carleton Greene, Hunderte, ja Tausende von Hörern hätten der BBC über Hirnschal geschrieben. Zum Erfolg Hirnschals bei den Schwarzhörern der von den Deutschen besetzten Gebiete trugen außer dem Autor auch der Schauspieler Fritz Schrecker, ein Österreicher, der die Briefe vorlas, und der Regisseur der Sendung, Julius Gellner, bei. Daß es ein eigentliches Kabarett der österreichischen sozialistischen Emigration in England nicht gab, ist auf die Tatsache zurückzuführen, daß zwischen der österreichischen sozialistischen Auslandsorganisation in England, dem »London Bureau« der österreichischen Sozialisten, und dem als überparteilich getarnten, aber kommunistisch gelenkten »Free Austrian Movement« unüberbrückbare Gegensätze bestanden, wobei die Mehrzahl der unpolitischen österreichischen Emigranten, soweit sie überhaupt an österreichischen Angelegenheiten Anteil nahmen, den kulturellen Veranstaltungen des »Free Austrian Movement« beiwohnten. Deshalb können auch die Kleinkunstbühnen der Londoner Emigration (beispielsweise das »Laterndl«) nicht zu den Nachfolge-Organisationen des Politischen Kabaretts gezählt werden.

Das australische Kabarett

Seine vielleicht lebensvollste Fortsetzung hat das Wiener Politische Kabarett in Australien gefunden. Dort siedelte sich nach 1938 eine Anzahl von Wienern an, von denen manche zu den Kreisen des Politischen Kabaretts gehört hatten. Einer davon war der Kabarett-Autor Karl Bittman mit seiner Frau, dem ehemaligen »Girl« Mary Mayerhofer.

Im letzten Jahr des Zweiten Weltkrieges begannen sich die Wiener in Sydney, der größten Stadt Australiens, regelmäßig zu treffen. Die Zusammenkünfte fanden anfangs unter zionistischen Auspizien statt. Treibende Kraft war die Wienerin Lola Steiner, Gattin eines Kaufmanns. Man gründete eine Organisation »Association of New Citizens« (Vereinigung neuer Staatsbürger). Bald wurde Karl Bittman aufgestöbert, der zuerst in kleinem Kreise, dann in größerem Rahmen »Bunte Abende« veranstaltete, bei denen er zum Teil selbst auftrat, zum Teil andere Freunde einsetzte. Die Ausrichtung auf den Zionismus wurde bald aufgegeben.

Karl Bittman hatte seine berufliche Tätigkeit in Australien damit begonnen, daß er bunte Filmstücke aufkaufte und sie so zusammenbog, daß daraus die in Österreich so beliebten »Windradeln« entstanden. Das Kinderspielzeug war ein großer Erfolg. Bittmans kaufmännische Aktivität dehnte sich

allmählich auf andere Artikel der Spielzeugindustrie aus. Das »Viennese Little Theatre« hatte seine Premiere in einer presbyterianischen Kirchenhalle in Sydney vor 2000 begeisterten Zuschauern. Die Sprache, in der gespielt wurde, war »Emigranto«, das heißt jene Mischung von Deutsch, Jüdisch-Deutsch und Englisch, die von den meisten Wiener Emigranten in Australien verstanden und geschätzt wurde. Neben Karl Bittman selbst war als Hauptdarsteller Otto Grünwald (der sich später Owen Grant nannte) tätig; er kannte das Kabarett, hatte aber in Wien nie gespielt.
Die Texte waren nicht die des Wiener Politischen Kabaretts, sondern den australischen Umständen angepaßt, mit einer gesellschaftskritischen, wenn auch nicht ausgesprochen sozialistischen Tendenz. Einige regelmäßige »Nummern« wurden aus australischen oder amerikanischen Kabaretten übernommen, so zum Beispiel eine Doppelconférence, die mit den Worten begann: »Wie geht's Ihnen, Herr Fröhlich? Wie geht's Ihnen, Herr Schön?«. Die Inspiration war eine amerikanische Doppelnummer: »Oh, Mister Gallagher! Oh, Mister Shean!«
Von da an wurden Aufführungen in unregelmäßigen Abständen, einmal im Jahr oder alle zwei Jahre, immer mit neuen Programmen, veranstaltet. Das australische Kabarett war nach dreißig Jahren, also im Jahr 1975, noch immer tätig und in Hochform. Einmal wurden sogar die Wiener Nachkriegskabarettisten Gerhard Bronner und Peter Wehle vom Viennese Little Theatre zu einem Gastspiel nach Australien eingeladen.
Den stärksten Anklang an das Wiener Kabarett hatte eine von den Australiern gespielte Nummer »Lingolin«, wo ein Wundermittel dem Emigranten australisches Temperament einflößte, dessen Wirkung aber rasch wieder abnimmt, so daß der Betroffene ein Telefongespräch mit zentraleuropäischer Aufregung beginnt, dann unvermittelt (wenn das Medikament zu wirken anfängt) zu australischer Kühle übergeht und am Ende des Gesprächs (wenn die Wirkung nachläßt) wieder auf Wienerisch tobt.
Das Wiener Kabarett in Australien hat sowohl zur Verbindung der Wiener in Australien untereinander als auch zu kulturellen Beziehungen Wiens zu australischen Intellektuellenkreisen beigetragen.

In der Zweiten Republik Österreich

Unmittelbar nach dem Zusammenbruch Hitlerdeutschlands und der Wiederherstellung Österreichs im Jahr 1945 entstand in Wien eine Anzahl von Kleinkunstbühnen, die sowohl durch die Autoren und Darsteller als auch durch ihren Stil an das Kabarett der Zeit von 1934 bis 1938 anknüpften. Indirekt waren sie dadurch auch mit dem Politischen Kabarett der Sozialdemokraten der Ersten Republik verbunden, das ja einen starken Einfluß auf die Kleinkunstbühnen der Schuschnigg-Zeit ausgeübt hatte.

Dieses österreichische Kabarett der Zeit nach 1945 war zum Teil von hervorragender Qualität und erlangte internationales Ansehen. Den Anfang machten Fritz Eckhardt und Carl Merz mit dem »Lieben Augustin«. Stella Kadmon eröffnete das »Theater der Courage«. Hans Weigel schrieb für das wiedererstandene »Wiener Werkl«. Berühmt wurde das Dreigestirn Gerhard Bronner, Georg Kreisler und Helmut Qualtinger mit ihren Revuen im Neuen Theater am Kärntnertor sowie in der Marietta-Bar.

Diese Art von Kabarett war politisch in dem Sinn, daß es die existierenden politischen Zustände satirisch behandelte, also vor allem die Viermächtebesetzung Österreichs (bis 1955), die Regierungskoalition der beiden großen Parteien (den »Proporz«), aber auch die Versuche der Nazis, auf Umwegen wieder zu Ansehen zu gelangen oder wenigstens die Vergangenheit zu verschleiern. Manche Gestalten dieser Kabarett-Periode wie Helmut Qualtingers »Herr Karl«, Verkörperung des stetigen Gesinnungswechsels, oder auch sein »Travnicek« wurden allgemein bekannt. Berühmt wurde auch der wieder entstandene »Simpl« unter Karl Farkas.

In diesem Sinn wirkte der Geist des Politischen Kabaretts der Sozialdemokraten weiter. Daß kein eigentliches Kabarett der Sozialistischen Partei Österreichs entstand, war auf die veränderte politische Situation zurückzuführen. Die österreichische Regierung war nicht mehr der »Feind«. Was die Österreicher zusammenhielt, war stärker als das, was sie trennte. Der Gegner, den es zu kritisieren galt, war der Druck von außen, repräsentiert durch die Besatzungsmächte. Außerdem galt die Kritik bestimmten gesellschaftspolitischen Erscheinungen.

Beispiele dafür waren der »Wilde mit seiner Maschin« und Gerhard Bronners »Der Papa wird's schon richten«.
In manchen anderen Ländern war in dieser Zeit der satirisch-politische Impuls stärker als in Österreich. In England war in den sechziger Jahren der Geist der politischen Satire besonders lebendig. Da gab es zum Beispiel die studentische Gesellschaftskritik mit der Kleinrevue »Beyond the Fringe« oder die Rundfunksendung »That was the Week that Was«. Der »Gegner« war das »Establishment«, die herrschende Ordnung im allgemeinen. Aber diese Kritik sprach weder für noch gegen eine bestimmte Partei.
In Österreich bot die Regierungskoalition einundzwanzig Jahre lang zwar genug Stoff zum Lachen, aber selten vom Standpunkt einer einzelnen Partei. Besonders seit 1970 herrscht in Europa eine neue Grundsituation. Es fehlt auch jetzt nicht an Grund zum Spott. Aber das Lachen ist weniger richtungsgebunden.

Danksagung

Für Unterstützung, Rat und zur Verfügung gestelltes Material bei der Verfassung dieses Buches habe ich einer großen Anzahl von Personen zu danken. Vor allem dem Ludwig Boltzmann Institut und seinem Leiter, Universitätsprofessor Dr. Karl Stadler, für den Auftrag und für die Herausgabe des Buches. Die Sammlung von Liedertexten des Politischen Kabaretts hat als erster mein Freund Dr. Theo Neumann vor einigen Jahren unternommen; die von ihm gesammelten Texte mit seinen Bemerkungen dazu wurden von seiner Witwe, Frau Marianne Neumann, Professor Karl Stadler übergeben und von diesem mir zur Verfügung gestellt. Unter den noch lebenden führenden Persönlichkeiten des Kabaretts habe ich natürlich in erster Linie dem Initiator, Conférencier und treibenden Genius des Kabaretts, Herrn Architekten Victor Gruen (Viktor Grünbaum), zu danken, der mir auch die reichhaltige Sammlung von Texten zur Verfügung gestellt hat, die ihm von seinen Freunden in der ganzen Welt anläßlich seines siebzigsten Geburtstages übersandt wurde. Wesentliche Hilfe wurde mir auch von zwei anderen maßgebenden Autoren des Kabaretts zuteil, nämlich von Dr. Robert Lucas (Robert Ehrenzweig) in London und von Karl Bittman (Karl Sobel) und dessen Frau Mary in Sydney (Australien). Herrn Professor Walter Harnisch verdanke ich das überaus wichtige Material, das er aus der Zeit der Ersten Republik herübergerettet hat, vor allem eine kabarett-historische Rarität, den fast vollständigen Text eines ganzen Programms (des sechsten) in Form von losen Regieblättern mit zahlreichen Bleistiftnotizen. Darunter befinden sich auch Papiere, die sein Bruder Harry Harnisch, der an der technischen Führung des Kabaretts Anteil hatte, hinterlassen hat. Andere hochinteressante Szenentexte verdanke ich Dr. Robert Lammer.

Für die Endperiode des Kabaretts habe ich Herrn Edmund Reismann, dem Leiter der »Roten Spieler«, für wichtige Hinweise zu danken.

Diejenigen, die mir mit Einzeltexten oder mit ihren persönlichen Erinnerungen geholfen haben, darunter viele Teilnehmer und Zuschauer des Kabaretts, kann ich gar nicht alle erwähnen, ich habe aber ihre Namen dort, wo es möglich war, genannt. Für die in diesem Buch ausgesprochenen Meinungen, abgesehen natürlich von dem, was Figuren in ihren Rollen sagen, trage ich allein die Verantwortung, ebenso für alle Kommentare und für die Auswahl zwischen verschiedenen überlieferten Textfassungen.

Friedrich Scheu

Namenverzeichnis

Quellenverzeichnis

Allgemein

Hellmut Andics, *Der Staat, den keiner wollte. Österreich 1918–1938.* Wien, 1962
Charles A. Gulick, *Österreich von Habsburg bis Hitler.* Wien 1976
Otto Leichter, *Glanz und Ende der Ersten Republik.* Wien 1964
Hanns Leo Mikoletzky, *Österreichische Zeitgeschichte.* Wien 1962
Erich Zöllner, *Geschichte Österreichs.* Wien 1961
Vom Justizpalast zum Heldenplatz. Studien und Dokumentationen 1927 bis 1938. Herausgegeben von Ludwig Jedlicka und Rudolf Neck. Wien 1975.
Liedertexte des Politischen Kabaretts, gesammelt von Theo Neumann (Manuskript im Besitz von Univ.-Prof. Dr. Karl Stadler)

Einleitung und »Der Weg zum Politischen Kabarett«

Heinz Greul, *Bretter, die die Zeit bedeuten. Die Kulturgeschichte des Kabaretts.* Köln 1967.
Klaus Budzinski, *Die Muse mit der scharfen Zunge. Vom Cabaret zum Kabarett.* München 1961
Rudolf Weys, *Cabaret und Kabarett in Wien.* Wien 1970

Das erste Programm: »Wien, wie es lacht und weint«

Arbeiter-Zeitung, 18. Dezember 1926 (Vereinsanzeiger)
Arbeiter-Zeitung, 6. Jänner 1927 (Rezension)
Der Abend, 17. Jänner 1927 (Bericht über Strafanzeige)
Leichter, a. a. O., S. 36
Jacob Ahrer, *Erlebte Zeitgeschichte,* Wien 1930, S. 185.
Karl Ausch, *Als die Banken fielen.* Wien 1968.
Charles Gulick, a. a. O., (S. 264) (Aberbach)
Arbeiter-Zeitung, 26. April 1975 (Bericht über den Tod Bosels)

Das zweite Programm: »Im christlichsozialen Himmel«

Der Abend, 26. März 1927 (Text der »Schlacht vom Arsenal«)
Der Abend, 28. März 1927 (Rezension)
Der Abend, 1. April 1927 (Ankündigung mit Programm)
Kleines Blatt, 25. März 1927 (Rezension)
Leichter, a. a. O., S. 47 (Arsenal-Affäre)

Das dritte Programm: »Der Ruck nach rechts«

Neue Freie Presse, 20. Mai 1927 (Parlamentsrede Kunschaks)
Arbeiter-Zeitung, 16. Mai 1927 (Rezension)

Gerhard Botz, *Gewalt in der Politik,* München 1976, S. 264, (»Überfall« in Hainburg)

Das vierte Programm: »Schwarz-Weiß-Revue«

Arbeiter-Zeitung, 7. Dezember 1927 (Rezension)
Text-Material (im Besitz von Dr. Robert Lammer)

Das fünfte Programm: »Das Politische Wetterhäuschen«

Der Abend, 3. Mai 1928 (Rezension)
Text-Material (im Besitz von Dr. Robert Lammer)

Das sechste Programm: »Zehn Jahre bürgerliche Republik«

Text-Material und Besetzung (im Besitz von Prof. Walter Harnisch)

Das siebente Programm: »Hallo, hier Klassenharmonie«

Arbeiter-Zeitung, 24. Februar 1929 (Artikel von Viktor Neon)
Arbeiter-Zeitung, 28. Februar 1929 (Rezension)
Arbeiter-Zeitung, 6. März 1929 (Steidle-Lied)
Der Abend, 26. Februar 1929 (Rezension)
Kleines Blatt, 1. März 1929 (Rezension)
Broschüre *Das Politische Kabarett,* herausgegeben von der Sozialistischen Veranstaltungsgruppe, Wien 1929 (im Besitz von Victor Gruen)

Das achte Programm: »Hirnschal macht Weltgeschichte«

Arbeiter-Zeitung, 12. Februar 1930 (Rezension)
Kleines Blatt, Februar 1930 (Rezension)
Der Abend, 8. Februar 1930 (Rezension)
Text-Material (im Besitz von Dr. Robert Lammer)
Programmzettel der Premiere (im Besitz des Vereins für Geschichte der Arbeiterbewegung, Wien)

Das neunte Programm: »Österreich, wo gehst hin?«

Arbeiter-Zeitung, 26. Oktober 1930 (Rezension)
Kleines Blatt, 28. Oktober 1930 (Rezension)
Der Kuckuck, Ende Oktober 1930 (Rezension)
Fritz Herrmann, *Jura Soyfer: Die Anfänge eines volksverbundenen österreichischen Dichters* (Diss., Univ. Wien 1959) (Dokumentations-Archiv des Widerstandes, Wien)

Das zehnte Programm: »Denken verboten!«

Arbeiter-Zeitung, 12. März 1931 (Rezension)
Der Kuckuck, 22. März 1931 (Rezension)

Das elfte Programm: »Warum? Darum!«

Arbeiter-Zeitung, 20. Dezember 1931 (Rezension)
Der Abend, 28. Dezember 1931 (Rezension)
Kleines Blatt, 20. Dezember 1931 (Rezension)
Der Kuckuck, Ende Dezember 1931 (Rezension)
Programmheft der Premiere (13. Dezember 1931, im Besitz von Dr. Robert Lucas)
Bruce Pauley, *Hahnenschwanz und Hakenkreuz,* Wien 1972 (Ende Pfrimers)

Das zwölfte Programm: »Wie wählt Wien?«

Arbeiter-Zeitung, 5. April 1932 (Rezension)
Dankschreiben des Sozialdemokratischen Wiener Parteisekretariats vom 26. April 1932 (Kopien im Allg. Verwaltungs-Archiv, Abt. Sozialdemokratische Parteistellen, Karton 244, Parteivorstand und im Besitz von Victor Gruen)
Leichter, a. a. O., S. 141 (Bedeutung der Gemeindewahlen)
Zöllner, a. a. O., S. 510 (Bedeutung der Gemeindewahlen)

Das dreizehnte Programm: »MM 1 oder der Triumph der Technik«

Ankündigung der Premiere (Karte im Besitz von Dr. Robert Lammer)
Arbeiter-Zeitung, 21. Februar 1933 (Rezension)
Der Kuckuck, 19. März 1933 (Rezension)
Die Politische Bühne, 2. Jahrgang, Nummer 3/4, März/April 1933 S. 54 (Rezension)

Einzelne Lieder- und Textfragmente

Broschüre von 1929, *Das Politische Kabarett,* wie oben (im Besitz von Victor Gruen)
Texte und Fragmente im Besitz von Victor Gruen

Ausstrahlungen des Politischen Kabaretts

Die Politische Bühne, 1. Jahrgang, Nummer 1, September 1932 (Aufstellung der Roten Spieler)
Allgemeines Verwaltungs-Archiv, Abt. Sozialdemokratische Parteistellen, Karton 24, Parteivorstand (Werbeaktionen der Blauen Blusen und der Roten Spieler)
Rudolf Weys, a. a. O.

Berichte über das »Heitere Putschkabarett« (Ankündigungen und Polizeiberichte im Dokumentations-Archiv des österreichischen Widerstands)
Die Politische Bühne, 2. Jahrgang, Nr. 12, Dezember 1933 (Szene von Jura Soyfer).

Nachwirkungen

Programme der »Vienna Theatre Group« in New York (im Besitz von Victor Gruen)
Robert Lucas: *Teure Amalia, vielgeliebtes Weib! Die Briefe des Gefreiten Adolf Hirnschal an seine Frau in Zwieselsdorf,* Wien–Zürich 1945 (Öst. Nat. Bibliothek)
Ankündigungen des »Viennese Little Theatre« in Sydney, Australien (im Besitz von Karl Bittman)
Heinz Greul, a. a. O.
Rudolf Weys, a. a. O.

Publikationen des Ludwig Boltzmann Instituts für Geschichte der Arbeiterbewegung

Anton Pelinka
Stand oder Klasse? Die christliche Arbeiterbewegung Österreichs 1933 bis 1938. Mit einem Vorwort von Karl R. Stadler, 1972, 334 Seiten, Leinen, 15×24 cm, DM 40,–, sfr 46,–, S 280,–

Herbert Steiner
Käthe Leichter. Leben und Werk. Mit einem Vorwort von Bundesminister Dr. Hertha Firnberg, 1973, 528 Seiten, Leinen, 15×24 cm, DM 35,–, sfr 40,–, S 248,–

Karl R. Stadler
Opfer verlorener Zeiten. Geschichte der Schutzbund-Emigration 1934. Mit einem Vorwort von Bundeskanzler Dr. Bruno Kreisky, 1974, 400 Seiten, Leinen, 13×21 cm, DM 28,–, sfr 33,–, S 198,–

»Geschichte und Gesellschaft«, Festschrift für Karl R. Stadler. Herausgegeben von Gerhard Botz, Hans Hautmann und Helmut Konrad. Mit einem Vorwort von Bundesminister Dr. Christian Broda, 1974, 584 Seiten, Leinen, 15×24 cm, DM 45,–, sfr 50,–, S 320,–

Wolfgang Neugebauer
Bauvolk der kommenden Welt. Geschichte der sozialistischen Jugendbewegung in Österreich. Mit einem Vorwort von Bundeskanzler Dr. Bruno Kreisky, 1975, 496 Seiten und 16 Seiten Bildteil, Leinen, 15×24 cm, DM 65,–, sfr 78,–, S 468,–

Inez Kykal/Karl R. Stadler
Richard Bernaschek – Odyssee eines Rebellen. 1976, 320 Seiten (mit Namenregister), Leinen 13×21 cm, DM 28,–, sfr 30,–, S 198,–

Erwin Weissel
Die Ohnmacht des Sieges. Arbeiterschaft und Sozialisierung nach dem Ersten Weltkrieg in Österreich, 1976, 468 Seiten, Leinen, 15×22 cm, DM 38,–, sfr 38,–, S 268,–

Ludger Rape
Die österreichischen Heimwehren und die bayerische Rechte 1920–1923. Mit einem Vorwort von Ludwig Jedlicka†, 1977, 460 Seiten plus 8 Seiten Bildteil, Leinen, 13×21 cm, DM 92,–, sfr 92,–, S 712,–

ZUSAMMEN MIT DEM VEREIN FÜR GESCHICHTE DER ARBEITERBEWEGUNG

Karl Renner:
Eine Bibliographie. Zusammengestellt von Hans Schroth, unter Mitarbeit von Elisabeth Spielmann, Gerhard Silvestri und Ernst K. Herlitzka. Mit einem Geleitwort von Bundespräsident Franz Jonas† und einer Einleitung von Karl R. Stadler: »Karl Renner: der Mann und sein Werk«, 1970, 152 Seiten, gebunden 15×22,5 cm, DM 40,–, sfr 45,–, S 260,–

SCHRIFTENREIHE DES LUDWIG BOLTZMANN INSTITUTS FÜR GESCHICHTE DER ARBEITERBEWEGUNG

Band 1:

Gerhard Botz

Die Eingliederung Österreichs in das Deutsche Reich. Planung und Verwirklichung des politisch-administrativen Anschlusses 1938 bis 1940, 1972, 196 Seiten, Paperback, 13×20,8 cm, 2. ergänzte Auflage 1976, DM 21,–, sfr 21,–, S 148,–

Band 2:

Hans Schroth/Herbert Exenberger

Max Adler. Eine Bibliographie. Mit einem Geleitwort von Bundesminister Dr. Hertha Firnberg, 1973, 64 Seiten, Paperback, 13×20,8 cm, DM 19,–, sfr 20,–, S 128,–

Band 3:

Otto Staininger (Hrsg.)

Ferdinand Hanusch. Ein Leben für den sozialen Aufstieg (1866 bis 1923). Mit Beiträgen von Bundespräsident Franz Jonas †, Anton Benya, Rudolf Häuser, Wilhelm Hrdlitschka, Gerhard Botz, Hans Hautmann und Helmut Konrad, 1973, 112 Seiten, Paperback, 13×20,8 cm, DM 14,–, sfr 14,–, S 98,–

Band 4:

Hans Hautmann/Rudolf Kropf

Die österreichische Arbeiterbewegung vom Vormärz bis 1945. Sozialökonomische Ursprünge ihrer Ideologie und Politik. Mit einem Vorwort von Karl R. Stadler, 1974, 220 Seiten, Paperback, 13×20,8 cm, 2. korrigierte und ergänzte Auflage, 1976, DM 21,–, sfr 21,–, S 148,–

Band 5:

John Bunzl

Klassenkampf in der Diaspora. Zur Geschichte der jüdischen Arbeiterbewegung. Mit einem Vorwort von Karl R. Stadler, 1975, 2. Auflage, 184 Seiten, Paperback, 13×20,8 cm, DM 18,–, sfr 19,50, S 128,–

Band 6:

Gerhard Botz/Gerfried Brandstetter/Michael Pollak

Im Schatten der Arbeiterbewegung. Zur Geschichte des Anarchismus in Österreich und Deutschland. Mit einem Vorwort von Karl R. Stadler, 1977, 192 Seiten und 16 Seiten Bildteil, Paperback, 13×20,8 cm, DM 26,–, sfr 26,–, S 198,–

Band 7:

Hans Schroth

Verlag der Wiener Volksbuchhandlung 1894–1934. Eine Bibliographie. Mit einem Geleitwort von Bruno Kreisky, 1977, 64 Seiten, Paperback, 13×20,8 cm, DM 19,80, sfr 19,80, S 128,–

MATERIALIEN ZUR ARBEITERBEWEGUNG

Band 1:

Karl Flanner

Die Anfänge der Wiener Neustädter Arbeiterbewegung 1865 bis 1868. Eingeleitet von Professor Eduard März, 1975, 160 Seiten, Paperback, DM 11,–, sfr 12,–, S 80,–

Band 2:

Robert Schwarz

»Sozialismus« der Propaganda. Das Werben des »Völkischen Beobachters« um die österreichische Arbeiterschaft 1938/39. Mit einer Einleitung von Gerhard Botz, 1975, 160 Seiten, Paperback, DM 11,–, sfr 12,–, S 80,–

Band 3:

Marie Tidl

Die Roten Studenten. Dokumente und Erinnerungen 1938–1945. Vorwort von Karl R. Stadler, 1976, Paperback, DM 24,–, sfr 24,–, S 168,–

Band 4:

Helmut Konrad

Nationalsozialismus und Internationalismus. Die österreichische Arbeiterbewegung vor dem Ersten Weltkrieg. Mit einem Vorwort von Karl R. Stadler, 1976, 216 Seiten, Paperback, DM 14,–, sfr 14,–, S 98,–

Band 5:

Roman Rosdolsky

Die Bauernabgeordneten im Konstituierenden Österreichischen Reichstag 1848–1849. Mit einer Einleitung von Eduard März, 1976, Paperback, 234 Seiten, DM 18,–, sfr 18,–, S 128,–

Band 6:

Henriette Kotlan-Werner

Kunst und Volk. David Josef Bach, 1874–1947. Mit einem Vorwort von Bundesminister Dr. Hertha Firnberg, 1977, Paperback, 174 Seiten, DM 18,–, sfr 18,–, S 128,–

Band 7:

Friedrich Vogl

Widerstand im Waffenrock. Österreichische Freiheitskämpfer in der Deutschen Wehrmacht 1938–1945. Mit einem Geleitwort von Bundespräsident Dr. Rudolf Kirchschläger, 1977, Paperback, 264 Seiten, DM 21,–, sfr 21,–, S 148,–

EV

Europaverlag